ESSAI

SUR LA

VENTE COMMERCIALE

(Ouvrage couronné par la Faculté de droit d'Aix)

PAR

ÉMILE RIPERT

DOCTEUR EN DROIT

AVOCAT AU BARREAU DE MARSEILLE

PARIS

A. MARESCQ AÎNÉ, LIBRAIRE-ÉDITEUR

17, RUE SOUFFLOT, 17

1873

ESSAI

SUR LA

VENTE COMMERCIALE

Corbeil. — Typ. et stér. de Crété fils.

ESSAI

SUR LA

VENTE COMMERCIALE

OUVRAGE COURONNÉ PAR LA FACULTÉ DE DROIT D'AIX

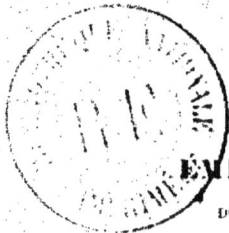

PAR

ÉMILE RIPERT

DOCTEUR EN DROIT
AVOCAT AU BARREAU DE MARSEILLE

(Extrait de la *Revue pratique de Droit français*.)

PARIS

A. MARESCQ AÎNÉ, LIBRAIRE-ÉDITEUR

17, RUE SOUFFLOT, 17

1875

A MONSIEUR LAURIN

PROFESSEUR

A LA FACULTÉ DE DROIT D'AIX

Monsieur et honoré Maître,

Il y a deux ans, lorsque, perdu dans la foule qui se pressait autour de votre chaire de Marseille, j'écoutais vos savantes leçons sur la vente commerciale, je ne croyais pas, moi le plus obscur de vos auditeurs, être appelé un jour à coordonner ni encore moins à publier les notes que je crayonnais rapidement.

Le hasard des concours m'a imposé le travail

auquel je ne songeais pas alors, et vos encouragements bienveillants m'ont amené à le publier. Pour excuser ma témérité auprès des lecteurs, permettez-moi du moins, en vous offrant cet essai, de le placer sous la protection de votre nom. Ce sera pour moi un honneur précieux, et aussi mon meilleur titre aux yeux du public, qui, appréciant chaque année davantage combien votre cours de Marseille est utile à la science et profitable au commerce, daignera peut-être départir à l'élève un peu de sa sympathie pour le maître, et dans sa reconnaissance pour l'un pardonnera la hardiesse de l'autre.

Veuillez agréer de nouveau, Monsieur et honoré Maître, l'hommage de ma gratitude et l'expression de mes sentiments dévoués et respectueux.

EMILE RIPERT.

Marseille, ce 20 décembre 1871.

DE LA

VENTE COMMERCIALE

INTRODUCTION HISTORIQUE.

Au nombre des transactions multiples dont l'ensemble constitue ce qu'on a appelé le commerce, il n'en est pas de plus usuelle que la vente. Acheter pour revendre, revendre après avoir acheté, acquérir une chose moyennant une somme d'argent, la transmettre à un autre pour une somme égale ou supérieure, telles sont les deux opérations essentielles qui constituent le négoce, à tel point que le commerçant peut être défini : celui qui, dans une pensée de spéculation, se livre à une série d'achats et de reventes successives.

Ce n'est pas à dire cependant que toute vente soit commerciale, ni que quiconque achète ou vend fasse nécessairement acte de commerce. Il est au contraire des ventes purement civiles, dont la vente commerciale se distingue à ces deux caractères particuliers :

Qu'elle porte sur des meubles, c'est-à-dire sur l'ensemble des choses soumises à l'empire du commerce;

Qu'elle est inspirée par le désir de spéculer, et a pour objet non la satisfaction des besoins personnels de l'acquéreur, mais la réalisation d'un bénéfice sur la différence des prix de l'achat et de la revente.

Et même, si on examine, au point de vue historique et traditionnel, quelle est l'origine du contrat de vente et par quelle filiation il est arrivé dans nos Codes, avec le caractère qui lui appartient aujourd'hui, on remarque que c'est la vente civile qui seule a été connue pendant de longs siècles et qui, de nos jours encore, semble avoir absorbé l'attention du législateur.

Sans qu'il soit besoin de remonter à ces époques primitives où le commerce se réduisait à un échange journalier du superflu pour se procurer le nécessaire, et où il n'était pas plus question de lois civiles que de lois commerciales, tout le monde sait quel fut le système du droit romain en ce qui concerne, non pas au sens moderne du mot le contrat de vente, mais la translation de propriété. A l'origine, la propriété n'est transmise que par le *nexum* ou la *mancipatio*, cérémonies solennelles, accomplies sous l'autorité du peuple, avec des formalités rigoureuses, des paroles consacrées, qui rendaient tout commerce impossible, mais trouvaient leur raison d'être dans une société rigide et barbare, dressée pour la guerre, et exclusivement jalouse d'accomplir la brillante destinée que lui rappelait le poëte :

Tu regere imperio populos, Romane, memento.

Plus tard quand la culture intellectuelle qui transformait la société romaine, le développement chaque jour plus rapide des relations avec les étrangers firent sentir le besoin de tempérer la dureté excessive des anciennes lois, la vente devint consensuelle, et la tradition faite en exécution de la convention remplaça, dans la plupart des cas, les grossiers symboles du *nexum* et de la *mancipatio*.

De là, à côté de la propriété *ex jure quiritium*, se plaça ce que les commentateurs modernes ont qualifié du nom de propriété bonitaire. Mais à aucune époque la distinction de la possession et de la propriété, même en ce qui concerne les meubles, ne fut abolie, et une seule loi à la fois civile et commerciale régit et le contrat de vente (*emptio venditio*) et le transfert de propriété.

Notre ancienne jurisprudence française admit en théorie

les principes romains, et la tradition fut conservée pour les
meubles et pour les immeubles, soit à l'égard des tiers, soit
entre les parties, comme condition essentielle de la translation de propriété.

Mais à la tradition effective qui impliquait un déplacement
réel de la possession, un usage à peu près universel, géné-
ralisant les dispositions de plusieurs coutumes, substitua la
tradition *feinte*, résultant de la simple déclaration des parties, ou des clauses dites de *dessaisine saisine.*

Le temps cependant avait marché; la découverte de la bous-
sole, celle du nouveau monde, avaient tour à tour imprimé
au commerce un développement que n'avaient jamais connu
les républiques les plus commerçantes de l'antiquité. Les progrès, que n'avait pas même entrevus le droit romain, deve-
naient dès lors nécessaires, et les intérêts commerciaux, demandant plus de rapidité et plus de sécurité pour les transactions, devaient être enfin écoutés.

La création, pour connaître des différends entre marchands
et artisans, de la juridiction consulaire, rapide comme le
mouvement des affaires, exempte de frais et de formalités,
répondit au premier besoin du commerce, la célérité; l'adop-
tion par la jurisprudence du Châtelet de l'ancienne règle,
empruntée aux coutumes germaniques, qu'*en fait de meubles
possession vaut titre*, donna satisfaction à une de ses réclamations non moins vive et non moins légitime, en accordant
toute sécurité aux acheteurs.

A partir de ce moment, la division du droit civil et du droit
commercial était accomplie, et la vente commerciale prenait
place dans la législation française.

Tel était l'état des choses existant, lorsque les rédacteurs
du Code civil et du Code de commerce eurent à s'occuper de
la vente. Il semble que leur premier soin eût dû être de séparer nettement la vente commerciale de la vente civile, d'indiquer les conditions requises pour la validité et la perfection
de chacune d'elles, les effets distincts qu'elles produisent, et
les règles suivant lesquelles on serait admis à en prouver
l'existence. Il n'en a rien été cependant, et, tandis que le Code
civil renferme sur la vente un titre complet, les auteurs du
Code de commerce n'ont consacré qu'un article à la vente
commerciale (art. 109).

C'est bien peu assurément pour une matière si compliquée et d'une belle importance doctrinale et pratique, surtout quand on songe que cet article ne traite que des modes de preuve des achats et ventes!

C'est bien peu, même en y ajoutant l'art. 632 C. com., qui, à propos de la compétence des tribunaux consulaires, s'y réfère incidemment!

Aussi ne faut-il point s'étonner que la doctrine n'ait pas jusqu'à ce jour essayé de combler la lacune immense laissée dans notre matière par la brièveté de ces textes, que la jurisprudence, livrée à toutes les controverses naissant du silence de la loi, flotte perpétuellement incertaine entre les divers systèmes, et qu'aucun contrat ne soit à la fois aussi usité et théoriquement aussi peu connu que la vente commerciale.

Nous estimons néanmoins qu'il n'est pas impossible de construire cette théorie, d'asseoir sur une base juridique les divers principes applicables à la vente commerciale ; mais il est nécessaire pour cela de faire appel, toutes les fois que le Code est muet, soit à la loi civile, soit à l'usage, et de substituer ainsi aux règles mal définies de l'équité, celles plus certaines et plus justes qui ont obtenu la sanction du législateur, ou la sanction tout aussi puissante des habitudes et des mœurs publiques.

Ce mode de procéder est de nature, nous ne l'ignorons pas, à soulever de nombreuses réclamations.

Eh quoi! va-t-on nous dire, après avoir proclamé la séparation du droit civil et du droit commercial, après avoir salué comme un progrès cette distinction nécessaire entre les règles applicables aux contrats commerciaux et celles particulières aux contrats civils, vous proposez d'étendre à la vente commerciale les dispositions du droit commun, et, rétrogradant de plusieurs siècles, de confondre encore les deux législations! Mais « c'est ne pas avoir, comme disait Valin, la moindre idée du commerce, ni de l'intérêt pressant qu'a l'État de le soutenir. » C'est méconnaître surtout l'intention formelle du législateur, telle qu'elle est attestée par les travaux préparatoires de tous nos Codes :

Écoutez en effet Tronchet répondant sur l'art. 1601 C. civ.: « qu'il a été convenu que les dispositions du Code civil ne s'appliquent pas aux affaires du commerce »; et de cette dé-

claration que personne n'a contredite, rapprochez ce passage du discours préliminaire du Code de commerce : « les tran-
« sactions commerciales diffèrent si essentiellement des tran-
« sactions civiles, par leur nature et surtout par leur résultat,
« qu'il est universellement reconnu que la législation doit
« être fondée sur des principes différents. »

Et maintenant osez soutenir que le Code de commerce s'est tacitement référé au Code civil, et qu'il convient de soumettre la vente commerciale à l'empire de la loi de la cité !

Nous l'oserons cependant :

De ce que le droit civil ne fut qu'un jadis avec le droit commercial, il nous semble résulter qu'il reste en vigueur sur tous les points, où il n'a pas été spécialement dérogé à ses dispositions, et que semblables à deux branches qui, issues du même tronc, se rapprochent en plusieurs endroits et confondent, quoique distinctes, leurs rameaux et leur feuillage, la vente commerciale et la vente civile ont pu être séparées par des différences profondes, sans que les analogies, qui les unissaient l'une à l'autre, aient jamais complètement disparu.

Telle était d'abord l'opinion des anciens jurisconsultes, et l'un d'eux Roccus l'exprimait en ces termes : *Casus omissus in statuto mercatorum remanet sub dispositione juris civilis.*

Telle est aujourd'hui encore celle que le Code civil semble avoir adoptée, puisque, dans plusieurs articles, il s'est cru obligé d'avertir qu'il n'entendait pas déroger aux lois particulières au commerce.

Telle est enfin celle que la nécessité nous impose, car à défaut de loi écrite, on nous offre d'appliquer à la vente commerciale les règles de l'équité, les règles du droit naturel, c'est-à-dire de l'arbitraire le plus étendu, et d'ériger ainsi en lois les opinions plus ou moins erronées de chaque tribunal de commerce.

Restent, il est vrai, les travaux préparatoires du Code en contradiction formelle, nous dit-on, avec le système que vous essayez de soutenir.

Eh bien ! voici notre réponse :

Ce n'est ni dans la discussion du Conseil d'État, où se sont produites sur chaque difficulté les diverses opinions qu'elle

est susceptible de faire naître, ni dans les discours préliminaires de nos Codes, exposé banal et déclamatoire de toutes
les perfections attribuées à la loi nouvelle, qu'il faut rechercher l'intention du législateur; elle se révèle le plus souvent
par les textes, et ces textes, nous l'avons dit, n'ont rien de
contraire à notre système.

Il reste donc démontré que dans tous les cas où la loi commerciale se tait, la loi civile doit être obéie, et que, pour tout
ce qui concerne la formation ou les effets de la vente commerciale, il faut se reporter aux règles du droit civil.

Ces règles d'ailleurs ne sont pas les seules dont on puisse
faire l'application en matière commerciale; les juges ont encore le droit, ou plutôt l'obligation, de recourir aux usages
du commerce.

Le Conseil d'État l'a reconnu dans un avis du 13 décembre 1811, portant que : « les tribunaux doivent juger les
« questions particulières qui se présentent, suivant leur con-
« viction, d'après les termes et l'esprit du Code, et *en cas de*
« *silence* de sa part, d'après le droit commun et les *usages* du
« commerce. »

Et bien avant lui, Casaregis, Straccha, Roccus et tant d'autres, avaient admis l'autorité des coutumes commerciales, à
tel point qu'on croirait écrite en vue du commerce cette décision de Julien : *Inveterata consuetudo pro lege non immerito cus-
toditur..... nam quid interest, suffragio populus voluntatem suam
declaret, an rebus ipsis et factis?* (ff. L. 1, tit. III, Fr. 32, § 1.)

Mais quel degré d'autorité accorder à ces usages? L'em-
portent-ils sur la loi commerciale, sont-ils seulement préféra-
bles à la loi civile? Ont-ils au contraire pour but unique de
combler les lacunes tant du Code civil, que du Code de commerce? Quelle que soit enfin la valeur qui leur appartienne,
leur violation constitue-t-elle un simple mal jugé? donne-
t-elle au contraire ouverture à cassation, et la coutume, comme
la loi écrite, est-elle placée sous la sauvegarde de la Cour
suprême?

Nulle part ces questions n'ont été textuellement prévues
par le Code. Leur solution nous paraît cependant invincible-
ment résulter de l'économie générale de nos textes, et nous
croyons, avec la plus entière conviction, que si l'usage ne peut

modifier et abroger la loi commerciale, il est susceptible de prévaloir sur le droit commun, et qu'appliqué dans ces limites il a force de loi.

Que l'abrogation de la loi commerciale ne puisse résulter de la simple désuétude, c'est ce qui est d'évidence, aujourd'hui que la puissance législative s'exerce dans les formes déterminées par la loi constitutionnelle, et n'est plus exclusivement confiée, comme sous notre ancienne monarchie, au souverain dont la volonté était présumée changée, par cela seul qu'il tolérait un usage contraire.

En sens inverse, il n'est pas moins certain que la coutume doit l'emporter sur les règles du droit civil. *Mercatorum stilus et consuetudo prævalere debet juri communi*, comme disaient les anciens auteurs italiens. La preuve en est dans l'art. 1873 du Code civil, qui déclare que « les dispositions du Titre des « sociétés ne sont applicables aux sociétés de commerce que « dans les points qui n'ont rien de contraire aux lois et *usa-* « *ges* du commerce », et aussi dans l'art. 2102 § 4 portant qu'il « n'est rien innové aux lois et *usages* du commerce sur « la revendication ; » et qu'on ne dise pas que le soin pris par le législateur de consacrer dans ces deux cas particuliers l'autorité des usages commerciaux, témoigne qu'en principe ces usages sont sans valeur; car l'art. 1873, comme l'art. 2102, parle des lois commerciales, et il faudrait admettre, en raisonnant de la sorte, que ces lois aussi n'ont ordinairement aucune force, au préjudice des dispositions du Code civil.

Le motif sur lequel nous nous fondons suffit pour prouver que toute décision judiciaire, qui violerait un usage, devrait encourir la censure de la Cour de cassation. Puisque la coutume est plus puissante que la loi, pourquoi ne serait-elle pas protégée aussi efficacement?

La loi commerciale tout d'abord, à défaut l'usage, à défaut encore la loi civile, telles sont donc les autorités auxquelles nous aurons à faire appel, pour résoudre les questions que soulèvera la vente commerciale, et ce ne sera que lorsque toutes ensemble feront défaut, qu'il nous sera permis de recourir à cette équité naturelle, que chacun accommode trop souvent à ses passions et à ses intérêts.

Pour résoudre, disons-nous, les questions que soulèvera la vente commerciale ! Mais tout d'abord, et c'est, à vrai dire,

par là que nous aurions dû commencer, est-ce qu'une vente
peut, à proprement parler, être commerciale ?

On l'a quelquefois contesté; la raison de douter vient de ce
que l'art. 632 du Code de commerce, qui semble devoir être
interprété littéralement, puisqu'il détermine les attributions
d'un tribunal d'exception, ne qualifie faits de commerce, et
par suite ne soumet à la compétence des tribunaux consulaires, que les achats réalisés, en vue de reventes, et non les
reventes elles-mêmes.

L'affirmative a toutefois été adoptée par une jurisprudence
constante, et la doctrine la plus générale des auteurs s'est
ralliée à la jurisprudence. — Les arguments abondaient en
effet pour faire adopter cette solution : le texte même de l'art.
632, qui range au nombre des actes de commerce l'entreprise
de fournitures, ou en d'autres termes de ventes multipliées ;
les termes employés par l'ordonnance de 1673, à laquelle a
été emprunté notre art. 632, disant : « que les juges consulaires connaîtront des différends pour ventes faites afin de
revendre » : la rubrique même sous laquelle est placé l'art.
109 du Code de commerce « des achats et ventes » ; et par-
dessus tout la raison, qui ne permet pas de considérer l'achat
comme commercial, et comme civile la revente qui est la
conclusion de cet achat.

Le titre de notre étude est donc exact, et c'est bien de la
vente commerciale, ou mieux des achats et ventes commerciaux, que nous aurons à traiter. Les développements que
nous fournirons sur ce sujet seront répartis en quatre chapitres distincts dont voici la nomenclature :

Chapitre I. *Des éléments essentiels de la vente commerciale.*

Chapitre II. *Des effets de cette vente.*

Chapitre III. *Des diverses modalités qui peuvent y être apportées.*

Chapitre IV. *De la preuve de la vente.*

Quoique cette division ne soit pas théoriquement irrépro-
chable, elle rappelle du moins celle suivie par les auteurs
du Code civil au titre des obligations. C'est par ce motif que
nous avons cru devoir l'adopter.

CHAPITRE PREMIER.

Des éléments essentiels de la vente commerciale.

La vente commerciale étant, d'après l'art. 632 du Code de commerce sainement interprété, une vente ordinaire, ayant pour objet des *denrées* et *marchandises*, et faite soit par l'acheteur dans l'intention de revendre, soit par le vendeur comme conclusion d'un achat précédemment réalisé, il suit que cinq conditions sont essentielles à son existence, savoir :

Une chose vendue et une chose appartenant à la classe des denrées et marchandises ;

Un prix ;

Le consentement des parties sur la chose, sur le prix et sur la vente ;

La capacité particulière exigée en matière de vente ;

Enfin l'intention de spéculer sur la chose vendue.

Ces diverses conditions sont essentielles, en ce sens que leur réunion est indispensable pour qu'il y ait vente commerciale, et vente commerciale valable. Mais, tandis que le défaut de chose, de prix, de consentement ou de capacité rend le contrat nul, l'absence de l'intention de spéculer, ou la nature immobilière de l'objet vendu, lui enlève seulement son caractère commercial : de telle sorte que lorsqu'un des éléments que nous avons indiqués vient à manquer, suivant la catégorie à laquelle il appartient, la vente est nulle comme manquant d'une des conditions, sans lesquelles elle ne saurait se former, ou simplement civile, et comme telle soumise à l'application des règles du droit commun.

Nous allons examiner successivement chacune de ces conditions, dans autant de sections différentes, nous réservant d'examiner en dernier lieu si leur concours rend nécessairement la vente commerciale.

SECTION PREMIÈRE.

DE LA CHOSE VENDUE.

La première condition requise pour la validité de la vente,

commerciale, comme de toute vente en général, c'est qu'il y ait une chose vendue. A défaut de chose, pas de vente, comme pas de convention sans objet.

Nous avons à cet égard à résoudre les points suivants :

I. A quel moment doit exister la chose ?

II. A qui doit-elle appartenir ?

III. De quelle nature doit-elle être?

IV. Quelles sont les choses enfin qui ne peuvent être vendues ?

Toute vente suppose une chose, mais à quelle époque cette chose doit-elle exister ? C'est assurément au moment de la formation du contrat dont elle constitue, avec le consentement des parties, un des éléments principaux. Ce principe est d'une telle évidence qu'il suffit de l'énoncer. Aussi n'avons-nous qu'à déduire les conséquences qui en résultent; il y en a deux :

1° Une chose future, comme ce que produira ma propriété l'année prochaine, ne peut faire l'objet d'une vente pure et simple, mais seulement d'une vente soumise implicitement à la condition de l'existence de la chose vendue; en d'autres termes, la vente qui a pour objet une chose future n'est parfaite, et la propriété n'est transmise, qu'autant que la chose vient à exister, et, dans l'exemple proposé, qu'autant qu'une récolte en grains, vin ou huile a été recueillie sur ma propriété. C'est ce que nous expliquerons plus tard, en retrouvant la question à sa vraie place, au chapitre *Des modalités de la vente.*

Avec la vente d'une chose future, il ne faut pas confondre celle qui a pour objet une espérance, comme si je vous vends, par exemple, ce que peut produire en sus de la quantité obtenue par les procédés ordinaires une machine nouvelle que je me propose de faire construire. La validité du contrat est ici indépendante des chances de la fabrication, car la vente est aléatoire, et au lieu de porter sur des marchandises déterminées, *spei emptio est*, comme disait le jurisconsulte romain.

En fait, il est vrai, il sera parfois difficile de distinguer une vente de choses futures, d'une vente à tous risques. Ce ne sera plus là toutefois qu'une question d'interprétation à trancher, d'après la nature de l'objet vendu, le genre de commerce des contractants et surtout d'après l'importance du prix.

2° La seconde déduction de notre principe, non moins incontestable à notre avis que la première, est consacrée en matière civile par l'art. 1601 C. civ., qui déclare nulle la vente de la chose périe en totalité, au moment de la conclusion du contrat. La vente ici n'est ni pure et simple, puisqu'il n'y a pas de chose, ni conditionnelle, puisque la chose ne pouvant revivre, il ne saurait être question de condition suspensive et de son effet rétroactif; elle est donc entachée d'une nullité irrémédiable, et si l'acheteur a exécuté ses obligations, il peut recourir contre le vendeur pour se faire restituer le prix qu'il a payé.

Quelque simple et raisonnable que paraisse cette conséquence, elle n'a pas été acceptée par tous les auteurs, et d'excellents esprits, obligés d'admettre l'art. 1601 du Code civil lorsqu'il s'agit de vente ordinaire, l'ont déclaré inapplicable à la vente commerciale. Voici quels sont les motifs invoqués par eux :

Le meilleur moyen, disent-ils, de connaître l'esprit dans lequel a été conçue une disposition, c'est d'interroger les témoignages des auteurs mêmes de la loi. Or, ces témoignages sont tels qu'ils ne laissent aucun doute sur la portée de l'art. 1601 C. civ.

Lors de la discussion de l'art. 20 du projet au conseil d'État, M. Regnault de Saint-Jean d'Angely fit observer que la vente d'un vaisseau actuellement en mer est valable, quoique le bâtiment ait péri au moment où elle a été consommée. Tronchet, et après lui d'autres membres du conseil, calmèrent ses scrupules en rappelant qu'il avait été convenu « que les dispositions du Code civil ne s'appliqueraient pas aux affaires de commerce. »

Et Portalis ayant protesté que dans le commerce aussi il n'y avait pas de vente, sans une matière qui en fût l'objet, et que par suite, en cas de perte du navire, la vente était nulle, comme l'aurait été dans le même cas un contrat d'assurance, Begouen et Regnault ajoutèrent : « Le citoyen Portalis a pré-« senté des principes opposés à ceux généralement suivis en « pareil cas. Au surplus, il a été reconnu que l'article ne

« s'applique pas au comme.ce, ainsi il n'y a point de difficul-
« tés à l'adopter. »

Sur cette observation la discussion fut close et l'article
voté.

La question est donc bien tranchée.

La vérité est, ajoutent nos adversaires, qu'indépendamment
même de ces explications si décisives, l'extension que l'on
voudrait donner à l'article « eût trop ouvertement méconnu
les usages et les besoins du commerce ». La vente d'un navire en mer n'est pas en effet nécessairement nulle, par cela
seul que l'objet de la vente a péri au moment où les parties
traitent dans l'ignorance de l'accident survenu, ou, pour
mieux dire, elle ne l'est qu'autant que l'intention des contractants à cet égard n'est point douteuse. De telle sorte que,
si l'art. 1601 n'est pas « absolument inapplicable » à la vente
commerciale, il n'y est pas « absolument applicable » (Bédarride, *Ach. et vent.*, 27 et suiv.).

Qu'un article puisse ne pas s'appliquer à la vente commerciale dans quelques cas, tout en s'y appliquant dans d'autres
hypothèses, qu'il y ait là, en un mot, une question de fait à
décider par le juge d'après les inspirations de sa conscience,
c'est ce qui nous paraît bien difficile d'admettre, et cette distinction imaginée par l'opinion contraire fournit, croyons-
nous, un argument très-fort contre la doctrine tout entière.

Le conseil d'État a eu l'intention de ne disposer qu'en vue
des ventes civiles, il est vrai ; mais en résulte-t-il que le législateur de 1804, et surtout celui de 1807, ait adopté cette
idée ? Qu'il ait voulu abroger, en faveur du commerce, cette
règle de raison d'après laquelle toute vente a pour objet une
chose présente, tout au moins une espérance et jamais un
souvenir ?

Oh ! sans doute, nous n'ignorons pas les usages du commerce sur la vente des navires en mer. Mais pour les justifier,
pour dispenser le vendeur de la restitution du prix une fois
payé, il n'est pas besoin, suivant nous, de supprimer l'art.
1601 ; il n'est pas même besoin de voir, comme M. Vincent,
dans ces sortes de traités, un contrat alternatif, vente si le navire arrive à bon port, assurance s'il vient à périr, et de
faire ainsi, par une subtilité outrée, l'opération la plus compliquée d'un contrat très-simple en lui-même. Il suffit de re-

marquer que tantôt la vente a pour objet le navire lui-même, tantôt l'espérance de le voir retourner; qu'elle est ici pure et simple, là aléatoire; et que si, dans un cas, la validité en est subordonnée à l'heureux retour du bâtiment, elle est indépendante dans l'autre des hasards de la navigation. En un mot, on doit avant tout décider en fait, d'après les circonstances de la cause, la question de savoir si la vente est ordinaire ou faite à tous risques, mais une fois qu'il est constaté qu'elle est pure et simple, ne plus hésiter à appliquer l'art. 1601. C'est la solution à laquelle nous nous sommes rattachés à propos des choses futures et que nous devons reproduire ici, des situations analogues appelant des solutions identiques (Delamarre et Lepoitvin, t. III, p. 69 et suiv., Req., 5 frimaire an XIV, D.A., v° *Except.*, n° 149, 2°).

II

A qui doit appartenir la chose vendue?

La réponse à cet égard se trouve dans l'art. 1599 C. civ., ainsi conçu : « La vente de la chose d'autrui est nulle. »

Le vendeur devant aujourd'hui, à la différence de ce qui avait lieu en droit romain, faire avoir à l'acheteur, non plus seulement la libre possession, mais encore la propriété de la chose, si la propriété ne lui appartient pas, il se trouve dans l'impossibilité de remplir ses obligations, et le contrat qu'il a consenti est nul, sauf la question de dommages-intérêts à régler entre lui et l'acheteur.

Mais comment concilier avec la règle de l'art. 1599 la validité des ventes à livrer? C'est ce qu'il sera plus à propos de rechercher en traitant de ces ventes elles-mêmes.

III

Qu'il y ait une chose vendue, que cette chose existe au moment du contrat et qu'elle soit la propriété du vendeur, ce sont là des conditions communes à tous les genres de ventes, et nous espérons avoir démontré qu'il n'existe à cet égard aucune distinction entre les ventes civiles et les ventes commerciales. Il nous reste maintenant à parler d'un élément particulier à la vente commerciale, qui, avec l'intention de spéculer de la part des contractants, la sépare nettement de la vente civile, à savoir : le caractère mobilier de l'objet vendu.

Ce sera l'examen de la troisième question que nous avons annoncée plus haut : de quelle nature doit être la chose ?

L'article 632 du Code de commerce est ainsi conçu :

« La loi répute acte de commerce :

« Tout achat de denrées et marchandises pour les revendre..... ou même pour en louer simplement l'usage. »

Que le contrat ait pour objet des *denrées* et *marchandises*, voilà la condition à laquelle la loi subordonne dans cet article la commercialité de la vente en ce qui concerne la chose vendue.

Mais que faut-il entendre par là, et quel sens se cache sous ces *expressions* ?

Quant aux *denrées*, pas de doute ; ce sont les produits de la nature destinés à la consommation journalière de l'homme. Mais le mot de *marchandises* soulève, au contraire, plus de controverse, et ce n'est pas une des moindres difficultés de notre sujet que d'en déterminer rigoureusement la signification exacte.

Afin d'y parvenir avec plus de sûreté, nous procéderons par voie d'élimination, recherchant d'abord ce qu'exclut cette locution pour préciser plus tard ce qu'elle comprend.

Au premier rang des choses qui, par leur nature, sont en dehors du commerce et ne sauraient, sans un emploi abusif des mots, être qualifiées de marchandises, se placent les immeubles.

Mais on se récrie, on qualifie cette assertion de routine et de préjugé, et on prétend nous prouver que les immeubles sont matière à commerce, et rentrent dans la catégorie des marchandises, à l'aide soit de l'étymologie de cette expression, soit des textes même du Code, soit enfin des véritables principes de la matière.

1° Et d'abord sous le nom de *marchandises*, les jurisconsultes ont compris à toute époque non pas seulement ce qu'on entend par là dans le langage vulgaire, c'est-à-dire ce qui se vend, ce qui se débite en gros ou en détail, dans les boutiques, magasins, foires et marchés, mais plus généralement tout ce qui est susceptible de devenir l'objet d'une spéculation quelconque. C'est ainsi que, dans l'ancien droit, faire la marchandise ou le commerce sont expressions synonymes; que les ordonnances parlaient de juges de la marchandise, pour désigner les juges du commerce; c'est ainsi que dans Domat on trouve une section du traité de la vente civile, intitulée « De la Marchandise ou chose vendue. »

Comment dès lors supposer que le législateur de 1807 ait voulu rompre brusquement avec une tradition aussi ancienne et changer, sans que rien ne témoigne de son intention, le sens d'une expression consacrée par un usage immémorial?

2° Et d'ailleurs l'eût-il fait, et le mot marchandise dût-il être interprété dans son acception la plus rigoureuse, la question n'en serait pas plus avancée.

Les art. 632 et suivants n'ont, en effet, rien de limitatif; ils se bornent à énoncer les actes qui sont le plus généralement commerciaux, sans avoir la prétention d'en donner une nomenclature rigoureuse qui, exacte peut-être à l'origine, eût bientôt cessé de l'être, grâce aux progrès du commerce et de l'industrie. C'est ce qu'il faut admettre, à peine de déclarer civiles, comme ne portant pas sur des marchandises, les ventes des valeurs de toute nature, et cette série d'opérations si essentiellement commerciales, qui se font chaque jour à la Bourse.

3° Enfin si, par une dernière concession, on admet que les termes employés par le législateur sont strictement conformes à sa volonté, il n'y a pas encore lieu de désespérer de la commercialité des achats d'immeubles. Les circonstances, en effet, sont bien changées depuis cette époque, si près de nous, à ne considérer que les dates, si éloignée quant aux idées et aux mœurs, où la spéculation ne s'exerçait que sur les biens nationaux, et Dieu sait avec quelles entraves et au prix de quels dangers pour les spéculateurs. Un courant d'idées irrésistible tend aujourd'hui à soumettre les immeubles aux mêmes règles que les choses mobilières. Il serait puéril d'y résister, et de méconnaître ainsi toute la puissance des faits et l'influence des habitudes; bien plus ce serait une illégalité, car un usage contraire peut abroger une loi commerciale et il faut se garder, comme on l'a dit, d'appliquer trop servilement des textes anciens à des situations nouvelles (Colmar, 30 décembre 1845, D. P., 46, 4, 7; Paris, 21 avril 1849, D., P., 49, 2, 243; Paris, 21 mai 1849, D. P., 50, 2, 11; Paris, 18 octobre 1851,

D. P. 54, 2, 215; Cass., 6 juillet 1868, Gir. et Clar. (1); 69, 2, 6).

Quelque juridique en apparence que soit cette théorie, disons mieux, quelque séduisante qu'elle nous paraisse par sa nouveauté et son caractère audacieux, nous ne l'adopterons pas, car elle est contraire aux traditions historiques, à l'intention certaine du nouveau législateur, aux principes généraux du droit, et enfin aux intérêts les plus élevés de l'ordre social.

1° Sans nous engager sur le sens du mot *marchandise* dans une controverse philologique, qui ne saurait après tout nous conduire à des résultats bien certains, sans rechercher par suite si l'ancien droit fournit à l'opinion contraire un argument aussi complet que celui qu'elle en a tiré, nous ferons une double observation : c'est d'abord que le droit romain excluait absolument les immeubles du commerce, ainsi que le prouve ce passage d'Ulpien : *Mercis appellatio ad res mobiles tantum pertinet;* c'est, en second lieu, qu'il en était de même de l'ordonnance de 1673, dont l'art. 2 est ainsi conçu :

« Les juges et consuls connaîtront des différends pour ventes
« faites par des marchands, artisans et gens de métier, afin
« de revendre ou de travailler de leur profession : comme à
« tailleurs d'habits, pour étoffes, passements et autres fourni-
« tures ; boulangers et pâtissiers pour blé et farine; maçons,
« pour pierre, moellon et plâtre; charpentiers, menuisiers,
« charrons, tonneliers et tourneurs, pour bois; serruriers,
« maréchaux, taillandiers et armuriers, pour fer; plombiers
« et fontainiers, pour plomb et autres semblables. »

Or, notre art. 632 reproduit presque textuellement cette disposition : qui ne voit dès lors que les mots denrées et marchandises y ont été employés d'une manière générale, pour comprendre tout ce que les marchands et les artisans achètent et revendent? Et puisque rien n'annonce que le législateur moderne ait entendu innover à cet égard, n'est-il pas permis d'en conclure que c'est seulement pour la plus grande concision du style qu'il a supprimé l'énumération contenue dans l'ordonnance?

Son intention d'ailleurs vous paraît-elle encore douteuse? — Écoutez Portalis : « La distinction des immeubles et des

(1) Ghod et Clariond, *Recueil de jurisprudence du tribunal de commerce de Marseille.*

« richesses mobilières, dit-il dans son discours préliminaire
« du Code civil, nous donne l'idée des choses proprement
« civiles et des choses commerciales. Les richesses mobilières
« sont le partage du commerce, les immeubles sont particu-
« lièrement du ressort de la loi civile. »

2° Si c'était peu des anciennes ordonnances, des textes
même du Code et des travaux préparatoires pour démontrer
que les immeubles sont étrangers au commerce, les principes généraux du droit nous fourniraient un argument encore
bien plus décisif sur ce point.

La principale garantie du commerce, celle qui rend les
transactions possibles en donnant toute sécurité aux acheteurs, réside en effet dans les articles 2119 et 2279 C. civ.,
l'un supprimant en matière de meubles l'hypothèque et le
droit de suite, l'autre posant en règle qu'en fait de meubles
possession vaut titre. Or, ces deux articles sont exclusivement
applicables aux meubles. Quoi de plus significatif et de plus
probant !

3° Voyez d'ailleurs où peut mener l'opinion contraire. Si
les achats et reventes d'immeubles sont commerciaux, il faut
admettre :

a. Que les tribunaux de commerce, dont on peut vanter les
connaissances commerciales, plus encore que les connaissances juridiques, seront appelés à décider les questions les
plus ardues auxquelles les immeubles donnent lieu.

Et cependant l'art. 487 C. com., en autorisant les syndics
à transiger sur les contestations qui intéressent la masse,
prescrit l'homologation par le tribunal de commerce des
transactions relatives aux droits mobiliers, et par le tribunal
civil de celles relatives aux droits immobiliers.

Or, ne serait-ce pas commettre une contradiction manifeste,
que d'accorder un droit de décision absolu aux mêmes juges,
que la loi n'a pas supposés assez instruits, assez versés dans
l'étude du droit civil, pour leur permettre d'apposer à une
transaction un simple visa ou pareatis?

b. Que les modes de preuves autorisés par l'art. 109 C. com.
seront applicables et que la propriété immobilière dépendra
d'un simple témoignage repoussé comme suspect par l'article 1341 C. civ. dans les litiges d'une valeur supérieure à
150 fr.

c. Enfin, et c'est, nous le reconnaissons, la conséquence la moins regrettable, que toute personne s'occupant habituellement de ce genre d'opérations devra tenir des livres, rendre publiques ses conventions matrimoniales, payer patente, qu'elle pourra faire faillite et que ses actes seront, jusqu'à preuve contraire, présumés commerciaux.

4° Arrivés au point où nous sommes, est-il besoin de répondre au dernier argument que l'on fait valoir contre notre thèse, de parler du courant d'idées qui pousse la spéculation du côté des immeubles?

Nous ne le pensons pas, car qu'importent les tendances de l'usage ou de la pratique, toujours, hélas, trop habiles à trouver le moyen de lever les obstacles, qui entravent la liberté de leurs mouvements?

L'interprète ne doit rien substituer à la volonté du législateur. Le texte est sa loi suprême, et la décision bonne ou mauvaise de cette loi doit être obéie. D'ailleurs cette tendance à faire des immeubles un objet de commerce, à livrer aux hasards et aux entraînements d'une heure ce qui constitue souvent le capital lentement acquis par les générations, ne nous paraît guère digne d'encouragement, et nous demanderions volontiers quel autre résultat ont eu les spéculations effrénées qui se sont produites, il y a quelques années, dans les plus grandes villes de France, si ce n'est d'allumer dans le cœur des uns l'amour immodéré des richesses, dans celui des autres l'envie farouche, et de créer ainsi un antagonisme qui, rendu plus dangereux par d'immenses concentrations d'ouvriers, devait faire mesurer un jour à notre pays toute l'horreur des luttes civiles.

Tels sont les motifs qui nous font repousser l'assimilation absolue des meubles et des immeubles, au point de vue de la vente commerciale, et nous pouvons dire que, sauf quelques défaillances de la jurisprudence la plus récente, ils ont été adoptés par la grande majorité des auteurs et des arrêts (Marseille, 31 janvier 1845, Gir. et Clar., 24, 1, 149; Req., 4 juin 1850, D. P., 1850, 1, 163; Aix, 22 mai 1855, Gir. et Clar., 33, 1, 169; Marseille, 17 janvier 1862, Gir. et Clar., 1862, 1, 15; Marseille, 2 février 1864, Gir. et Clar., 1864, 1, 74; id., 20 février 1866, id., 1866, 1, 266; Aix, 13 août 1869; id., 1870, 1, 137).

Cette question générale de la commercialité des ventes et reventes d'immeubles renferme plusieurs questions de détail sur lesquelles il importe de s'expliquer, car elles ont été diversement résolues par ceux-là même, qui se prétendaient les défenseurs les plus énergiques du principe.

Ces questions sont relatives aux diverses transactions qui peuvent intervenir sur les immeubles et qui sont les suivantes :

1° Bâtir un terrain pour le revendre ;

2° Acheter un immeuble pour le louer ;

3° Acheter une construction pour la démolir et en revendre les matériaux ;

4° Acheter une coupe de bois ;

5° Enfin exploiter une mine.

Je les reprends successivement.

I. Et d'abord les entreprises de travaux et fournitures pour la construction des maisons constituent-elles des actes de commerce ?

Dans ce groupe de questions, qui nous occupe en ce moment, celle-ci a été la plus agitée, car c'est elle qui s'est présentée le plus souvent dans la pratique.

Mais elle paraît définitivement résolue dans le sens de la commercialité du contrat, depuis que la Cour de cassation, par un arrêt célèbre du 3 février 1869 (D. P., 69, 1, 169 ; Gir. et Clar., 70, 2, 80), a attribué compétence aux tribunaux consulaires pour connaître des achats de matériaux faits par l'entrepreneur, en vue d'élever ses constructions.

Écoutons les principaux moyens de cette opinion :

Il ne s'agit pas de savoir, dit-elle, si les immeubles sont ou non impropres au commerce ; le problème n'est pas là ; ce qu'il s'agit de savoir, c'est si celui qui achète des matériaux pour les revendre « après les avoir mis en œuvre sous la forme d'un édifice, » fait une opération commerciale. Or, ramenée à ces termes, la question ne saurait être douteuse, car nous nous trouvons précisément dans l'hypothèse prévue par l'article 632 C. com. C'est ce qu'a décidé la Cour d'Aix, le 5 août 1868 (D. P., 1868, 2, 209 et Gir. et Clar., 68, 1, 326) et entre autres motifs l'arrêt porte :

« Qu'il importe peu que les matériaux, de mobiliers qu'ils « étaient, soient devenus immobiliers en s'incorporant au sol,

« dès lors que la spéculation porte principalement sur la
« différence de leur valeur originaire à l'état de marchandise,
« augmentée du coût de la main-d'œuvre, avec le prix que la
« revente doit procurer. »

On ne saurait mieux dire dans l'intérêt de ce système, et
nous comprenons qu'il ait triomphé dans la jurisprudence.
Mais il n'en doit pas moins, suivant nous, être tenu pour
inadmissible.

L'art. 632, en effet, ne reconnaît le caractère de commerciaux aux achats de denrées et marchandises qu'autant qu'ils
ont été faits pour les revendre « soit en nature, soit après avoir
été travaillées et mises en œuvre. » *Les revendre*, ce qui ne
signifie pas apparemment revendre des meubles différents ou
même des immeubles, mais revendre les meubles achetés,
après leur avoir fait subir une transformation plus ou moins
profonde.

Or, ici ce qu'on veut et ce qu'on peut revendre, ce ne sont
pas les meubles achetés, ce sont des terrains recouverts de
constructions.

Donc la vente n'est pas commerciale.

Le syllogisme procède bien et la conséquence en sera irrésistible, si nous justifions que l'objet de la revente n'est pas le
même que celui de l'achat. Mais cette preuve ne résulte-t-elle
pas de la nature des choses? Une construction est sans doute
physiquement une réunion de matériaux divers assemblés avec
harmonie et sans lesquels elle ne saurait exister. Mais au point
de vue juridique, c'est un tout indivisible, absorbant dans son
individualité les corps dont il est formé, de telle sorte qu'il
n'y a pas là du plâtre, des poutres ou du fer, mais une chose
absolument différente quant à la substance juridique, une
maison. C'est ce que les jurisconsultes romains, avec cette
sagacité merveilleuse que l'on trouve si rarement en défaut,
avaient parfaitement compris. Aussi n'admettaient-ils pas que
le possesseur d'un immeuble devînt propriétaire par usuca-
pion des pierres qui avaient servi à l'édifier : « *nam mutata
forma prope interemit substantiam rei.* » (Ulpien, Dig., 10, 4,
L. 9 § 3.)

Il n'est donc pas juste de prétendre, avec la Cour d'Aix, qu'il
importe peu que les matériaux soient devenus immobiliers
en s'incorporant au sol, car il importe en réalité beaucoup;

et c'est là une des raisons décisives que l'on peut invoquer en faveur du caractère civil de la vente.

Une des raisons, disons-nous; il en existe, en effet, une seconde. Cette revente qu'a dû prévoir l'entrepreneur au moment de l'achat, pour que cet achat soit commercial, ne comprend pas seulement les matériaux transformés, c'est-à-dire la construction, elle porte encore et avant tout sur le terrain bâti. A ce nouveau titre donc elle doit être civile.

Mais on objecte que l'achat et la revente du sol, d'une valeur relativement peu importante, est le fait accessoire. Mieux vaudrait dire, en vérité, que le sol est l'accessoire de l'édifice, comme si, pour emprunter à M. Proudhon une de ses images les plus vives, les maisons étaient *des choses en l'air*. Mieux vaudrait dire surtout que les opérations sur les immeubles sont susceptibles d'être commerciales. Et c'est là, croyons-nous, que vient en dernière analyse aboutir, sans se l'avouer à lui-même, le système contraire, laissant ainsi rentrer, par une poterne dérobée, l'ennemi qu'il se flatte d'avoir chassé de la place.

Nous concluons donc que, ne sont actes de commerce, ni l'achat par l'entrepreneur des matériaux nécessaires à ses constructions ni la revente qu'il fait des terrains ainsi bâtis; que la société fondée dans ce but est civile et que celui qui se livre ordinairement à ce genre d'opérations n'est pas commerçant, et, comme tel, astreint à suivre les prescriptions du Code de commerce.

II. Quant à la question de savoir si l'achat d'un immeuble pour le louer et la location réalisée postérieurement à cet achat sont commerciaux, je ne crois pas qu'elle ait jamais été sérieusement douteuse.

Non assurément, il n'y a pas là acte de commerce, soit que le bailleur ait l'intention de réaliser un bénéfice considérable sur le produit des locations, soit qu'il ait seulement voulu faire un placement de ses capitaux.

La jurisprudence cette fois ne s'y est pas trompée, et l'achat du même immeuble qui, conclu en vue d'une revente, lui paraissait commercial, fait en vue d'une location lui a toujours paru civil : singulière contradiction et qui montre une fois de plus combien la théorie tout entière est inacceptable !

III. L'achat d'une construction pour l'abattre a été au contraire considéré presque unanimement comme commercial, et avec beaucoup de raison. Celui qui acquiert un édifice à démolir ne devient propriétaire, ni du terrain ni même de la maison considérée comme telle ; il a seulement le droit de séparer et de s'approprier les matériaux, qui se trouvent encore unis ou incorporés au sol. Dès lors son acquisition est purement mobilière, et tombe sous l'application immédiate de l'art. 632 du Code de commerce.

Mais notre décision serait différente si on achetait un terrain bâti pour raser les constructions qui le surmontent et en vendre les matériaux. L'achat portant alors sur un immeuble serait nécessairement civil. C'est le même motif, en sens contraire, qui nous a empêché de considérer comme commerciale l'entreprise de travaux pour l'édification des maisons.

IV. La solution qui précède a déjà résolu d'avance la question à laquelle nous arrivons en ce moment, la question de savoir si l'achat d'une coupe de bois est commercial.

Oui, l'acquéreur fait acte de commerce, parce qu'il achète non pas un terrain boisé, mais du bois à séparer du sol. Et il ne faut pas objecter que c'est là abandonner d'une manière déguisée notre principe sur les transactions immobilières ; car nous sommes tout disposés à le maintenir dans la seule hypothèse où son application est possible, c'est-à-dire lorsqu'on achète une forêt pour en vendre la coupe.

V. Que l'exploitation des mines ne doive pas être considérée comme un commerce, et partant comme sujette à patente, c'est ce dont tout le monde convient aujourd'hui, la question ayant été formellement tranchée par l'art. 32 de la loi du 21 avril 1810. Mais l'accord forcé qui se fait entre les interprètes sur le texte même de cet article est tout aussitôt rompu, dès qu'on se demande quels en sont le but et les conséquences.

Est-ce une disposition de droit commun dérivant des règles générales, qui gouvernent les opérations sur les immeubles ?

Est-ce, au contraire, une disposition exceptionnelle dérivant des principes particuliers qui gouvernent les mines ?

Faut-il l'étendre ? — faut-il la restreindre ? — quelle expli-

cation scientifique enfin est-il possible d'en fournir ? Toutes
questions en effet susceptibles des controverses l'es plus com-
pliquées.

D'après une première opinion, la décision de l'art. 32 est
purement arbitraire; édictée dans un but d'ordre public, elle
attribue à l'exploitation des mines un caractère qui n'est pas
le sien.

Voilà bien ce qui résulte de l'exposé des motifs présenté
au Corps législatif par M. Regnault de Saint-Jean-d'Angely,
qui, expliquant l'utilité de la disposition proposée, s'exprimait
en ces termes : « Cette déclaration est nécessaire pour fixer la
« compétence des tribunaux ordinaires, et soustraire les so-
« ciétés formées pour l'exploitation des mines à l'empire du
« Code de commerce, à la solidarité des dettes et à la con-
« trainte par corps. »

La preuve en est aussi dans l'article lui-même, parfaitement inutile si on n'y voit qu'une application et comme un
commentaire superflu de l'art. 632 du Code de commerce.

Et on ajoute que rien n'est moins conforme, en effet, à la
véritable nature de l'opération, puisque « le concessionnaire
« achète les ustensiles, machines et tout ce qui est indispen-
« sable pour faire marcher l'exploitation, consacre des capi-
« taux à ces achats divers et au payement des ouvriers et
« employés qu'il occupe, vend les produits qu'il obtient et
« n'exploite qu'en vue des bénéfices » (D. A., v° Mines,
n° 270).

D'où l'on conclut que la loi de 1810 ayant un caractère ex-
ceptionnel doit être interprétée sévèrement et que, par exemple, le concessionnaire qui se livre à un travail de fabrication
pour exploiter les matières extraites fait acte de commerce.

Quoique cette opinion ait été à maintes reprises admise
par la jurisprudence, notre avis est qu'elle n'aurait pas dû

En acquittant la redevance, le concessionnaire en effet
ne paye pas les produits de la mine qu'il exploite, il paye
cette mine elle-même considérée comme immeuble distinct
du sol et dont les métaux extraits ne sont que les fruits ou
pour mieux dire que les fractions détachées.

Loin de se livrer au commerce, il ne fait par suite que de l'industrie agricole ou extractive.

Q'importe dès lors que le rapporteur de la loi de 1810 se soit mépris sur le véritable caractère de l'exploitation des mines, et que le Corps législatif s'associant à son erreur ait édicté en pure perte une disposition qui découlait suffisamment des principes généraux du droit ? Il n'est pas moins vrai qu'il y a là de la part du concessionnaire une série d'actes civils et comme l'exercice du droit de jouissance qui appartient à tout propriétaire. Aussi sera-ce en traitant de ce droit, dans la section VI de notre chapitre, qu'il sera plus à propos de rechercher si la transformation des produits de la mine peut être considérée comme une entreprise de manufacture.

Nous pensons avoir prouvé que le mot *marchandise* employé par l'art. 632 du Code de commerce exclut les immeubles, et que la vente commercial ea nécessairement pour objet une chose mobilière. Mais notre travail d'élimination est-il dès à présent complet, et tous les meubles, par cela seul qu'ils sont meubles, peuvent-ils devenir matière à commerce, ou faut-il introduire encore parmi eux de nouvelles distinctions suivant la catégorie à laquelle ils appartiennent ? c'est ce que nous allons rechercher, en passant rapidement en revue les diverses espèces de meubles indiquées par l'art. 527 du Code civil.

I. Et d'abord quant aux meubles corporels ou meubles par leur nature, pas de difficulté; même dans le langage usuel et vulgaire ils sont qualifiés de marchandises, et nul doute que la loi n'ait pas employé ce mot dans une acception plus restreinte.

II. En ce qui concerne les meubles incorporels ou meubles par la détermination de la loi, véritables abstractions que l'esprit seul peut concevoir, la question est plus délicate, et il est permis de se demander si des choses purement idéales ont été comprises sous la dénomination de marchandises et ne répugnent pas, par leur nature, aux opérations commerciales. L'art. 529 C. civ. ayant divisé ces meubles en plusieurs classes, il s'agit en définitive de savoir si l'on doit considérer comme commerciaux les achats et reventes :

1° De créances;

2° De rentes ;

3° D'actions ou intérêts dans les compagnies de commerce ou d'industrie.

1° La controverse n'est guère possible pour les cessions de créances ; les créances civiles elles-mêmes sont matière à spéculation, et si sous l'empire du Code le trafic en est devenu plus difficile et moins lucratif, il n'a pas cessé cependant d'être commercial.

2° Mais c'est au contraire une question fort débattue, et dont la solution paraît être incertaine dans la doctrine et dans la jurisprudence, que de savoir si les achats de rentes sont commerciaux. Les achats de rentes, nous devrions ajouter, sur l'État ou sur les personnes morales ; mais ce n'est vraiment pas nécessaire, car les rentes sur particuliers sont très-rares et les règles qui les gouvernent n'offrent surtout, au point de vue commercial, aucun intérêt pratique.

Pour prouver que la rente sur l'État n'est pas une valeur commerciale, on fait valoir le texte de l'art. 632 qui parle de marchandises achetées pour être revendues soit en nature, « soit après avoir été travaillées et mises en œuvre, » expressions qui ne comprennent pas, cela est d'évidence, les meubles incorporels ; et cet argument paraît apparemment si tranchant aux adversaires de la commercialité des achats de rentes, que quelques-uns le sous-entendent et érigent dogmatiquement leur opinion en principe, sans se donner la peine de l'étayer sur aucuns motifs !

De ce nombre est le tribunal de Marseille qui, déduisant les conséquences de ce prétendu principe, a décidé le 30 mai 1850 (Gir. et Clar., 29, 1, 328) que la juridiction consulaire n'est pas compétente, pour connaître de l'action de l'agent de change contre le mandant, au nom duquel il s'est entremis à raison d'opérations de cette nature.

Quel que soit notre respect pour les systèmes même les plus hasardés, celui-ci, en vérité, ne nous paraît pas soutenable.

Eh quoi ! l'art. 632, afin d'étendre les limites de sa sphère d'application, afin d'embrasser un plus grand nombre d'hypothèses, décide qu'il importe peu que les marchandises aient été travaillées ou mises en œuvre dans l'intervalle qui sépare l'achat de la revente, et ces termes, évidemment ampliatifs, qui ne subordonnent nullement la commercialité du contrat

à la transformation des choses vendues, c'est-à-dire à la réalisation d'un fait étranger au commerce, vous les interprétez
dans un sens restrictif! — Les mêmes expressions, qui tendent à rendre plus nombreuses les ventes commerciales, vous
servent à ravir à quelques-unes d'entre elles leur véritable
caractère! Et vous ne reculez pas devant les conséquences si
peu raisonnables et si dangereuses de cette interprétation!
mais ces conséquences, les ignorez-vous? L'art. 632 § 4 répute acte de commerce toute opération de change, banque
et courtage. Or, les opérations de banque consistent à échan-
ger des titres contre de l'or et de l'argent et réciproquement,
en d'autres termes, à spéculer sur le numéraire et les papiers
commerciables. Si donc le même article, dans sa première
partie, regarde comme civiles les opérations sur les rentes, il
faut admettre qu'il y a antinomie entre les deux paragraphes
ou que le législateur, après avoir écrit le premier, en a immédiatement prononcé l'abrogation dans le quatrième, en
le laissant subsister.

Ce n'est pas tout.

L'article 72 C. com. considère comme transactions de
bourse les négociations des effets publics, à l'égal des opérations de change, des opérations sur les marchandises, assurances, etc.

Les art. 74 à 76 C. com. attribuent aux agents de change
la qualité de commerçants; l'art. 419 C. pén. frappe de la
même peine l'emploi des moyens frauduleux, tendant à opérer la hausse ou la baisse du prix des denrées et marchandises et celle des papiers et effets publics; et de ces dispositions combinées, on conclut que les rentes diffèrent des autres
marchandises et valeurs industrielles, que les transactions
ménagées par les agents de change sont civiles et que la
Bourse, ce temple du commerce, est le lieu où se forme le
plus grand nombre de contrats civils !

De telles conséquences ne sont-elles pas la meilleure réfutation de la théorie d'où elles découlent? C'est ce que le tribunal de commerce de la Seine a admis, dans un remarquable ju· gement du 13 septembre 1849 (Lehir, 1850, II.
part., pag. 241; Gir. et Clar., 1850, 1, 329), dont, sauf sur
quelques points, nous acceptons sans réserve la doctrine.

3° Ce qui est vrai des rentes l'est à plus forte raison des

autres valeurs cotées à la Bourse ; aussi, sans rentrer dans une discussion épuisée, bornons-nous à reconnaître que la jurisprudence est presque unanime à considérer comme commerciaux les achats et ventes de ces valeurs, et à attribuer compétence aux tribunaux de commerce pour connaître des demandes en règlement formées par les agents de change contre leurs clients. Nouvel argument et des plus puissants, suivant nous, à ajouter à ceux déjà présentés en faveur de la commercialité des opérations sur les rentes. (Req. 21 mai 1873, Gir. et Clar., 1873, 1, 415).

Concluons donc, en terminant, que tous les meubles sont matière à commerce, et que l'art. 632, en parlant d'une manière énonciative des denrées et marchandises, n'a fait autre chose que reproduire la fameuse distinction des meubles et des immeubles, c'est-à-dire « des choses proprement civiles et des choses commerciales. »

IV

De ce que la vente n'est commerciale qu'à la condition de porter sur un meuble, il ne faudrait pas conclure que toutes les ventes de meubles sont valables. Il est certaines marchandises, qui, par des motifs de sûreté ou de salubrité publique, ont été mises hors du commerce ; d'autres dont, par des considérations analogues ou en vue de satisfaire les exigences du Trésor, la fabrication et la vente ont été soumises à une réglementation sévère ou exclusivement confiées à l'État.

Tels sont :

Les grains en vert et pendants par racines (Capitulaires de Charlemagne, livre IV, app. 2, nºˢ 16 et 26 ; Ordonnance de Louis XIV du 22 juin 1694 ; Loi du 6 messidor an III);

Les substances vénéneuses (Loi du 21 germinal an XI);

Les armes et munitions de guerre (Lois des 24 mai 1834 ; 14 juillet 1860 ; 19-24 juin 1871);

Les armes prohibées (Déclaration du 23 mars 1728 ; Décret du 12 mars 1806 ; art. 314 C. pénal ; Ord. du 23 février 1837);

Les comestibles gâtés et reconnus nuisibles pour la santé (Lois des 27 mars 1851, 5 mai 1855);

Les livres et gravures obscènes ;

Les tabacs (Loi du 21-29 décembre 1872);

Les allumettes (Loi du 2 août 1872), etc.

SECTION II.

DU PRIX.

La seconde condition requise pour la validité de la vente commerciale, c'est qu'il y ait un prix. Comme il s'agit là d'un élément, qui n'a rien de particulier à la vente commerciale, qui a été réglementé, au contraire, quoique sans grand luxe de précautions, par le Code civil, nous en traiterons en peu de mots, négligeant l'exposition des principes pour indiquer seulement les dérogations qu'y apportent les usages du commerce.

Ces dérogations sont étrangères aux deux premières règles de notre sujet, d'après lesquelles le prix doit être sérieux et certain ou déterminé. Il nous suffira à cet égard de noter qu'il existe pour les marchandises un prix courant, auquel les parties sont censées s'être référées, quand la vente a eu lieu *pour le juste prix.* C'est le cours de la Bourse, tel qu'il est déterminé par les syndics des courtiers d'après l'ensemble des opérations qui sont conclues chaque jour.

Mais le prix ne doit pas être seulement sérieux et déterminé, il faut encore qu'il soit stipulé en monnaie ou en choses faisant l'office de monnaie. Or le commerce qui serait impossible, si chaque achat ou vente devait être suivi d'un envoi de numéraire souvent considérable, et que ne possèdent pas toujours les parties contractantes, a largement usé de la faculté de remplacer la monnaie métallique par la monnaie fiduciaire. C'est ainsi que le prix est le plus souvent déclaré payable, non pas seulement avec ces valeurs en papier, telles que billets de la Banque de France, à qui, dans nos grands désastres financiers ou politiques, la loi attribue cours forcé, mais encore avec toute sorte d'effets publics ou de commerce.

Prenons garde toutefois de ne pas poser de règle absolue et, en admettant que toute chose peut jouer le rôle de prix, de confondre la vente commerciale avec l'échange.

La loi a distingué ces deux contrats et elle a eu raison, car, tandis que le vendeur impayé jouit, en cas de faillite de l'acheteur, du droit de reprendre la chose dont la tradition n'a

pas encore été définitivement consommée, le coéchangiste
est réduit à revendiquer celle qui lui a été cédée en contre-
échange, sans pouvoir retenir la sienne.

Mais peu importe, le prix une fois déterminé en argent,
que l'acheteur donne plus tard en payement une autre marchandise ; « *ès contrats* on ne regarde que le commencement, » comme disait autrefois Despeisses.

SECTION III.

DU CONSENTEMENT.

La troisième condition essentielle, par application de l'art.
1108 C. civ., pour la validité de la vente commerciale, c'est
le consentement des parties contractantes.

Et celle-ci est, en effet, vraiment essentielle, car comment
concevoir une vente, et plus généralement un contrat quelconque, sans le consentement des parties ?

Aussi il n'y a plus lieu, comme à propos de la chose vendue, de se demander si l'absence de cet élément nouveau rend
la vente civile. Il est évident au contraire qu'elle la rend
nulle, ou plutôt qu'elle l'empêche de se former.

Nous ne rechercherons pas sur cette thèse si capitale ce
que c'est que le consentement, ni quels sont les vices dont il
peut être infecté ; ce sont là des difficultés qui se rattachent à
la matière de la vente ordinaire ou mieux à celle des obligations. Sans examiner davantage sur quoi il doit intervenir et
comment la proposition et l'acceptation doivent se corres-
pondre et s'unir dans la plus exacte conformité, soit quant à
la chose, soit quant au prix, soit quant à la vente elle-même,
nous concentrerons notre étude sur cette question :

De quelle manière le consentement peut être donné, et à
quel moment le contrat se forme ?

Ce point est de tous le plus important à résoudre : tant que
le concours des volontés ne s'est pas produit, ou du moins
que ces volontés ne se sont pas efficacement rencontrées,
aucune des parties n'est liée ; la chose continue d'appartenir
au vendeur qui n'a rien à craindre de la faillite de l'acheteur,
et l'acheteur lui-même est autorisé à retenir le prix dont le

payement serait alors sans cause. Au contraire, les consentements une fois échangés, le contrat est formé et le caprice
de l'un est impuissant à briser le lien de droit qui l'unit à
l'autre.

Eh bien donc, de quelle manière le consentement peut-il
se produire, et à quel moment, dans chacune des hypothèses
possibles, est-il permis de dire que la convention a pris naissance?

Voici à cet égard la réponse que donnaient les Institutes de
Justinien :

« Ideo autem istis modis consensu dicitur obligatio con-
« trahi, quia neque scriptura, neque præsentia omnino opus
« est, ut substantiam capiat obligatio; sed sufficit eos qui
« negotium gerunt consentire; unde inter absentes quoque
« talia negotia contrahuntur, veluti per epistolam, vel per
« nuntium. »

Et cette réponse n'a pas cessé d'être vraie; aujourd'hui encore la vente se forme soit entre présents, soit entre absents,
et, dans ce dernier cas, le moyen de correspondance est une
lettre missive ou un intermédiaire.

C'est de la naissance du contrat, dans ces divers cas, que
nous avons maintenant à traiter.

1° Nul doute d'abord que ce contrat ne puisse être conclu
entre présents. L'histoire nous apprend que ce fut le premier
des modes employés, et l'expérience enseigne chaque jour
que c'est le plus sûr, celui qui est le moins susceptible de
faire naître des discussions sur l'existence ou sur l'étendue de
la convention.

Pas davantage de difficulté quant au moment précis de la
perfection du contrat; c'est celui où les parties tombées définitivement d'accord ont enfin prononcé le fameux *spondesne?*
spondeo, de la stipulation romaine.

2° Entre absents, au contraire, la situation est plus compliquée. *Primus,* qui est à Marseille, demande à *Secundus,* qui
est à la Havane, de lui expédier un navire chargé de sucre. Sa
proposition, qui, si elle eût été faite de vive voix, eût appelé
une réponse immédiate de la part de son interlocuteur, ne
parviendra au contraire à *Secundus* que dans quelques jours;
malgré la merveilleuse rapidité des chemins de fer et de l'é-
lectricité, un certain temps s'écoulera entre le moment où

l'offre est partie et celui où elle arrivera à la connaissance du
futur vendeur. Durant cet intervalle, quelque court qu'on le
suppose, *Primus* aura pu, sous l'influence d'une nouvelle im-
prévue, dans l'espérance d'une baisse probable, changer d'a-
vis, regretter les propositions trop avantageuses qu'il avait
faites et par un nouveau télégramme retirer sa commande.
Secundus, qui a ainsi reçu deux ordres s'annulant l'un l'autre,
peut lui-même, par des motifs analogues, changer plusieurs
fois d'avis; accepter, puis refuser, repousser l'offre faite
pour revenir plus tard sur son refus. Comment discerner, au
milieu de ce va-et-vient de demandes et de réponses, d'ordres
et de contre-ordres, si le contrat est formé, à quel moment
et à quelles conditions il l'a été? C'est ce qui paraît impossible à première vue et ce qui le serait en effet, si les règles
générales du droit sur la pollicitation n'étaient pas aussi certaines.

Ces règles sont les suivantes:

Toute offre non encore acceptée n'engage pas définitivement son auteur, qui reste libre de la retirer;

Tant que cette offre n'a pas été retirée, l'acceptation en est
possible, à moins qu'elle n'ait été anéantie par la mort ou l'incapacité de celui qui l'a faite.

Si nous faisons application de ces principes, aujourd'hui
universellement admis, à notre hypothèse, tous les doutes
quant à la solution disparaissent.

Tant que la commande de *Primus* n'est pas parvenue à
Secundus, elle constitue une promesse unilatérale; née d'une
simple lettre, elle pourra être révoquée par une lettre nouvelle. Que la seconde missive suive ou précède la première, ou
qu'elle soit apportée par le même courrier, peu importe : dans
tous les cas le résultat est le même, il n'y a jamais eu coexis-
tence des volontés, jamais de consentement au sens littéral du
mot, jamais de contrat.

Mais est-ce à dire que *Primus* puisse ainsi sans motifs faire
indéfiniment des commandes, qu'il retirera aussitôt après, et
par sa légèreté, son indécision, peut-être même sa malignité,
causer à son correspondant un dommage considérable? Est-
ce à dire que les achats faits par *Secundus* à la réception de la
première lettre resteront pour son compte, ou que, même
indépendamment de tout préjudice matériel, il se verra sans

cesse impunément bercé par de brillantes promesses, qui ne
seront pour lui que de tristes déceptions?...

Nullement, à notre avis, et nous ajouterons deux observations qui sont de nature à tempérer beaucoup ce que la doctrine admise pourrait avoir de rigoureux dans l'application.

I. La première, qui nous est suggérée par Pothier, c'est
que, si l'offre faite a causé à l'autre partie soit quelques dépenses pour l'exécution du contrat, soit une perte, en l'empêchant de placer autre part sa marchandise, les tribunaux
ont le droit de condamner à des dommages-intérêts celui
qui s'est dédit. Mais alors les dommages-intérêts sont alloués
par application non pas de l'art. 1142, mais de l'art. 1382
C. civ. ; ces réparations ne sont pas encourues pour inexécution de la vente, qui, ne s'étant pas formée, ne saurait devenir la base d'une action en dommages-intérêts. Elles sont
dues en vertu de la règle *Nemo ex alterius facto prægravari
debet*, ou, pour parler le langage du Code, de ce principe que
« tout fait quelconque de l'homme qui cause à autrui un
dommage, oblige celui par la faute duquel il est arrivé à le
réparer. »

II. La seconde, c'est qu'après la réception de la lettre
par le destinataire, la rétractation de l'offre n'est plus possible
de la part de celui qui a renoncé d'avance, d'une manière
expresse ou tacite, au droit de la retirer pendant un certain
temps.

Ainsi Paul, de Marseille, écrit à Pierre, de Calcutta, de lui
fournir les chargements en sésame de deux navires qu'il se
propose d'expédier à la côte de Coromandel, et il termine sa
lettre en lui disant : « vous avez quinze jours à compter de
la réception de la présente pour accepter ma proposition,
passé lequel délai je me considérerai comme libre de m'a-
dresser ailleurs. »

Eh bien, je prétends que, sa missive une fois parvenue au
négociant de Calcutta, Paul n'a plus le droit de se dédire et
que l'acceptation du marché par son correspondant, survenue
dans la quinzaine, le lie définitivement.

Je vais entreprendre de le démontrer.

Que contient au point de vue juridique la lettre du commerçant de Marseille? Deux choses: d'abord l'offre d'acheter
du sésame, c'est-à-dire de former un contrat synallagma-

tique engendrant des obligations réciproques à la charge de
chacune des parties, et, en second lieu, l'offre de ne pas rétracter sa première proposition pendant quinze jours, à partir
de la remise de la lettre en mains du destinataire, c'est-
à-dire de former un contrat unilatéral, ne créant des obligations qu'à sa charge et tout entier dans l'intérêt du futur
vendeur.

Ces deux promesses, sans doute, ne se transformeront
en conventions qu'autant qu'elles auront été agréées par celui auquel on les adresse, et à cet égard leur condition est
identique. Qu'un télégramme donc, devançant la lettre, vienne
annoncer à Pierre la révocation de l'offre, que le même
courrier lui apporte tout à la fois la commande de son acheteur et la nouvelle de la rupture du marché projeté, rien
n'est fait, car ni l'une ni l'autre des deux propositions n'a
été acceptée. Je vais plus loin : qu'il survienne à quelque
époque que ce soit une deuxième missive écrite avant l'arrivée de la première, rien n'est fait non plus; les deux volontés ne s'étant pas rencontrées n'ont pu produire ce lien de
droit qui constitue l'obligation.

Mais supposons, au contraire, que Paul, apprenant une
baisse subite du prix des sésames, ait télégraphié son désistement à Pierre dix jours seulement après que celui-ci
a reçu la lettre de commande, c'est-à-dire au moment où,
pour réaliser le bénéfice que cette baisse lui faisait entrevoir,
celui-ci s'apprêtait par une acceptation formelle à rendre la
vente définitive? Son désistement sera-t-il encore valable, et,
nonobstant l'acceptation de Pierre, pourra-t-il se dispenser
du payement du prix? — Point du tout, à notre avis, et la raison en est simple : c'est qu'à l'instant même où la double pollicitation du négociant de Marseille s'est trouvée portée à
la connaissance de son correspondant, elle a été tacitement
acceptée en ce qui concerne l'engagement de ne pas retirer
l'offre pendant quinzaine; et qu'il s'est formé, entre les parties, sinon un contrat de vente qui, par sa nature synallagmatique, exige le consentement exprès du vendeur comme
de l'acheteur, au moins ce que nous appellerions le contrat
de *proposition*, qui, étant unilatéral, est devenu parfait par
l'acceptation tacite de celui auquel il profite. C'est en un
mot que l'acheteur est tenu de maintenir son offre durant

cinq jours encore et d'exécuter la vente, si, avant l'expiration de ce délai, elle est devenue définitive par le consente
ment du commerçant de Calcutta.

Cette théorie que nous osons présenter, bien qu'elle n'ait
pas encore été sanctionnée par la jurisprudence, compte,
nous devons le dire, dans la doctrine un nombre d'adversaires presque égal à celui des auteurs qui se sont occu-
pés de la question. Et tandis, par exemple, que M. Larom-
bière (1), méconnaissant l'existence de la convention par laquelle l'acheteur s'est interdit de revenir sur son projet
pendant un certain laps de temps, enseigne que l'offrant
peut toujours rétracter sa proposition, et qu'on ne saurait lui
imposer de force un contrat contre lequel il a protesté avant
sa formation, M. Demolombe (tom. XXIV, n° 64), aussi exclusif en sens inverse, paraît vouloir rendre l'offre définitive
toutes les fois qu'elle n'a pas été retirée par une lettre arrivée
avant ou en même temps que la première, comme si le désistement n'avait pas la même efficacité, à quelque époque qu'il
soit connu de l'acceptant. Nous croyons néanmoins ferme-
ment qu'il y a dans notre hypothèse deux contrats, l'un que
nous avons appelé de proposition, parfait par le consentement
tacite de celui en faveur de qui il est formé, conformément à
la fameuse règle de Casaregis « *Scientia sola inducit præsump-
tionem contractus lucrativi;* » l'autre qui exige le consentement
formel des deux parties (Voir Aub. et Rau, t. III, pag. 292;
Duvergier, *de la Vente*, 1, 56 et 57).

En pratique, il faut le reconnaître, la volonté de celui qui
fait l'offre ne sera pas toujours certaine et bien souvent au
lieu des termes précis que nous avons supposés, pour rendre
l'exemple plus frappant, nous trouverons, dans les lettres contenant des propositions d'achat ou de vente, les locutions suivantes : « en attendant que vous m'honoriez d'une réponse
par le plus prochain courrier,... ou par le plus prochain paquebot,... ou en attendant d'avoir l'honneur de vous lire. »
Faudra-t-il voir là des renonciations tacites de la part du
stipulant au droit de se dédire, pendant le délai qui séparera
l'arrivée de la lettre, du départ du premier courrier, du premier paquebot? Nous le croyons volontiers ainsi. D'autant
mieux que, d'après un usage généralement reçu, celui qui

fait une offre par lettre accorde implicitement au destinataire le délai indispensable pour examiner sa proposition et y répondre (C. de Paris, 12 juin 1869, D. P., 70, 2, 6).

Toutefois on ne saurait être trop réservé à cet égard, et le mieux est peut-être de dire que c'est là avant tout une question de fait, à trancher d'après les termes précis de la lettre de commande et les autres circonstances particulières à chaque espèce.

Si, en règle générale, toute offre par correspondance est révocable au gré de celui dont elle émane et révoquée de plein droit par son incapacité, ou sa mort, il n'est pas moins certain que l'acceptation en est possible tant que cette rétractation n'a pas eu lieu.

Ce principe ne comporte d'exception que dans le cas où l'auteur de l'offre a fixé un délai exprès pendant lequel doit être agréée sa proposition; car il est impossible d'admettre, avec la Cour de Paris (arrêt cité du 12 juin 1869), qu'une offre s'évanouisse de plein droit à l'expiration du temps strictement nécessaire pour l'acceptation ou le refus. Et encore il faudra toujours consulter l'intention des parties dans une matière où l'appréciation des faits joue nécessairement un grand rôle.

En quelle forme maintenant doit être faite l'acceptation; à quel moment produit-elle ses effets?

Autant de questions d'une importance pratique considérable, mais aussi des plus controversées de notre matière, sur lesquelles il s'agit de prendre parti.

L'acceptation d'abord peut, comme l'offre, être faite par correspondance. Cela est d'évidence et nous devons dire que c'est le mode, sinon unique, au moins le plus employé de tous. Mais cette acceptation suffit-elle par elle seule pour la validité de la vente, ou faut-il encore qu'elle ait été connue de celui qui l'a provoquée; en d'autres termes, l'offrant comme l'acceptant sont-ils ou non définitivement liés, l'un par l'acceptation qu'il ne connaît pas encore, l'autre par son consentement une fois donné et sur lequel il ne pourrait plus revenir?

L'acceptation doit être portée à la connaissance de l'auteur de l'offre. — Telle est la solution qui semble prévaloir dans la jurisprudence et même aussi dans la doctrine. On la fonde principalement sur trois arguments.

I. Les lettres jouent, dit-on, le même rôle que la parole dans les contrats entre présents. Or à quelle époque un contrat de cette nature est-il formé? Ce n'est, ni au moment où celui qui reçoit la proposition, après en avoir rapidement pesé dans son esprit les avantages et les inconvénients, prend la résolution de l'accepter, ni même à celui où il ouvre la bouche pour faire connaître sa décision; c'est à l'instant seulement où les paroles par lesquelles il déclare consentir à ce qu'on lui demande viennent frapper les oreilles de son interlocuteur.

Ne faut-il pas dès lors en conclure que la vente est imparfaite, tant que la lettre d'acceptation n'est pas parvenue au destinataire, tant que cette voix à longue portée de l'absent n'a pas été entendue de celui auquel elle s'adresse?

II. Et cette conséquence est d'autant plus désirable que l'opinion contraire n'accorderait pas aux contractants une situation égale. Si celui qui a fait des offres peut les rétracter, tant qu'elles ne sont pas parvenues à la connaissance de l'autre partie, pourquoi ne pas accorder à celle-ci le droit de retirer son acceptation tant qu'elle n'a pas été reçue par l'offrant? La vente ne saurait être parfaite pour l'un, imparfaite pour l'autre, et il y a de semblables motifs d'exiger de part et d'autre que le consentement persiste jusques à la connaissance réciproque de l'acceptation.

III. On ajoute que le législateur lui-même a consacré cette doctrine dans la seule matière où il se soit occupé en détails des règles du consentement; et qu'aux termes de l'article 932 C. civ., la donation n'a d'effet, à l'égard du donateur, que du jour où l'acte, qui constate l'acceptation par le donataire, lui a été notifié » (Bruxelles, 23 fév. 1867; Lyon, 27 juin 1867, D. P., 67, 2, 103, 104; Paris, 12 juin 1869, D. P., 70, 2, 6; Aix, 11 mai 1872, Gir. et Clar., 1873, 1, 66).

Nous ne voulons pas nier combien cette argumentation nous paraît sérieuse; nous ne la regardons pas cependant comme décisive, et notre avis est au contraire que l'acceptation de l'absent suffit à la validité du contrat de vente, même avant qu'elle ait été connue de celui qui a fait l'offre.

1° Écartons d'abord l'argument, qui consiste à assimiler la vente commerciale aux donations entre-vifs. Rien ne saurait être, en effet, dans notre controverse plus inexact que cette assimilation.

Pourquoi les donations entre-vifs sont-elles soumises à la nécessité d'une acceptation formelle ? — Il y en a deux motifs : c'est d'abord parce que la donation est un contrat, qui ne peut se former que par le concours des volontés du donateur et du donataire. C'est ensuite, parce qu'elle est un acte solennel et comme tel soumis à des conditions de formes multiples et rigoureuses.

Or, s'il est vrai qu'au premier point de vue le consentement est soumis dans la donation entre-vifs aux règles générales, il est, au contraire, en tant que solennité spéciale de ce contrat, gouverné par des principes d'une nature toute particulière, au nombre desquels figure la nécessité de notifier l'acceptation au donateur ; comment dès lors est-il possible d'appliquer par voie d'analogie ces principes à la vente commerciale, c'est-à-dire à un contrat très-fréquent, très-facile, dégagé de toute espèce d'entraves et de toutes formalités extérieures ? Cet argument n'est donc nullement concluant.

2° Celui qui est tiré de la similitude existant entre la parole et la correspondance, en ce qui concerne la formation des contrats, nous paraît plus sérieux. Et nous ne doutons pas qu'il ait puissamment contribué au triomphe de l'opinion que nous allons essayer de combattre. Il ne nous a pas toutefois convaincu.

Les contrats entre présents ne se forment, il est vrai, qu'au moment où l'auteur de la proposition a été instruit de l'acceptation, mais il ne faudrait pas se hâter d'expliquer ce fait en disant que le consentement de celui qui accepte doit avoir été connu de son contractant, et pour ainsi dire agréé par lui ; la vérité, c'est que le consentement, non encore manifesté par la parole, n'est qu'une simple résolution intérieure, un *propositum in mente retentum*, dont il est possible de se départir à chaque instant, et que, s'il y a concours de volontés au sens philosophique du mot, ce concours ne peut produire aucun effet juridique. Mais dans le contrat entre absents, lorsque la lettre d'acceptation a été confiée à la poste ou au télégraphe, et qu'il ne dépend plus de celui qui l'envoie de la reprendre, le consentement des deux parties s'étant affirmé d'une manière non équivoque, le contrat est parfait, et dès lors à quoi servirait l'accomplissement de cette formalité superflue, la notification de l'acceptation à l'offrant? A quoi, je vais vous le dire, à reculer le moment précis où le contrat acquiert sa perfection et à permettre ainsi, soit au vendeur, soit à l'acheteur, de briser à son gré une convention que l'article 1134 C. civ. proclame la loi commune des parties.

3° Est-il maintenant besoin de répondre au reproche que l'on nous fait de rompre l'égalité entre les contractants, au préjudice de celui qui accepte? — Égaux, les contractants le sont en ce sens que, le contrat une fois formé, aucun d'eux ne peut se dégager par le seul fait de sa volonté. Mais ils ne sauraient l'être, quant au droit de retirer leur consentement, puisque, si l'offre émanée du premier rend la vente possible, l'acceptation du second la rend définitive.

Je conclus donc que l'envoi de la réponse à une offre lie irrévocablement, et avant qu'elle soit reçue, le proposant et l'acceptant (Pau, 16 juillet 1852, D. P., 54, 2, 205).

La volonté de celui qui acquiesce à une proposition d'achat ou de vente ne doit pas nécessairement être expresse, elle peut résulter tacitement de simples faits qui la supposent ou qui l'indiquent. Je vous ai proposé par lettre de vous vendre une barrique de vin à tant l'hectolitre et vous m'envoyez aussitôt le prix entier de la barrique. — Qui pourrait douter de votre consentement ?

Une seule condition est exigée, c'est qu'il n'y ait pas divergence entre l'intention de celui qui fait l'offre et le fait par lequel on lui répond, soit quant au prix, ou à la chose vendue, soit quant au lieu et à l'époque de la livraison ou du payement.

Mais à quel moment sera définitif un contrat ainsi formé ? — A l'époque seulement où celui qui a provoqué l'acceptation a connu l'exécution du marché? Évidemment non, car ce serait le renversement complet de la théorie que nous avons cru devoir présenter à propos du contrat par correspondance. — A l'instant où l'acceptant a fait le premier acte qui implique son consentement, comme, par exemple, la fabrication et l'emballage des marchandises demandées, s'il est vendeur, la préparation des actes qui doivent constituer le règlement du prix s'il est acheteur? Pas davantage, car ce premier acte, que ne suivra peut-être aucun autre, n'ayant pas reçu une publicité suffisante, pourrait toujours être dissimulé par l'acceptant, maître ainsi à son gré d'exécuter ou d'anéantir le marché. Ce sera à l'époque intermédiaire, où aura été expédiée la marchandise ou le prix. L'envoyeur se trouve alors, en effet, irrévocablement engagé, ne pouvant plus retirer sa chose dont il est dessaisi, même avant qu'elle soit parvenue à destination, et il est permis de dire de lui qu'il a fait mieux que donner son consentement, qu'il a consommé l'affaire proposée.

Si, au lieu de la confier à un entrepreneur public de transports, comme une compagnie de chemin de fer, de navigation, etc., le vendeur avait remis la marchandise à ses agents particuliers, de manière à conserver le droit de l'arrêter en voyage, le contrat n'en serait pas moins définitif au cas le plus fréquent en pratique où on aurait fait tenir une lettre d'avis à l'acheteur. Dans l'hypothèse inverse, la perfection de la vente serait reculée jusqu'au moment de la tradition.

Nous avons jusqu'à présent supposé que l'offre s'adressait à une personne déterminée, seule placée par cela même dans l'alternative d'accepter ou de refuser. Mais une seconde hypothèse peut se présenter : Celle où la proposition est faite au public en général, sous forme de prospectus, de circulaires ou d'affiches. Que décider dans ce cas en ce qui concerne la faculté d'acceptation ? — Elle reste la même suivant nous. Le public n'étant autre chose que la réunion de tous les particuliers, l'offre est censée faite à chacun de ceux-ci séparément, et dès lors rien ne s'oppose à ce qu'elle soit agréée par celui auquel elle convient. L'utilité pratique suffirait d'ailleurs pour justifier cette solution, si elle n'était commandée par les principes les plus élémentaires du droit, car ce serait bannir la bonne foi des transactions commerciales, que de permettre ainsi à des négociants peu scrupuleux de se ménager une clientèle à l'aide d'annonces mensongères, et de trouver un moyen de succès et de récompense dans la violation de leurs engagements les plus positifs (Trib. com. de la Seine, 5 janv. 1869).

Hâtons-nous toutefois d'ajouter que, la valeur des marchandises variant avec les saisons et les accidents de toute nature, il appartiendra toujours aux magistrats d'apprécier en fait, si, eu égard aux circonstances, l'offre n'avait pas été tacitement retirée au moment où l'acceptation est venue donner naissance au contrat.

Les règles de la vente par correspondance étant ainsi rapidement esquissées, il ne nous reste plus qu'à traiter de la seconde catégorie de contrats entre absents, c'est-à-dire de ceux qui se forment par intermédiaires.

Ces intermédiaires sont tous compris en droit civil sous la qualification de mandataires. La pratique commerciale leur a au contraire assigné les noms divers de : courtiers, commissionnaires, commis voyageurs, représentants ou placeurs.

En quelle qualité chacun d'eux agit-il, et par conséquent dans quel cas leur intervention rend-elle inutile, pour la formation de la vente, la manifestation actuelle du consentement des parties? Telle est la question générale que nous avons maintenant à résoudre.

En ce qui concerne les courtiers, point de doute. Leur mission se réduit à recevoir les offres et les demandes, et à faciliter les transactions par leurs démarches et leur entremise. Les ventes conclues par leurs soins exigent donc toujours le consentement écrit ou verbal des contractants, et ne rentrent dès lors nullement dans la classe de celles qui font l'objet de notre étude.

Ce que nous disons des ventes par courtiers est vrai à plus forte raison de celles par commissionnaires. Ce n'est pas au nom, quoique pour le compte et dans l'intérêt de son commettant, que le commissionnaire traite; c'est en son nom en apparence, comme si le contrat le concernait seul. La vente qu'il passe est donc parfaite par son consentement, et peu importe, au point de vue de la formation du contrat, qu'il doive faire raison des bénéfices perçus au véritable intéressé.

Les commis voyageurs au contraire représentent toujours le vendeur, tant dans leurs rapports réciproques qu'à l'égard des tiers acheteurs. Mais en quelle qualité? — Comme mandataires, ou comme gérants d'affaires? — Pour le lier définitivement par les ventes qu'ils passent, ou seulement pour

recueillir des commandes qui devront être soumises à sa ratification ?

La question ne saurait être douteuse, au cas où ces agents
sont porteurs d'un mandat formel ; les opérations qu'ils passent sont alors évidemment obligatoires pour leur mandant,
pourvu qu'elles aient eu lieu dans les limites des pouvoirs
accordés. Il n'y a là que l'application pure et simple des
principes du droit commun sur le mandat ordinaire.

Que décider au contraire dans l'hypothèse bien plus fréquente en pratique, où les commis voyageurs ne seront mu-
nis d'aucune procuration expresse et circonstanciée? Réduite
à ces termes, la question peut paraître délicate et n'a pas
fait naître, en effet, moins de trois systèmes, qui depuis longues années divisent profondément la doctrine et la jurisprudence.

I. Le premier enseigne que le commis voyageur engage
dans tous les cas, que l'opération soit bonne ou mauvaise, la
maison qui l'a chargé du placement de ses marchandises, s'il
ne s'est réservé la faculté de faire ratifier la vente par son
commettant (Marseille, 20 fév. 1815, Gir. et Clar., 46, 1,330 ;
id., 23 déc. 1829; C. d'Aix, 3 mars 1830; Gir. et Clar., 1830,
1, 78; id., 13 janv. 1846, Gir. et Clar., 46, 1, 327 ; Rouen,
12 mars 1847, D.P., 49, 2, 36; Limoges, 22 janv. 1848, D. P.,
40, 2, 37 ; Paris, 20 janv. 1846, D. P., 46, 2, 14, et sur pourv.
4 janv. 1847, D. P., 47, 1, 79; Besançon, 13 avril 1870, D. P.,
70, 2, 99 ; Nîmes, 13 mai 1871, D. P., 72, 2, 69).

II. D'après le second système, il faut distinguer : La vente
passée entre un tiers et le commis voyageur obligera le commerçant que celui-ci représente, si elle a été faite aux conditions fréquemment usitées et pour le prix courant. Mais
elle ne sera parfaite que par sa ratification, si elle a quelque
chose d'insolite, soit quant à la quantité vendue, soit même
quant aux stipulations accessoires relatives à la livraison et au
payement (Nîmes, 29 mars 1852, D. P., 52, 2, 188).

III. Voici enfin le troisième système, qui soutient, tout à
l'inverse du premier, que le commis qui voyage pour solliciter
des offres en faveur d'une maison n'a pas le mandat de vendre, à moins d'un pouvoir exprès, et que l'ordre transmis ne
vaut vente que par la ratification expresse ou tacite du commettant qui le reçoit (Bordeaux, 8 avril 1815, D. P., 49, 2, 36;

Montpellier, 21 mai 1817, D. P., 47, 2, 128 ; id., 26 mai 1819, D. P., 52, 1, 225 ; trib. Marseille, 23 février 1866, Gir. et Cl., 1866, 1, 99).

Commis voyageur de Paul, qui habite Marseille, je conclus en son nom un marché avec Jacques, de Narbonne.

L'opération est-elle mauvaise : d'après les uns elle ne liera pas moins mon mandant ; d'après les autres il sera permis à Paul, en refusant sa ratification, de la laisser pour mon compte.

Est-elle avantageuse : la vente sera de l'avis de tous définitive, soit de plein droit, soit par la ratification que ne refusera certainement pas le commettant. Mais si, par exemple, la marchandise est livrable à Marseille, suivant que je serai réputé un simple solliciteur d'ordres ou un véritable mandataire, il faudra refuser ou attribuer compétence au tribunal de Marseille pour connaître, conformément à l'art. 420 § 2 proc. civ., des contestations que soulèverait l'exécution du marché.

Lequel de ces trois systèmes est le plus juridique ?

On ne saurait nier que l'opinion d'après laquelle les voyageurs de commerce, contractant pour compte de leurs commettants, agissent comme mandataires de ceux-ci, semble conforme à l'idée première que l'on se fait du rôle de ces agents. Le succès des transactions commerciales consiste en effet dans la promptitude avec laquelle elles sont conclues. Telle opération aujourd'hui assurera à l'acheteur un bénéfice considérable, et pourra demain, par suite d'une commotion politique ou de tout autre événement de cette nature, perdre son importance. Cette marchandise qui, achetée à propos, serait revendue immédiatement, acquise à contre-temps, restera peut-être de longs mois en magasin avant d'être placée, même avec perte. C'est précisément pour rendre les commandes plus nombreuses, en permettant aux acheteurs de saisir les occasions propices, pour éviter les lenteurs inséparables du contrat par correspondance, que les maisons de commerce envoient, au loin, à grands frais, des commis voyageurs chargés d'offrir et de vendre leurs produits.

Or, ne serait-ce pas supprimer l'utilité de ces employés que d'en faire de simples porteurs d'offres et de prix courants ? que de subordonner la validité des marchés conclus par leurs soins à une ratification toujours trop tardive, puisqu'elle ne peut être instantanée? Ne serait-ce pas créer une inégalité choquante entre ceux qui seraient pourvus d'un mandat exprès et ceux qui n'en auraient aucun, détruire ainsi la concurrence dont les commis voyageurs sont l'âme, et ruiner ceux-là même que l'on s'efforce de protéger?

D'où l'on conclut que, si le commis-voyageur a fait une opération malheureuse, une spéculation hasardée, son patron n'en sera pas moins obligé d'exécuter les engagements pris, qu'il est censé avoir contractés lui-même?

C'est à quoi le second système ne veut pas adhérer.

Justement effrayé des dangers que ferait naître pour les commerçants une liberté illimitée laissée à leurs préposés, ne croyant pas sans preuve que nul puisse ainsi confier à des mains inhabiles ou imprudentes sa fortune et l'honneur de son nom, il ne consent à voir dans le commis voyageur le mandataire du commettant, qu'autant qu'il a vendu aux conditions ordinaires, c'est-à-dire selon toute apparence qu'il a gagné.

Mais vraiment qu'est-ce qu'un tel mandataire, qui n'a le pouvoir de vendre qu'autant qu'il fera une bonne affaire; et peut-on bien forcer le tiers acheteur d'accepter une situation aussi défavorable, obligé si le contrat est avantageux à son vendeur, sans droit s'il ne paraît pas à celui-ci assez lucratif?

Et d'ailleurs cette distinction, pleine de vague et d'incertitude, ouvrirait un vaste champ à l'arbitraire et deviendrait bientôt une cause permanente d'embarras pour les tribunaux.

Primus ne fait des affaires qu'au comptant; Secundus au contraire accepte des règlements à 60 jours; faudra-t-il donc, si le commis de Primus consent à n'être payé qu'à terme, si celui de Secundus traite au comptant, déclarer que les marchés ainsi formés ne seront pas définitifs? L'un opère sur des quantités considérables; l'autre ne fait qu'un commerce très-restreint. Pour savoir quelles limites ils ont assignées tous deux aux pouvoirs de leurs représentants, faudra-t-il rechercher minutieusement leurs habitudes et étaler aux yeux de tous leur situation commerciale? Poser la question, c'est la résoudre.

Aussi le premier système nous paraît-il beaucoup plus net, et, s'il nous fallait choisir entre les deux, nous n'hésiterions pas à l'adopter de préférence.

Mais il nous paraît difficile d'en donner la justification théorique. Pour prétendre qu'une personne a été représentée par l'une des parties, dans une vente où elle ne figurait pas, il faut pouvoir reconnaître juridiquement un mandat, en vertu duquel cette représentation aurait eu lieu. Or c'est ce mandat qui nous semble faire défaut de tous points dans la personne du commis voyageur, qui n'a pas reçu de procuration expresse.

Assurément il n'est point nécessaire que cette procuration soit notariée, ni même constatée par écrit. Que l'acheteur donc, à l'aide des modes de preuves énumérés en l'art. 109 du Code de commerce, c'est-à-dire même par présomptions, établisse que le voyageur avait le pouvoir d'obliger son commettant; qu'il fasse valoir notamment les habitudes et les usages suivis par la maison, pour laquelle ce commis s'est employé, nous n'y voyons pas d'inconvénients et nous applaudissons même à des efforts qui doivent faire maintenir un marché conclu de bonne foi; mais nous pensons qu'en dehors d'autres circonstances de fait, la seule qualité de commis voyageur ne suffit pas pour faire présumer l'existence du mandat, puisque la loi est muette à cet égard, et que les usages commerciaux ne sont pas constants.

On se récrie!

Le tiers acheteur ne pourra pas plus se procurer la preuve indirecte que la preuve littérale des pouvoirs du préposé, car celui-ci, ordinairement insolvable, aimera mieux rester personnellement obligé à l'exécution du contrat que perdre son emploi.

Et il faudra donc que ce tiers succombe dans sa prétention!

Oui, sans doute, car il est de principe que nos droits les plus précieux sont bien fragiles, si nous ne sommes pas à chaque instant en mesure d'en prouver l'existence devant la justice.

Et si les résultats d'une telle situation semblent regrettables, ce que nous sommes loin de méconnaître, notre réponse est toute simple : c'est que vous avez commis une imprudence. Il fallait vous faire représenter les pouvoirs de l'intermédiaire avec qui vous traitiez, et en garder la preuve.

Dans quelle forme maintenant devra intervenir, en tenant pour vraie notre solution, la ratification du vendeur? Résultera-t-elle suffisamment du silence gardé pendant un certain temps à la nouvelle de la passation du marché? — Question purement de fait, qu'il serait téméraire de vouloir trancher d'une manière absolue, et sur laquelle il appartient aux juges de statuer, d'après les circonstances particulières à chaque cause.

Ce qui est vrai des ventes conclues par commis voyageurs, l'est également de celles faites, au nom d'une maison de commerce, par une personne qui en est le représentant reconnu (Aix, 12 avril 1872, Gir. et Clar., 1873, 1, 63; Marseille, 10 mars 1873, Gir. et Clar., 1873, 1, 154).

Vainement dirait-on que l'employé ici demeurant toujours sur la place auprès de laquelle il est accrédité se trouve plus facilement soumis à la surveillance de ses mandants, et peut dès lors jouir sans inconvénients de pouvoirs plus étendus que les commis voyageurs. Notre argument n'en reste pas moins le même et toujours aussi puissant. C'est que ce préposé n'ayant pas reçu, comme nous le supposons, de mandat exprès, est présumé chargé seulement de recueillir des ordres qu'il transmet ensuite à ses commettants (Aix, 12 avril 1872, D. P., 73, 5, 314).

Mais cet argument prend une nouvelle force et devient véritablement triomphant lorsque la vente est faite, non plus par le commis ou le représentant d'un négociant, mais par un placeur. Employé tantôt par un commerçant et tantôt par l'autre, sollicitant des commandes pour tous ceux qui veulent s'adresser à lui, le placeur ne peut engager personne sans qu'au préalable les opérations qu'il a faites ne soient ratifiées. C'est ce qui a été admis par un jugement du tribunal de commerce du Havre du 30 août 1863 (D. P., 65, 3, 80) que nous approuverions pleinement, s'il n'établissait à ce point de vue entre les commis et les placeurs une distinction, qui nous paraît contraire à la rigueur du droit et peu justifiée par les usages du commerce.

SECTION IV,

DE LA CAPACITÉ DES PARTIES CONTRACTANTES.

Nous voici arrivés à la quatrième condition requise pour a validité de la vente commerciale, la capacité des parties contractantes.

Un principe général domine à cet égard toute notre matière : c'est que, en ce qui concerne la vente, comme les autres contrats, la capacité est la règle et l'incapacité l'exception ; aussi rechercherons-nous quelles sont les personnes qui ne peuvent vendre ou acheter, proclamant d'avance la capacité de celles qui ne seront pas comprises dans notre énumération.

Il existe, au point de vue du droit commercial, le seul qui doive attirer notre attention, deux sortes d'incapacités : les unes générales et les autres spéciales ; les premières, qui dérivent de l'état de la personne ; les secondes, qui constituent de simples prohibitions inspirées au législateur par des considérations d'équité et d'ordre public.

I. Sont déclarés incapables de figurer dans un contrat de vente, comme de faire aucun acte de commerce :

1° Les mineurs émancipés qui ne seraient pas autorisés par leur père, ou, à défaut, par leur mère, ou, en cas de décès, interdiction et absence de l'un et de l'autre, par leur conseil de famille et dont l'autorisation n'aurait pas été publiée en la forme prescrite par l'art. 2 du Code de commerce;

2° Les femmes mariées qui n'auraient pas obtenu le consentement de leur mari (art. 4, C. com.).

II. Sont, au contraire, frappés de prohibitions spéciales au point de vue de la vente :

Les faillis;

Les agents de change et courtiers;

Les étrangers.

Quelle est l'étendue de chacune des incapacités qui frappent les personnes; quels en sont les causes et les effets?

C'est ce qu'il faut élucider rapidement, sans approfondir ce sujet, dont les règles se trouvent posées çà et là dans les articles du Code de commerce et dans quelques lois particulières.

1° Le failli étant dessaisi, par le jugement déclaratif de faillite, de l'administration de ses biens, ne peut plus vendre, à compter de ce jugement, aucun des objets composant son patrimoine. Cette prohibition d'une nature toute spéciale, uniquement établie dans l'intérêt des créanciers, ne produit ses effets que relativement à la masse ; aussi toute aliénation consentie en violation de cette grande règle de la faillite, quoique nulle au regard des créanciers, lorsque l'acheteur a eu connaissance de la cessation des paiements, reste valable dans les rapports réciproques de l'acheteur et du vendeur, tenu de l'exécuter si la faillite vient à être clôturée, ou s'il obtient son concordat (art. 447, C. com.).

2° Aux termes de l'art. 85 du Code de commerce, un agent de change ou courtier ne peut, dans aucun cas et sous aucun prétexte, faire des opérations de commerce ou de banque pour son compte. La cause de l'incapacité est ici le danger qu'il y aurait, pour des tiers ignorants et faciles à tromper, à traiter avec des officiers publics ayant une connaissance aussi approfondie de la place. La sanction consiste, non pas dans la nullité du marché illégalement conclu, mais dans la peine de la destitution et de l'amende.

C'est aussi une cause du même genre, qui explique la défense faite par l'art. 86 du Code de commerce aux agents de change et courtiers de se rendre garants de l'exécution des ventes conclues par leur entremise. Ce motif ne serait-il pas d'ailleurs suffisant, que l'application de l'art. 1596 du Code civil, prohibant l'achat par les mandataires des biens qu'ils sont chargés de vendre, suffirait pour conduire à une semblable solution.

3° Enfin d'après l'art. 2 du décret du 21 septembre 1793 et l'art. 12 du décret du 18 octobre 1793, les étrangers ne pouvaient être propriétaires de navires français, en tout ou en partie, ou du moins les navires qu'ils achetaient cessaient de plein droit d'être français et devaient être rayés des contrôles de la douane. L'art. 4 de la loi du 9 juin 1845, corrigeant la trop grande rigueur de ces dispositions, destinées à protéger notre marine nationale contre la concurrence, avait permis aux étrangers d'avoir le droit de propriété dans les navires français, à la double condition que les trois quarts de l'équipage fussent français et que la moitié au moins de la propriété appartînt à des Français.

La loi du 19 mai 1866, encore en vigueur sur ce point, a fait disparaître aujourd'hui cette prohibition, en admettant au bénéfice de la francisation tous les bâtiments de mer à voile ou à vapeur, moyennant le paiement d'un droit de 2 fr. par tonneau de jauge.

Ici se termine la liste des incapacités de vendre et d'acheter décrétées textuellement par la loi commerciale. Mais la question se pose aussitôt de savoir si cette liste est complète et s'il ne faut pas, par exemple, y ajouter encore les syndics de faillite, quant aux biens du failli, dont ils provoquent la vente. Cette question se rattache au commentaire de l'art. 1596 du Code civil dont nous n'avons pas à traiter ici. Il nous paraît cependant utile, à cause des rapports intimes qu'elle a avec notre sujet, d'esquisser à grands traits les systèmes qu'elle a fait naître.

Une première opinion, s'emparant du texte absolu de la loi civile, qui défend aux mandataires d'acquérir les biens qu'ils vendent pour compte de leurs mandants, en fait l'application rigoureuse aux syndics de faillite chargés, d'après elle, en vertu d'un véritable mandat, de poursuivre la réalisation du patrimoine du failli.

Et elle ajoute : il eût été très-regrettable que cette prohibition ne fût pas consacrée par le législateur, car elle est nécessaire tout à la fois dans l'intérêt des créanciers, du failli, et des syndics eux-mêmes ; des créanciers et du failli, dont les droits seraient mis en péril, si leur mandataire ne voyait dans son importante gestion qu'une occasion de s'enrichir ; des syndics, qui se laisseraient emporter peut-être dans des spéculations ruineuses, et dont la considération serait à coup sûr en raison inverse des gains qu'ils pourraient réaliser.

Tout en rendant hommage au sentiment élevé qui a inspiré ce système, et tout en croyant, nous aussi, que des spéculations faites sur les marchandises du failli sont de nature à dénaturer le caractère presque désintéressé de la mission des syndics, nous estimons qu'en droit, il n'y a pas lieu de leur appliquer les dispositions de l'art. 1596 du Code civil.

Ce que défend cet article, c'est l'acquisition par le mandataire des biens qu'il doit vendre pour compte de son mandant,
et en vertu de la procuration de celui-ci. Or, le syndic n'est
pas le mandataire du failli dans le sens de l'art. 1981 du
Code civil. Il en est, le plus souvent, le contradicteur légitime,
et si les actes faits contre lui sont réputés faits contre le
failli, il ne faut voir là qu'une conséquence de la règle toute
favorable aux créanciers, édictée par l'art. 443 du Code de
commerce.

Et en supposant même qu'il eût dans quelques cas la qualité de représentant judiciaire, ce ne serait pas à coup sûr
lorsqu'il réalise l'actif de la faillite, c'est-à-dire lorsqu'au
nom des créanciers unis, il exproprie le débiteur commun.
D'ailleurs l'art. 572 du Code de commerce, dont le sens ne
saurait être douteux en présence des déclarations si explicites contenues dans les travaux préparatoires de la loi de
1838, reconnaît virtuellement aux syndics le droit de se rendre
adjudicataires des immeubles du failli. Comment dès lors
établir entre les immeubles et les marchandises une distinction, contre laquelle s'élèveraient de concert le texte, la logique et la volonté du législateur?

Y eût-il enfin quelques doutes qu'on devrait les trancher
en faveur de la capacité des syndics, et ne pas priver par un
scrupule, quelque respectable qu'il soit, toute une catégorie de personnes du droit de contracter des achats commerciaux.

Tenons donc pour certain qu'il n'y a lieu d'ajouter aux incapacités de vendre et d'acheter déjà énumérées, que celles
expressément consacrées par le Code civil dans les art. 1596
et suivants (Voyez en ce sens: Bourges, 1er juin 812. D. A.,
v° *Faillie*, n° 1164-1°; Req., 23 mars 1836, id., n° 1159; Or-
léans, 16 novembre 1842, id., n° 1164-2°).

SECTION V.

DE L'INTENTION DE SPÉCULER

La vente qui réunit, pour sa validité, toutes les conditions
requises par la loi civile, et qui porte sur des denrées ou mar-

chandises, n'est pas encore commerciale. Un dernier élément lui manque pour qu'elle revête ce caractère : c'est, de la part des contractants, l'intention de spéculer. Mais que doit-on entendre par ce mot, et quel sens se dérobe sous cette expression que nous avons nous-même si souvent employée, sans en avoir indiqué encore la signification exacte ?

Dans le langage juridique et commercial, l'acheteur spécule, lorsqu'il acquiert une marchandise quelconque dans le but de la louer ou de la revendre et de réaliser un bénéfice soit sur le produit de la location, soit sur la différence des prix.

Le vendeur spécule, lorsqu'il aliène ce qu'il avait acheté avec la pensée de le revendre.

En un mot, il y a spéculation toutes les fois qu'en vue de profiter d'une différence on achète pour revendre, on revend après avoir acheté. Peu importe, bien entendu, que le succès ait ou non répondu aux espérances du spéculateur, car le commerce se compose précisément de ces alternatives de gain et de perte que ne sauraient éviter même les plus habiles et les plus avisés. La loi s'attache ici pour déclarer la vente commerciale, bien moins à ce qu'ont fait les parties qu'à ce qu'elles ont voulu faire.

Vous achetez 100 sacs de blé, comptant vous en défaire avec avantage au prochain marché; le prix du blé étant venu à baisser, afin d'éviter une perte certaine, vous vous décidez à faire convertir en farine les sacs achetés et à les employer aux besoins de votre consommation journalière. L'achat n'en sera pas moins commercial. — Pourquoi? — Parce qu'il a été fait dans un but de spéculation.

Renversons l'hypothèse. Vous achetez, pour les besoins de votre consommation journalière 100 sacs de blé; profitant d'une hausse considérable survenue dans le cours de cette marchandise, vous les revendez avec profit. L'achat demeurera civil. — Pourquoi? — Parce qu'il n'a pas été inspiré par la pensée d'une revente.

Et nous croyons que cette règle de l'art. 632 du Code de commerce est très-juridique, car par cela même qu'un acte de commerce soumet son auteur à une juridiction exceptionnelle et aussi, avant la loi abolitive de la contrainte par corps, à des modes d'exécution plus rigoureux, il est nécessaire que nul ne se trouve, sans le vouloir, exposé à de semblables conséquences et qu'il n'y ait pas, ce que nous appellerions volontiers, des commerçants malgré eux.

Il en résulte, il est vrai, que le même contrat peut être commercial de la part de l'acheteur et civil de la part du vendeur, si l'un a eu pour but de réaliser un gain sur une revente ultérieure, et si l'autre, au contraire, n'a fait que se débarrasser d'une marchandise inutile ou d'un produit qu'il avait recueilli sur son fonds; mais cette conséquence ne nous paraît avoir rien d'excessif et elle trouve son application à propos des règles de la compétence en matière commerciale. Elle a été d'ailleurs reconnue avec beaucoup de sagacité, et très-élégamment exposée dans les termes suivants par l'abbé Roubaud (1) que cite M. Bedarride : « Les légumes sont des denrées entre les mains du jardinier qui les met en vente et les « apporte au marché; elles deviennent des marchandises « dans les mains du regrattier qui les vend à son échoppe, à « son étal, à sa boutique. Les choses ne sont que vénales « pour le premier; elles sont marchandes pour le second. « Cette différence est sensible et économiquement très-utile « puisqu'elle nous fait distinguer, par la valeur ou l'emploi « propre à chaque mot, le commerce du cultivateur qui a pro- « duit la denrée, et le négoce du marchand qui fait de la denrée « du producteur une marchandise ; est marchand qui revend « des marchandises; n'est pas marchand qui vend ses den- « rées. »

Étant une fois admis qu'il faut considérer comme commerciaux, tout achat lorsqu'il a eu lieu dans la pensée de revendre, toute vente lorsqu'elle n'est que la réalisation de la pensée qui a présidé à l'achat, les nombreuses applications dont ce principe peut être susceptible, seraient impossibles à prévoir. Nous voulons toutefois en indiquer quelques-unes parmi les plus importantes et les plus ordinaires.

Et d'abord l'achat d'un fonds de commerce est-il commercial?— Singulière demande, dira-t-on peut-être, que de savoir si la vente faite par un commerçant à un autre commerçant de l'instrument même de son négoce n'est pas civile! problème vraiment difficile, qui mérite bien en effet d'être l'objet d'une étude sérieuse et approfondie!

_____

(1) *Synonymes français*, v°. Marchandise, Denrée.

Quelque simple que paraisse au premier abord cette question, hâtons-nous de dire cependant qu'il n'en est peut-être pas, parmi celles que soulève notre étude, de plus fertile en controverses et qui ait fait naître, dans la doctrine et dans les arrêts, plus de dissidences entre ceux-là même qui adoptent une solution identique. Ce n'est pas cependant, à notre humble avis, que cette question soit bien difficile par elle-même, mais parce qu'elle en renferme plusieurs autres, auxquelles on a voulu, bien à tort, malgré les différences qui les séparent, appliquer des décisions uniformes.

Plusieurs hypothèses sont en effet possibles :

On achète un fonds de commerce pour l'exploiter ;

On achète un fonds de commerce rival pour le supprimer et diminuer la concurrence ;

On achète enfin un fonds de commerce pour le revendre.

Écartons de suite ce dernier cas ; l'achat alors est certainement commercial, parce qu'il rentre dans les termes formels de l'art. 632 et qu'il n'y aurait aucun motif de soumettre à des règles exceptionnelles la spéculation sur un fonds de commerce.

Restent donc les deux premières hypothèses. Et tout d'abord la principale, celle où le fonds a été acheté en vue d'une exploitation ultérieure.

Trois opinions principales se sont produites :

La première enseigne que l'achat d'un fonds de commerce n'est dans aucun cas acte de commerce ;

La seconde, suivant que des marchandises sont achetées avec le fonds, ou que l'achalandage seul est acquis, reconnaît ou refuse à l'opération le caractère commercial ;

D'après la troisième enfin, l'achat serait toujours commercial.

En faveur de la première thèse on dit : l'achat ne tombe sous l'application de l'art. 632 du Code de commerce, qu'autant que les marchandises sont destinées à être revendues, soit en nature, soit après avoir été travaillées ou mises en œuvre ; or le fonds de commerce est acheté, nous le supposons du moins, non pour être revendu, mais pour être exploité. Donc il est impossible de reconnaître à cette acquisition le caractère légal d'acte de commerce. Cette théorie est celle que la Cour de cassation a consacrée dans l'arrêt du 21 avril 1861 (D. P., 61, 1, 256; *Adde* Aix, 10 février 1812, Gir. et Clar., 21, 1, 60).

Ce raisonnement est juste, reprend le second système, et il est clair qu'en principe l'achat du fonds pour l'exploiter n'est pas un acte commercial. Mais si des marchandises sont achetées avec le fonds, comme évidemment elles sont destinées à être revendues, il y a là une spéculation et en vertu de la règle « *Accessorium sequitur principale* » la transaction entière doit être réputée commerciale.

Quant aux partisans de la doctrine qui reconnaît l'achat comme commercial, ils ne l'ont pas tous défendue de la même manière. Il en est, qui se fondent sur l'art. 632, prétendant que l'acheteur d'un fonds de commerce se propose en définitive de le revendre en détail. De ce nombre est M. Massé dont nous ne croyons pouvoir mieux faire que de reproduire l'ingénieuse quoique trop subtile théorie.

« Qu'est-ce que c'est que l'exploitation d'un fonds de com-
« merce, dit-il, sinon la réalisation journalière et en détail
« des bénéfices qu'on s'est proposés, en l'achetant et la re-
« vente partielle du fonds qui s'épuiserait bientôt si le mar-
« chand ne savait pas entretenir l'achalandage, en soutenir la
« vogue et la faveur par son adresse et son industrie? L'achat
« fait en vue d'une exploitation, c'est-à-dire en vue d'une re-
« vente et d'une recomposition journalière, est donc un acte
« qui renferme tous les caractères légaux de l'acte de com-
« merce, et auquel on ne peut refuser ces caractères que par
« l'oubli des principes les plus élémentaires de la raison »
(tome II, n° 1390).

D'autres, au contraire, prétendent que l'achat est civil au point de vue de l'art. 632, car il n'a pas été fait dans l'intention de revendre, mais qu'il est commercial par application de l'art. 631, en tant que transaction survenue entre négociants (Marseille, 25 septembre 1816, Gir. et Clar., 26, 1, 80; Paris, 12 novembre 1849, D. P., 50, 5, 8; Lyon, 15 mars 1856, D. P., 56, 2, 201; Marseille, 5 décembre 1856, Gir. et Clar., 34, 1, 339; Dijon, 16 mai 1859, D. P., 59, 5, 9; Marseille, 7 février 1860, Gir. et Clar., 38, 1, 225; Paris, 18 janvier 1862, D. P., 62, 5, 7; *id.*, 7 février 1870, D. P., 71, 2, 43; *id.*, 30 juillet 1870, D. P., 71, 2, 16).

C'est cette dernière opinion telle qu'elle est justifiée, non pas par M. Massé, mais par l'ensemble de la jurisprudence, que nous estimons devoir adopter, et nous allons exposer brièvement les motifs qui nous la font préférer.

Un fonds de commerce se compose ordinairement de l'achalandage, du droit au bail et des marchandises qui sont encore en magasin. De ces trois éléments, deux sont en général purement accessoires, le droit au bail et les marchandises. Ce qui le prouve d'une façon péremptoire, c'est qu'ils ne sont pas toujours compris dans la vente, ou tout au moins qu'ils y sont compris le plus souvent pour un prix séparé.

Le fonds de commerce lui-même n'est autre chose que la clientèle, la réputation, le crédit, tout ce renom enfin qui s'attache à une enseigne, sous laquelle pendant de longues années ont été vendues des denrées excellentes par un commerçant honnête et laborieux.

Qu'importe par suite que des marchandises soient comprises dans l'achat du fonds? Simple accessoire de l'achalandage, elles ne peuvent déterminer le caractère de l'opération.

Mais cet achalandage, ou pour parler comme La Fontaine cette *chalandise*, qui forme l'objet principal et quelquefois unique du contrat, dans quel but l'acheteur l'acquiert-il? Pour l'exploiter, s'il est possible et nullement pour l'aliéner. Prétendre, comme M. Massé, que l'exploitation consiste dans une revente partielle et journalière du fonds, c'est déguiser sous des mots, qui la rendent moins étrange, une pensée que l'on n'oserait pas exprimer en termes formels, à savoir : Que le consommateur qui achète une marchandise emporte avec lui une partie du fonds, c'est-à-dire de la réputation et de la clientèle de la maison à laquelle il s'adresse.

Aussi, à ne s'en tenir qu'aux termes de l'art. 632, l'achat serait évidemment civil, et nous croyons, en effet, que sur le terrain de cet article le premier système, qu'a fait naître notre question, est vraiment inexpugnable.

Mais s'il est des actes commerciaux par eux-mêmes, il en est d'autres qui au contraire ne sont commerciaux que par la profession de leur auteur, et de même que l'acte fait le commerçant, le commerçant rend l'acte commercial.

L'art. 631, en effet, attribue compétence aux tribunaux consulaires pour connaître de deux catégories de contestations, celles relatives aux actes de commerce entre toutes personnes, celles relatives aux engagements entre négociants.

« Aux engagements et transactions. » — A tous les engagements, par suite, quels que soient leur objet, leur cause, pourvu qu'ils soient intervenus entre négociants; l'art. 632, en outre, passant en revue les divers actes de commerce, fait entrer dans son énumération après la vente, l'entreprise de manufactures, etc., « toutes obligations entre négociants, marchands et banquiers; » or, l'achat d'un fonds de commerce est le premier acte de la vie commerciale de l'acheteur; c'est une opération faite pour les besoins ou plutôt pour la création de son commerce; à ce titre elle doit être commerciale. Voilà comment on peut, selon nous, sans violer le principe que nous avons posé au commencement de cette section, et tout en conservant à l'opération son véritable caractère, reconnaître dans l'achat d'un fonds de commerce, pour l'exploiter, un acte commercial.

La même doctrine est applicable à l'achat d'un fonds de commerce pour le supprimer; dans le but de détruire un établissement rival dont l'ancienneté, par exemple, rend la concurrence plus redoutable, vous vous en rendez acquéreur; votre acquisition sans doute n'est pas commerciale en vertu de l'art. 632, puisque vous n'avez eu l'intention, ni de revendre, ni même de conserver la chose achetée, mais elle est commerciale en vertu de l'art. 631, § 1 comme faite par un négociant pour les besoins de son commerce.

Nous venons d'examiner quelle est la nature de l'achat d'un fonds de commerce : examinons maintenant si la vente d'un établissement de ce genre est commerciale, et si le fait du vendeur a toujours le même caractère que celui de l'acheteur.

Ici encore des distinctions sont nécessaires :

Le vendeur avait-il acquis le fonds aliéné en vue de le revendre? Cette revente sera un acte de commerce conformément à l'art. 632, § 1.

Ne l'a-t-il revendu, au contraire, qu'après l'avoir exploité

pendant un certain temps et sans qu'aucune idée de spéculation ait présidé à son acquisition antérieure ; l'acte sera bien
encore commercial, comme étant le dernier de la vie commerciale d'un négociant ; mais il ne faudra voir là qu'une application de l'art. 631, § 1 (Lyon, 13 mars 1856, D. P., 56, 2, 201 ;
Angers, 5 mars 1857, D. P., 57, 2, 156).

Enfin l'a-t-il revendu, sans l'avoir ni exploité ni acheté lui-
même, et l'ayant recueilli, par exemple, dans une succession
qui lui est échue, la vente sera civile, car elle n'est ni commerciale par elle-même, ni émanée d'un commerçant ; et si
l'on s'étonnait de la différence séparant ainsi l'achat de la
vente, nous rappellerions, une fois de plus, qu'en droit l'intention de spéculer est la condition nécessaire de tout acte de
commerce, et qu'en fait elle n'est pas toujours commune aux
deux contractants.

Nous avons supposé, bien entendu, dans les questions qui
précèdent, qu'il s'agissait véritablement d'un fonds de commerce, et ce n'est pas la peine de dire que notre solution serait différente, par exemple, dans le cas de vente d'un bureau
de tabac. Les débitants étant de simples délégués de la régie,
chargés de vendre des marchandises qui ne leur appartiennent pas, pour un prix déterminé d'avance par l'administration, la cession qu'ils consentent de leur droit d'exploiter
n'est pas un acte de commerce (Marseille, 13 novembre 1860.
Gir. et Clar., 1861, 1, 48; id., 28 novembre 1861, id., 61, 1,
299; Paris, 21 novembre 1853, D. P., 53, 2, 172; id., 1er février 1859, D. P., 71, 5, 6).

La règle générale ne reprendrait son empire qu'autant qu'à
côté du bureau de tabac existerait, comme c'est le cas le plus
fréquent en pratique, un débit de vins et liqueurs, pipes, ta-
batières ou ustensiles de chasse, formant l'objet principal de
la vente (Marseille, 9 mars 1866, Gir. et Clar., 1866, 1, 141;
id., 28 janvier 1870, id., 1870, 1, 72; id., 2 avril 1873, Gir. et
Clar., 1873, 1, 180).

Telle est la première application de notre principe, que l'intention de spéculer constitue, avec la nature mobilière de
l'objet vendu, la condition essentielle de la commercialité de
la vente.

Nous en trouvons une seconde, aussi remarquable et intéressant à un plus haut degré le crédit public, dans les achats d'actions industrielles.

Que ces achats soient commerciaux quand ils ont été faits en vue de revendre, c'est ce que nous avons déjà reconnu nous-même dans la section première de ce chapitre.

Mais que décider quand celui qui les achète se propose, non pas de les revendre et de spéculer, mais seulement d'opérer un placement?

A ne consulter que l'art. 632, la question ne saurait être douteuse. — Non, il n'y a pas là acte de commerce, pas plus que dans le cas de prêt sur hypothèque ou d'acquisition d'immeubles, car l'argument que nous avons fait valoir, à propos des fonds de commerce, se présente ici toujours le même et toujours décisif :

Tout achat n'est commercial que s'il a été fait en vue d'une revente. Or, dans notre hypothèse, aucune idée de revente n'a présidé à l'achat. Donc l'opération proposée est civile; donc le tribunal de commerce est incompétent pour connaître des contestations auxquelles elle donnerait lieu, comme aussi des difficultés qui pourraient surgir entre l'acheteur et l'agent de change par l'intermédiaire duquel l'acquisition a été réalisée.

La jurisprudence toutefois n'a pas admis cette solution, et voici notamment dans quels termes la Cour de Paris a, par un arrêt du 3 octobre 1850 (D. P., 51, 2, 33), jugé que le cessionnaire d'une action de chemin de fer fait, comme le souscripteur, acte de commerce :

« Attendu que la souscription d'actions dans une société « commerciale constitue un acte de commerce, à raison des « obligations que le souscripteur prend, soit vis-à-vis des mem- « bres de la société, soit vis-à-vis des tiers qui ont contracté « avec lui, jusqu'au payement intégral de ces actions;

« Que la cession de ces mêmes actions emprunte également « un caractère commercial à la nature des engagements que « contracte le cessionnaire;

« Qu'en se substituant au cédant, il se soumet à toutes les « obligations qui étaient imposées à ce dernier, et dont la prin- « cipale est d'acquitter le montant de ces actions sur des appels « de fonds faits par les administrateurs de la compagnie « dont il est devenu membre par l'acquisition des actions. »

Cette décision ne détruit en rien notre argumentation et se

fonde, au contraire, pour attribuer au transport d'actions industrielles, la qualité d'acte de commerce, sur des motifs étrangers à notre thèse. Aussi nous n'entreprenons point de la combattre. Qu'il nous soit toutefois permis de dire qu'elle nous inspire les doutes les plus sérieux, et que, fût-elle juridique, ce que nous ne croyons pas, nous réclamerions volontiers contre elle l'intervention du législateur. A une époque où la fortune privée est emportée par un élan irrésistible vers les placements de cette nature, où il n'est presque personne qui ne conserve dans quelque tiroir secret, comme une ressource suprême des mauvais jours, une ou plusieurs actions d'une compagnie quelconque, soutenir que la souscription comme l'achat de ces valeurs constitue un acte commercial, que par suite, car cette conséquence est logiquement irrésistible, celui qui place ainsi *habituellement* ses économies, est commerçant, obligé de tenir des livres, de payer patente, etc., nous a toujours paru une prétention au moins étrange. Et à coup sûr notre étonnement serait partagé, s'il leur était donné de revivre, par tous les représentants de notre vieille noblesse française, qui engageaient leur fortune dans les compagnies de finance créées par Law, sans se douter qu'ils faisaient, ce qui, à leur point de vue, aurait paru déshonorant, des actes de commerce.

Quoi qu'il en soit, si au point de vue spécial où s'est placée la Cour de Paris, l'achat peut être considéré comme commercial, il n'en saurait être de même de la vente, quand les valeurs cédées n'avaient pas été acquises dans un but de spéculation.

Qu'en entrant dans la société l'acheteur, comme le souscripteur, soit réputé prendre part par l'intermédiaire du gérant à toutes les opérations dont il recueillera les bénéfices, c'est ce qu'il est permis d'admettre, quelles que soient les objections que nous ayons cru devoir formuler sur ce point. Mais qu'en sortant de la société le vendeur participe de près ou de loin à aucun acte commercial, voilà ce qui nous semble vraiment impossible. Aussi la jurisprudence, appelée à se prononcer à cet égard, a-t-elle dû faire une distinction qui découlait nécessairement de la théorie même qu'elle consacre (Lyon, 7 février 1850, D. P., 50, 2, 133; Paris, 24 mars 1849, D. P., 49, 2, 175).

Cette distinction d'ailleurs a été très-nettement formulée à propos d'une question à laquelle nous touchons maintenant : la cession d'un procédé industriel est-elle commerciale ?

Oui, il y a acte de commerce de la part de l'acheteur, soit qu'il ait l'intention de revendre, soit qu'il se propose seulement d'exploiter ce procédé dans l'intérêt de son commerce et de son industrie (art. 631).

Non, il n'y a pas acte de commerce de la part du vendeur, s'il n'avait pas acheté dans le but de spéculer, et si, comme il arrivera le plus souvent en fait, il avait obtenu lui-même le brevet d'invention (Bourges, 5 février 1833, D. P., 55, 2, 286).

De ces divers exemples, auxquels il serait facile d'en ajouter de plus nombreux encore, concluons donc que l'intention de spéculer est la condition nécessaire de toute vente commerciale, et que, s'il est possible de considérer comme acte de commerce une opération à laquelle cette intention n'a pas présidé, c'est le plus souvent parce qu'elle tombe sous l'application de l'art. 631, C. com., comme faite par un commerçant pour le besoin de son négoce.

SECTION VI.

LE CONCOURS DES CONDITIONS REQUISES PAR L'ART. 632 C. COMM. REND-IL NÉCESSAIREMENT LA VENTE COMMERCIALE ?

Une vente a été faite, qui réunit toutes les conditions de validité prescrites par la loi civile, qui porte sur des denrées et marchandises, et qui a été inspirée par une pensée de spéculation ; mais la profession du vendeur ou de l'acheteur est telle, qu'elle répugne à l'idée de commerce. C'est, par exemple, un sculpteur qui a acheté un bloc de marbre, duquel il fera sortir l'image rêvée par son génie ; c'est un peintre qui a acquis la toile sur laquelle il essayera de fixer le type idéal de beauté entrevu par son imagination. — L'achat sera-t-il commercial ? Et parce que la statue ou le tableau doit être un jour vendu, faudra-t-il voir là une opération vulgaire sur des marchandises ? — En d'autres termes, les deux conditions nécessaires d'après l'art. 632 pour rendre la vente commerciale sont-elles toujours suffisantes ?

Nul n'oserait soutenir l'affirmative. Mais quel est le motif juridique de cette exception? Dans quelles limites doit-elle être renfermée? Quel est le point précis où la vente cessera d'être commerciale pour devenir civile? — En un mot, quel principe devra guider le juge dans l'appréciation des questions de fait peut-être douteuses et complexes, sur lesquelles il sera appelé à statuer?

Le Code sur ces divers points est muet, et c'est au jurisconsulte, éclairé par les grandes règles du droit et les précieuses données de la pratique, qu'il appartient de réparer l'omission du législateur.

Le principe général, qui doit gouverner cette matière, nous paraît pouvoir être formulé de la manière suivante :

Toutes les fois que l'acheteur se propose de revendre la chose acquise et que son but principal, sinon unique, est de réaliser un bénéfice sur cette revente, son opération est commerciale.

Toutes les fois, au contraire, que l'achat, quoique fait en vue d'une revente, se rattache à l'exercice d'une profession qui n'a rien de commercial, que le bénéfice à réaliser sur la revente n'a été considéré que d'une manière accessoire, la vente est purement civile.

Recherchez-vous un gain dans l'achat et la revente d'une marchandise, vous faites acte de commerce; n'y voyez-vous, au lieu d'un but principal à atteindre, qu'un moyen détourné d'arriver à un résultat plus noble et plus élevé, vous faites un acte ordinaire.

Avez-vous, au sens philosophique du mot, l'intention de spéculer, êtes-vous uniquement dirigé par cet amour du gain qui est le mobile du négoce, vous êtes presque un commerçant; quoique ayant l'intention de revendre, êtes-vous mû surtout par le désir de soulager les maux de vos semblables, d'élever leurs âmes au moyen de la contemplation du beau, de la presse, de la littérature ou de la religion, vous êtes un médecin, un artiste, un écrivain, un prêtre, vous n'êtes pas un commerçant.

L'application de ce principe pourra, il est vrai, soulever en pratique des questions douteuses; il pourra être délicat de distinguer, dans une opération déterminée, lequel l'a emporté, par exemple, du commerçant ou de l'artiste. Nous croyons toutefois qu'en se pénétrant bien du sens de cette règle, il sera aisé de surmonter ces difficultés de détail, et c'est ce que nous allons essayer de faire en passant successivement en revue les professions.

Agricole,

Littéraire ou artistique,

Enseignante,

Médicale,

Et religieuse.

1. *Profession agricole.* — L'agriculteur qui vend les produits de son fonds ne fait pas acte de commerce ; c'est la disposition formelle de l'art. 638, C. com., et le législateur ne se fût-il pas expliqué, que cette règle n'en serait pas moins certaine. Dès que la chose n'a pas été achetée dans un but de spéculation, qu'elle a été recueillie par le vendeur sur son fonds, en vertu de ce droit de jouissance qui appartient au propriétaire, comment pourrait-il être question de vente commerciale ?

Et ce que nous disons de la vente des récoltes est vrai pareillement de l'achat des semences ou engrais, car l'agriculteur n'achète pas ces semences ou engrais pour les revendre comme tels, mais pour faire naître des fruits, et sa spéculation, si tant est qu'il en fasse une, porte uniquement sur la valeur qu'ajoutera la terre aux produits qui lui sont confiés.

L'article 638 ne parle que des ventes consenties par les cultivateurs ou vignerons. Mais celui qui exploite une mine, soit dans son fonds, soit dans le fonds d'autrui, ne fait, comme tout propriétaire, que percevoir les fruits, ou plus exactement les produits de sa chose. Nul doute dès lors, qu'il ne faille considérer comme civiles les ventes de minerai passées à des tiers et les achats d'outils et de poudre nécessaires à l'extraction du métal.

Ce n'est là, au reste, que l'application du principe posé par l'art. 632, C. com., et nous n'avons pas à nous y arrêter davantage. Mais voici où va commencer la dérogation à ces principes, annoncée au début de notre section :

Un agriculteur reçoit la commande de 100 charges de blé ; un vigneron, de 50 hectolitres de vin. Pour se mettre en mesure de satisfaire leurs clients, l'un achète des sacs, l'autre des tonneaux. Le viticulteur même, dans le but d'améliorer le produit de son cru, achète 10 hectolitres de vin d'une qualité

supérieure pour le mêler à celui qu'il a récolté; cet achat de
sacs, de tonneaux et de vin sera-t-il commercial?

Si on ne consulte que le texte de l'art 632, la réponse devra
être affirmative, car l'acheteur avait certes au plus haut degré l'intention de revendre.

Mais si on prend pour règle le principe que nous avons cru
devoir formuler, c'est la négative qui est certaine.

Que se proposait, en effet, l'agriculteur ou le vigneron? est-
ce de réaliser un bénéfice sur la revente des tonneaux ou des
sacs? Point du tout. C'est d'exploiter son fonds et de rendre
plus facile le placement de sa récolte.

L'industrie agricole était le but; l'achat auquel il a été
obligé de recourir le moyen. Or, l'opération principale étant
civile, l'opération accessoire l'est aussi.

C'est cette dernière solution qui a été adoptée par la jurisprudence, et nous pouvons signaler en ce sens un arrêt de la
cour de Bordeaux du 12 juillet 1848, intervenu précisément
dans le cas que nous venons d'examiner (D. P., 49, 2, 108).

Cette solution toutefois sera-t-elle toujours vraie? L'exploitation agricole sera-t-elle toujours civile, et rendra-t-elle
civils les actes qui s'y rattachent?

C'est, par exemple, un vigneron qui convertit ses raisins
en vin et brûle ensuite ce vin pour en extraire l'esprit.

C'est un agriculteur qui fait de la farine avec ses blés, de
l'huile avec ses olives, du sucre avec ses betteraves, du cidre
avec ses pommes.

C'est le propriétaire d'une ardoisière qui taille ses ardoises
et leur donne la forme sous laquelle elles entreront dans
l'industrie; d'une mine de plâtre, qui fabrique du ciment,
d'une mine de fer qui fait de la fonte.

L'article 638 leur sera-t-il applicable, et faudra-t-il déclarer
que la vente des produits ainsi fabriqués est civile, comme
celle des fruits recueillis naturellement sur le sol?

Question fort controversée, qui a donné naissance à deux
systèmes, se flattant tous deux d'être consacrés par le texte
formel de la loi et entre lesquels l'hésitation est possible.

La première opinion raisonne ainsi :

L'art. 638 reconnaît comme civile la vente des produits
du sol, mais c'est à une condition : que ces produits soient
bruts et n'aient encore reçu qu'une transformation « indis-

pensable pour leur conservation et leur utilité. » Dès qu'il s'agit d'une modification plus profonde, dès que le produit de la terre a perdu sa substance juridique pour devenir une *nova species,* qu'au lieu, par exemple, de changer le raisin en vin, on a retiré du vin l'alcool qu'il contient, il y a industrie manufacturière et partant acte de commerce en vertu de l'art. 632, § 2. Peu importe qu'à la fabrication des produits de son fonds le propriétaire joigne celle de matières qu'il a achetées, l'art. 632 ne distingue pas, et l'acte est dans tous les cas commercial. D'où cette conséquence : que la vente des marchandises ainsi manufacturées est commerciale, comme aussi l'achat, soit des matières premières, soit des ustensiles nécessaires à la fabrication (art. 631).

Et remarquez que l'exploitation, ainsi entendue, recevrait, si elle n'était commerciale par elle-même, le caractère d'acte de commerce des circonstances qui l'accompagnent, car le propriétaire est obligé « de louer des ouvriers, d'employer « des machines, de mettre en circulation des effets de com- « merce, de se livrer, en un mot, à toutes les opérations qui « distinguent les spéculations mercantiles. »

Ces arguments sont graves, mais pourtant ne me persuadent pas. Avant d'en dire la raison, il me paraît essentiel de bien préciser les conséquences du système que j'ai exposé.

Vous prétendez que l'exploitation agricole devient commerciale, toutes les fois qu'il s'y joint une industrie accessoire, qui n'en forme pas la dépendance obligée, en d'autres termes, toutes les fois qu'au lieu d'être vendus à leur état purement naturel, ou après avoir subi une première transformation indispensable pour les mettre à la portée du consommateur, les produits de la terre sont manipulés par celui qui les recueille. Mais dans quel cas, je vous le demande, l'exploitation agricole sera-t-elle donc civile? Quel est le grand propriétaire, quel est même le cultivateur plus modeste, qui se contente de faire du vin avec ses raisins et qui, par exemple, ne transforme pas ses olives en huile dans le moulin qui lui appartient? Vous avez vraiment bien raison de nous avertir que la limite qui sépare l'agriculture du commerce est étroite et facile à franchir (Massé, t. 1, page 25). Car vous êtes obligé

de déclarer commerçant celui qui achète des bestiaux pour
les engraisser avec les foins de ses prairies, l'industrie agricole
ne supposant pas forcément l'achat et l'élève des bestiaux
(Massé, t. I, p. 25). Mieux vaudrait, en vérité, supprimer
l'art. 638, ou bien admettre qu'il n'est autre chose qu'une de
ces dispositions de parade placées quelquefois par le législateur moderne, en tête de ses œuvres, et desquelles on peut
dire que l'exception absorbe la règle.

Cette première observation faite, et nous la croyons capitale, essayons d'établir qu'un tel système n'est pas juridique.

Nous en apporterons trois preuves : le texte même du Code,
la volonté du législateur, telle qu'elle est attestée par les lois
spéciales et enfin les principes de la logique.

1° Et d'abord le texte du Code. L'art. 638 refuse le caractère d'actes de commerce « aux ventes faites par les agriculteurs et vignerons de denrées provenant de leur cru. » Et il
consacre cette règle en termes absolus, sans distinguer si ces
denrées ont subi ou non une transformation, et si cette transformation est plus ou moins complète. L'exploitation agricole est donc toujours civile.

Mais, dit-on, l'art. 638 doit être combiné avec l'art. 632, qui
déclare commerciale l'entreprise de manufacture et par suite
il n'est applicable que lorsque les fruits de la terre sont vendus dans leur état naturel.

A cette objection, deux réponses : en premier lieu l'article
638 est placé après la série des dispositions qui énumèrent
les divers actes de commerce; il est destiné à indiquer quels
sont parmi ces actes ceux qui par exception aux règles déjà
posées doivent demeurer civils; il renferme donc une dérogation à l'art. 632 et, bien loin qu'il faille le compléter par cet
article, c'est lui, au contraire, qui donne à cette disposition
son véritable sens et sa véritable portée; en outre remarquez
que l'entreprise de manufacture suppose toujours un achat
préalable des matières premières qui doivent être manufacturées et que, comme toutes les opérations commerciales, elle
s'analyse en une acquisition suivie de revente. Or ici l'agriculteur n'achète point pour revendre, il tire de la nature des
produits qu'il mettra un jour dans le commerce, après leur
avoir donné la forme la plus propre à en assurer l'écoulement.

On va sans doute se récrier et nous dire: Mais alors le § 2 de l'art. 632 fait double emploi avec le § 1, et ce que vous appelez entreprise de manufacture, n'est autre chose qu'une entreprise d'achats et de ventes. Point du tout, car le manufacturier ne revend pas ce qu'il achète; il acquiert des matières premières, il revend des produits nouveaux; avec du minerai il fait de l'acier, avec du vin il fait des liqueurs; et si une disposition spéciale de la loi n'avait pas visé son industrie, il eût pu s'appuyer sur les principes les plus élémentaires du droit pour échapper à l'application de l'art 632, § 1. Le § 2 de cet article a donc, même dans notre système, son utilité particulière et l'objection retombe de tout son poids sur ceux qui l'invoquent.

2° Le texte de l'art. 638 vous paraîtrait-il douteux, écoutez les conséquences qu'en a tirées le législateur du 25 avril 1844 : « Ne sont pas assujettis à la patente les laboureurs et cultiva-« teurs seulement pour la vente et la manipulation des ré-« coltes et fruits provenant des terrains qui leur appartien-« nent, ou par eux exploités, et pour le bétail qu'ils y élèvent, « qu'ils y entretiennent ou qu'ils y engraissent. » La manipulation des récoltes, entendez-vous, est dispensée de la patente, et cela sans distinction, aussi bien quand elle est nécessaire pour la conservation des fruits, que lorsqu'elle est seulement destinée à en augmenter la valeur. Or, qu'est-ce à dire, si ce n'est que cette manipulation n'a jamais été considérée par le législateur comme un acte de commerce?

Ce motif est déterminant et on conçoit que nos adversaires en comprenant toute la force aient essayé, sinon de prouver que l'argument n'est pas exact, au moins d'en atténuer la portée. La patente, disent-ils d'abord, ne fait pas le commerçant. Sans doute, mais du moins tout commerçant paie patente, et tandis qu'une disposition qui étendrait le principe général de la loi ne serait pas très-concluante, une exception à ce principe nous semble, au contraire, significative. « La patente, ajoute-t-on (Massé, t. I, n° 27), est un impôt « assis sur la valeur présumée du fonds du commerçant, qui « n'est assujetti à aucun autre impôt, tandis que la terre, qui « est le fond de l'agriculteur, est assujettie à l'impôt foncier « et qu'on n'aurait pu soumettre l'agriculteur à payer patente « sans le grever deux fois du même impôt. » Mais le manu-

facturier ne paye-t-il donc pas lui aussi la contribution fon-
cière pour les bâtiments dans lesquels est établie sa fabrique,
et pourquoi le législateur, qui n'a pas craint d'assujettir l'industriel à la patente, se serait-il montré moins rigoureux pour
l'agriculteur ?

Ces explications ne sont donc pas valables, et il faut bien
reconnaître que c'est en considération de la nature de leurs
opérations, que la loi a dispensé les agriculteurs du paiement
de la patente.

3° Et d'ailleurs en raison, comment celui qui cultive ses
champs pourrait-il devenir commerçant par cela seul qu'il
essaye de tirer le meilleur parti de ses récoltes? Si je vends
les raisins que j'ai vendangés, je ne suis pas commerçant; si
je transforme ces raisins en vin, je demeure agriculteur; mais
si de ce vin j'extrais l'esprit pour le vendre, je deviens spéculateur et commerçant !

Et cependant l'intention de spéculer a été la même dans les
deux cas, de telle sorte que la distinction proposée que con-
damnent le texte et l'esprit du Code manque également de
logique.

Concluons-en que l'exploitation agricole est toujours civile, lors même que le cultivateur ne vend les produits du
sol qu'après les avoir transformés par son industrie, et quelle
que soit d'ailleurs la valeur ainsi ajoutée à l'œuvre de la nature.

Telle est la règle; il ne faut pas toutefois l'exagérer et l'é-
tendre à des cas pour lesquels elle n'a pas été faite. Ainsi
l'agriculteur industriel, au lieu de transformer seulement les
produits de son fonds, comprend dans sa fabrication des matières premières provenant du fonds d'autrui; c'est, par
exemple, un propriétaire qui pour alimenter son moulin
d'huile achète des olives de ses voisins; il fait acte de commerce, car à côté de l'industrie agricole se place une entreprise de manufacture que l'art. 632 range au nombre des
actes commerciaux.

Mais, abstraction faite de cette hypothèse, la profession de
l'agriculteur demeure civile, et toutes les opérations accessoires qui s'y rattachent ont le même caractère, quoique isolées, elles doivent être réputées commerciales (Metz, 24 nov.

1840, D. P., 51, 5, 8; trib. civ. de Bruxelles, 11 déc. 1852, D. P., 54, 5, 122; Marseille, 8 avril 1863, D. P., 63, 3, 80; Aix, 31 oct. 1864, Gir. Clar., 64, 1, 331).

2° *Profession littéraire et artistique.* — Si l'agriculteur est, par la nature de sa profession, étranger au commerce, le littérateur et l'artiste en sont encore plus éloignés. Agriculteurs de l'intelligence, se proposant pour unique but d'élever et d'agrandir les âmes, ils restent au-dessus des vulgaires spéculations du commerçant, et ce n'était vraiment pas la peine que le législateur s'expliquât à leur égard, car leur ministère dans la société ne pouvait être confondu avec un négoce. Peu importe donc qu'ils soient obligés d'acheter des objets matériels nécessaires à l'expression de leur pensée, du papier, de l'encre, des toiles, du marbre, que sais-je? peu importe même que ces objets soient plus tard revendus; ces achats et reventes ne constituent pas des actes de commerce, parce qu'ils n'ont pas été faits dans une pensée de spéculation, et qu'il n'y a eu là que l'accessoire obligé et infiniment petit de la production intellectuelle ou artistique (Paris, 5 mai 1855, D. P., 56, 2, 119; Metz, 7 août 1862, D. P., 63, 5, 7).

Mais l'artiste ou le littérateur qui s'occupe exclusivement de l'art, et non de la richesse, est beaucoup moins, il faut l'avouer, l'homme tel qu'il est, que l'homme tel qu'il devrait être conformément à son type idéal. A une époque telle que la nôtre, où un excès de civilisation, en rendant plus faciles les jouissances matérielles, a rendu plus ardentes aussi les convoitises, où l'amour du gain semble le mobile unique qui fait agir toute une génération, il arrive trop souvent que la littérature s'abaisse et que l'art descend. Alors au lieu de ces grands poètes ou prosateurs travaillant pour la gloire de leur nom, et en échange de chefs-d'œuvre ne recevant pas même de leurs contemporains le pain de chaque jour, on voit des compilateurs, des journalistes, quelquefois avec une science d'emprunt, réaliser d'immenses fortunes. Et de là la nécessité de se demander si, indépendamment de ces ouvriers qui n'ont de l'artiste que le nom, comme par exemple, les peintres de décorations, il n'existe pas une catégorie de personnes, dont la profession, quoique se rattachant à la littérature ou à l'art, est commerciale.

La question se pose d'abord pour les auteurs de ces publications qui ont un but exclusivement pratique, almanachs, guides, indicateurs, et il faut reconnaître qu'elle ne saurait dans ce cas soulever aucune difficulté, car le but poursuivi est la réalisation d'un bénéfice, et non cet amour désintéressé de la science, qui est le propre du véritable littérateur.

Elle se pose, en second lieu, relativement aux auteurs de compilations; mais ici elle paraît devoir se résoudre par une distinction. L'auteur recueille-t-il seulement des articles émanés d'autres personnes, sans faire lui-même aucun travail intellectuel, il n'y a de sa part qu'une simple spéculation commerciale; prend-il, quoique acceptant le concours d'écrivains étrangers, une part dans l'œuvre commune, il mérite encore le nom de littérateur et n'est point par suite commerçant (*contrà* Limoges, 29 février 1841, D. P., 45, 4, 8).

L'auteur d'un paroissien qui, avec les hymnes déjà connues de l'Église, introduit dans son recueil de nouvelles formules de prières, ne fait pas acte de commerce, surtout si sa profession indique qu'il a obéi, bien moins à une pensée de spéculation, qu'à une idée de propagande religieuse. Et c'est à tort, selon nous, que le tribunal de commerce de Marseille a jugé le contraire, relativement à un membre de l'Institut des frères des écoles chrétiennes (24 août 1871; voy. aussi Paris, 28 mai 1855; D. P., 56, 2, 275; Colmar, 9 déc. 1857; D. P., 58, 2, 23; Lyon, 22 août 1860; D. P., 61, 2, 72; Aix, 28 avril 1837, Gir. et Clar., 16, 1, 330; Marseille, 24 janv. 1870, Gir. et Clar., 1870, 1, 70; *contrà* Paris, 7 août 1847; D. P., 50, 2, 204).

Une distinction analogue à celle que nous venons de faire, entre les diverses catégories de compilateurs, est nécessaire en ce qui concerne les éditeurs. Celui d'entre eux, par exemple, qui édite lui-même les œuvres de son imagination, ne fait que mettre une nouvelle force au service de la science, ou de ses idées. Celui, au contraire, qui, à des conditions semblables, édite les œuvres de tous ceux qui veulent s'adresser à lui, se livre à un véritable commerce.

Et de même, tandis que le journaliste, que le directeur participant à la rédaction de sa feuille, cherchent avant tout à assurer le triomphe des systèmes qu'ils représentent, et de la politique qu'ils soutiennent, le gérant, au contraire, exclusivement occupé du côté commercial de l'entreprise et des bénéfices à réaliser sur l'achat ou la revente, tant des matières premières que des articles, est un véritable commerçant.

En résumé, car nous multiplierions inutilement les exemples, toutes les fois que l'écrivain a eu surtout en vue le progrès des lettres, des sciences ou des arts, qu'il s'est préoccupé plutôt de la propagation d'une doctrine que des bénéfices que lui assurera son travail, il n'est pas commerçant; toutes les fois au contraire, que, dans son œuvre, l'idée commerciale prédomine, ce n'est plus qu'un négociant en littérature. Si délicate qu'en fait la nuance puisse quelquefois paraître, nous croyons qu'elle est juridiquement exacte et que cette distinction représente l'opinion commune de la jurisprudence.

C'est, au reste, une distinction analogue qui va nous fournir la solution des nombreuses et difficiles questions que soulèvent les entreprises de spectacles publics.

Développer l'art pour lui-même, moraliser et élever la société à l'aide des scènes vivantes du théâtre et, dans ce but, par de longues et pénibles études acquérir ou perfectionner ses talents, voilà le but de l'artiste digne de ce nom.

Acheter à l'aide de capitaux importants des pièces de théâtre, engager des acteurs pour les représenter, recourir à de nombreux fournisseurs pour le luxe des décorations, solliciter par une publicité savamment organisée des abonnements, voilà le but de l'entrepreneur de spectacles; l'un a pour devise l'art pour l'art, l'autre l'art pour la richesse ; l'un n'est pas commerçant, l'autre exerce une industrie.

Tel est notre principe général. Nous allons maintenant en faire l'application soit aux directeurs de théâtres, soit aux acteurs ordinaires, soit aux artistes réunis en troupe et retirant eux-mêmes, par leurs délégués, les bénéfices de leur industrie, soit enfin aux artistes isolés allant donner de ville en ville des représentations.

1° Et d'abord que le directeur d'un théâtre soit un entrepreneur de spectacles publics, cela est d'évidence.

Le texte de l'art. 632, en effet, ne distingue pas entre les divers genres de spectacles, et ne leur attribue pas, suivant leur nature plus ou moins élevée, un caractère différent. Cette disposition a d'ailleurs remplacé, dans la rédaction définitive du Code, un article du projet conforme aux traditions de l'ancien droit, qui refusait à tous les entrepreneurs de théâtre la qualité de commerçant. Qui ne voit dès lors qu'elle a la même étendue que la règle à laquelle elle a été substituée ?

Aussi lorsque les artistes, au lieu de s'engager sous les ordres d'un directeur, se réunissent en troupe et confient à l'un d'eux le soin d'organiser leur industrie, ils font tous acte de commerce, car ils s'érigent tous en entrepreneurs de théâtre. Nous ne pensons même pas que l'on doive distinguer, si ce délégué de la troupe participe encore aux travaux de ses compagnons, ou s'il est exclusivement occupé du côté commercial de l'entreprise. Quelque parti qu'il prenne, le but de l'association n'en reste pas moins une spéculation.

2° Mais en sens inverse, les acteurs qui louent leurs services à un directeur, doivent-ils être considérés comme étrangers au commerce, et notamment les tribunaux consulaires sont-ils incompétents pour connaître des actions intentées contre eux par l'entrepreneur de théâtre, tout en pouvant statuer, à raison de la profession de ce dernier, sur celles qui seraient dirigées contre lui ?

L'affirmative résulte, à notre avis, du principe que nous venons de poser, et toutefois nous ne voulons pas nier combien cette seconde déduction est contestable, et surtout combien la jurisprudence semble chaque jour lui devenir plus hostile.

Ne pourrait-on pas, en effet, y opposer des objections très-graves ?

1° Aux termes de l'art. 634, C. com., les tribunaux de commerce connaissent « des actions contre les commis des marchands ou leurs serviteurs, pour le fait seulement du trafic du marchand auquel ils sont attachés. »

Or les acteurs sont les commis d'un négociant, le directeur du théâtre.

Pourquoi donc les juges consulaires ne seraient-ils pas appelés à connaître des difficultés naissant de l'exécution de leurs engagements ?

2° Justiciables des tribunaux de commerce en vertu de la

disposition spéciale de l'art. 634, les artistes dramatiques sont encore soumis à cette juridiction en qualité de commerçants. — Coopérant à l'exploitation d'une entreprise essentiellement commerciale, rétribués sur les bénéfices en provenant, et presque toujours dans la proportion du gain réalisé, comment échapperaient-ils à l'application de l'art. 632, § 3? (Pau, 29 juillet 1861, D. P., 66, 5, 8; Trib. com. Seine, 21 juin 1865, D. P., 66, 5, 83; Toulouse, 22 décembre 1866, D. P., 66, 2, 230; Nîmes, 14 mars 1870, D. P., 70, 2, 162; trib. com. Seine, 17 mars 1874, *Droit* du 22 mars 1874.)

Nous croyons néanmoins devoir maintenir notre solution ; nous ne pourrions pas, en effet, l'abandonner sur ce point, sans abandonner le principe même que nous avons établi, et d'ailleurs les deux arguments qu'on nous oppose ne nous paraissent pas concluants.

L'art. 634, il est vrai, veut, dans une pensée de faveur pour les employés, que les contestations auxquelles peut donner lieu le louage de leurs services soient jugées par les tribunaux consulaires. Mais il ne statue que pour les facteurs, commis ou serviteurs, c'est-à-dire pour ceux attachés, sinon comme les domestiques au service de la personne, au moins au service de la maison de commerce; il suppose que l'employé a reçu un mandat plus ou moins large de représenter le chef de l'entreprise, de diriger en son nom tout ou partie de son exploitation; et comme cet auxiliaire se trouve ainsi mêlé au commerce par procuration, le législateur, sans oser en faire un négociant, le rend justiciable des tribunaux de commerce.

Or, l'artiste dramatique n'est point au sens usuel du mot un véritable employé; il ne représente point le directeur du théâtre; il ne lui consacre pas la totalité de son temps; il se borne, conformément à un programme qu'on lui trace, à déployer les talents dont il a loué l'usage; son rôle n'est point celui d'un commis, c'est-à-dire d'un subalterne; c'est celui d'un égal et quelquefois d'un supérieur, qui a pu promettre ses services, mais qui est resté indépendant. Et qu'on ne dise pas que ce n'est là pour les artistes qu'une question de vanité, c'est une question de dignité et de dignité bien entendue.

Quant au second argument proposé par l'opinion adverse

et qui, s'il était exact, serait la destruction du premier, un mot suffit pour le réfuter. Non, l'artiste n'est pas l'associé du directeur, même quand il a un traitement mesuré sur les bénéfices éventuels de l'entreprise, car il ne participe point aux pertes.

Ainsi la compétence des tribunaux de commerce pour les actions relatives aux engagements des artistes dramatiques ne peut s'appuyer sur les dispositions ni de l'article 632, ni de l'article 634; et c'est avec confiance dans l'avenir de notre système, quelque compromis qu'il puisse paraître, que nous enregistrons les décisions judiciaires qui l'ont jusqu'à ce jour admis (Bruxelles, 26 octobre 1857, D. P., 57, 2, 222; Paris, 25 février 1865, D. P., 66, 2, 230; Bordeaux, 1er avril 1867, D. P., 68, 2, 8; Trib. civ. Seine, 16 octobre 1867, D. P., 71, 5, 378).

3° Supposons maintenant que l'artiste, au lieu de se placer sous les ordres d'un directeur, aille de ville en ville, soit organiser des représentations isolées, soit donner des concerts, ou ce que nous avons entendu jadis appeler des « matinées littéraires ». Par cela seul qu'il sera obligé de louer une salle, d'acheter des décors, d'engager le plus souvent des artistes auxiliaires, et enfin comme compensation d'imposer un droit d'entrée à ceux qui désirent l'entendre, sera-t-il commerçant?

La question est vraiment embarrassante, et cependant la négative nous paraît encore préférable; car jouant le principal rôle dans ces représentations, auxquelles il convie le public, c'est son art que l'artiste a surtout en vue, lorsqu'il achète ou qu'il loue; et par suite ces opérations, qui prises isolément seraient commerciales, deviennent civiles comme la profession dont elles forment l'accessoire.

3° *Profession enseignante.* — Le maître de pension se proposant d'instruire et d'élever les enfants confiés à ses soins, nul doute qu'il ne soit pas commerçant. Telle était la doctrine suivie par Denizart, et cette doctrine doit être encore aujourd'hui la nôtre.

On a cependant essayé de la contester et de prétendre que les instituteurs sont de véritables commerçants :

1° Parce qu'ils font à leurs élèves des fournitures de denrées, de livres, et qu'ils tombent par suite sous l'application de l'art. 632, § 3, C. com.

2° Parce qu'un article du projet du Code, qui déclarait civiles les opérations des maîtres de pensions, n'a pas été reproduit dans la rédaction définitive.

Mais il a été depuis longtemps répondu que la suppression du paragraphe relatif aux instituteurs n'est que la conséquence de la substitution de l'art. 632 tout entier à une disposition très-différente du projet ; et que les fournitures faites par les maîtres de pension ne sont qu'un accident de leur profession, dont le but principal est l'instruction des élèves (Marseille, 25 avril 1828, Gir. et Clar., 0, 1, 318).

4° *Profession médicale.* — La profession médicale, par les connaissances qu'elle exige, par les études qu'elle suppose, enfin par les conditions de capacité auxquelles son exercice est soumis, est étrangère au commerce.

Peu importe par suite que le médecin fournisse à ses malades des médicaments en conformité de la loi du 21 germinal an XI ; peu importe même qu'il établisse des maisons de santé ; les achats et reventes auxquels il se livre pour suffire aux besoins de ses clients ne sont pas commerciaux, parce qu'il n'y a là que l'accessoire, sinon obligé, au moins ordinaire, de l'exercice d'une profession libérale.

Et ce que nous disons des médecins est vrai pareillement des pharmaciens, quoique ceux-ci semblent à première vue des marchands, vendant dans des magasins ouverts au public des substances qu'ils ont achetées dans un but de spéculation, car eux aussi sont astreints à donner des gages de leur capacité scientifique, eux aussi doivent déployer journellement, dans la préparation des médicaments, leur savoir et leur expérience, eux aussi enfin participent à l'exercice de cet art de guérir qui par sa nature est si profondément étranger au commerce.

Nous ne verrions pas même quel serait le motif de décider autrement pour les sages-femmes et pour les herboristes, qui, comme le médecin et le pharmacien, subissent des épreuves et des examens et exercent un art encore plus qu'un métier.

Le droguiste seul n'étant qu'un simple marchand ne semble pas devoir échapper à l'application de l'art. 632, C. com.

Hâtons-nous toutefois d'ajouter que la plupart de ces déductions sont aujourd'hui repoussées par la jurisprudence et que notamment une série imposante de décisions judiciaires attribue aux pharmaciens la qualité de commerçants (29 mars 1845, trib. Beaune, D. P., 45, 3, 112 ; 10 octobre 1854, trib. Draguignan, D. P., 55, 5, 78 ; 25 mars 1858, Paris, D. P., 58, 2, 75-76 ; 28 mars 1859, Grenoble, D. P., 59, 2, 71).

8° *Profession religieuse.* — Le commerce étant interdit aux ecclésiastiques, en vertu d'un décret du concile de Trente, reconnu comme loi de l'État, tous les actes commerciaux par eux-mêmes que les ministres du culte catholique peuvent faire doivent être considérés comme civils. Mais ces actes, il faut le reconnaître, sont rares en pratique, et il n'y aura presque jamais lieu d'appliquer ce principe, d'ailleurs très-juridique, que nous nous bornons à indiquer.

CHAPITRE II

Des effets de la vente.

Comme la vente civile, la vente commerciale produit, lorsqu'elle est pure et simple, ces deux effets principaux : de faire immédiatement passer à l'acquéreur, même à l'égard des tiers, la propriété de la chose vendue ; de créer à la charge de chacune des parties des obligations réciproques.

Nous allons parcourir successivement ces effets, en ne pas perdant de vue que les particularités de la vente commerciale, et non les règles de la vente en général, doivent surtout attirer notre attention.

SECTION I.

DE LA TRANSLATION DE LA PROPRIÉTÉ DANS LA VENTE COMMERCIALE.

Tandis que dans la vente romaine le transfert de propriété était reculé jusqu'au moment de la tradition, et souvent même du paiement du prix, l'acheteur de nos jours devient, par le seul effet de la convention, propriétaire des marchandises qu'il acquiert. Une condition unique est requise, c'est que ces marchandises soient déterminées dans leur individualité, ou, en d'autres termes, que la vente, étant pure et simple, porte en outre sur des corps certains.

Les conséquences de ce système sont très-importantes, au point de vue du commerce, soit entre les parties, soit à l'égard des tiers. Nous citerons les deux principales :

1° La chose vendue est immédiatement aux risques de l'acheteur (art. 1138, C. civ.);

2° L'acheteur est en droit de la revendiquer dans la faillite du vendeur.

1° En ce qui concerne les risques, le droit romain avait admis la même règle que celle consacrée par l'art. 1138, C. civ. Mais le motif juridique de sa solution était différent. La vente ne transférant pas la propriété à l'acquéreur, les risques ne passaient point à celui-ci en vertu de la maxime *res perit domino;* ils étaient mis à sa charge, en vertu de ce principe que le débiteur d'un corps certain est libéré par la perte fortuite de la chose : *Debitor rei certæ, fortuito interitu rei liberatur.* A ce motif, qui n'a rien perdu de sa force, s'ajoute aujourd'hui la raison tirée de la translation de propriété par l'effet seul de la convention, et c'est en ce sens que nous avons pu classer la transmission des risques, parmi les conséquences du principe nouveau consacré par le droit français.

2° La seconde déduction que nous avons tirée de notre règle, c'est que l'acheteur pourra revendiquer la chose achetée contre les syndics du vendeur tombé en faillite, et ce droit est véritablement précieux pour lui, car si la propriété ne lui était pas transférée, comme dans le cas où il aurait acheté des choses fongibles, dont le comptage, le pesage ou le mesurage n'auraient pas eu lieu avant le jugement déclaratif de faillite, il serait un simple créancier, tenu, en cette qualité, de subir la réduction proportionnelle résultant de l'insolvabilité du débiteur.

On a essayé cependant de nier que l'action en revendication eût pour l'acheteur cette importance capitale, et on a prétendu que, même réduit au rôle de créancier, il ne serait exposé à aucune perte par suite de la faillite de son vendeur, soit parce qu'il aurait sur la chose une action personnelle, *actio personalis in rem scripta*, soit parce qu'à défaut de livraison, il pourrait acheter ailleurs d'autres choses de même nature, ou, en style commercial, *se remplacer*.

Cette opinion toutefois n'est pas soutenable. Si l'acheteur est créancier de la marchandise qui a fait l'objet de son acquisition, il doit être soumis à la loi commune qui régit tous les créanciers, c'est-à-dire à la réduction de sa créance, et vouloir, en vertu d'une *actio personalis in rem scripta*, lui faire obtenir l'intégralité de ce qui lui est dû, c'est lui conférer d'une manière déguisée un privilège, qui ne repose sur aucun texte de loi.

Il a, objecte-t-on, la faculté de se remplacer.

Il est vrai; mais ce remplacement une fois effectué, quelle sera donc sa situation? Il se trouvera créancier du prix, au lieu d'être créancier de la chose, et pour cette fois, il ne sera pas possible de douter qu'il n'ait droit qu'à un dividende. Qu'il se remplace donc, s'il le veut; la faillite ne lui aura pas moins été nuisible, car le remplacement aura lieu à ses frais.

Efficacement protégé contre la faillite de son vendeur, l'acheteur est la plupart du temps désarmé contre un second acheteur, qui a acquis la même marchandise.

Paul a vendu à *Primus* une marchandise comme corps certain, et ne lui en a pas fait livraison. Il revend ensuite à *Secundus* la même marchandise, et lui en fait tradition réelle. Pourvu que *Secundus* soit de bonne foi, qu'il n'ait pas été complice de la fraude de son vendeur, il sera préféré à *Primus*, et le premier acheteur se trouvera réduit à un recours en dommages-intérêts, le plus souvent illusoire, contre celui qui a ainsi aliéné deux fois successivement la même chose.

Cette décision, que l'art 1141, C. civ. a très-justement déduite du principe qu'en fait de meubles possession vaut titre, pourra assurément paraître quelquefois rigoureuse; on pourra plaindre cet acheteur qui, par un acte d'insigne mauvaise foi, se trouve privé de la chose sur laquelle il avait dû légitimement compter; mais le législateur eût ouvert un bien plus vaste champ à la fraude, s'il eût permis à un débiteur d'amoindrir ou de détruire le gage de ses créanciers, par des aliénations successives de meubles, non suivies de tradition; et de cacher, sous une prospérité apparente, son insolvabilité jusqu'au jour où elle aurait été irrémédiable. Qu'on exige d'ailleurs l'accomplissement rigoureux des deux conditions prescrites par l'art. 1141, que les tribunaux veillent à ce que la tradition ait été réelle, au sens vrai du mot, et les dangers de la disposition légale seront singulièrement diminués, pour ne pas dire effacés.

A quels caractères maintenant pourra-t-on en fait apprécier si la tradition offre ce caractère de certitude qui doit la révéler aux tiers? Grave question dont nous renvoyons l'examen, au moment où nous nous occuperons de l'obligation de délivrance.

Si, en principe, la propriété d'une marchandise est transférée à l'égard des tiers, de même qu'entre les parties, par le seul effet de la vente, il est cependant certaines choses, dont la transmission ne s'opère, à l'égard des tiers, que par une formalité extérieure; de ce nombre sont les navires et les créances.

I. Pour les navires tout d'abord, le transfert n'est opposable aux tiers, que si le contrat de vente a été transcrit au dos de l'acte de *francisation*. On appelle ainsi un certificat, qui est délivré par la douane, au moment de la construction d'un navire, et qui a pour but d'en constater l'identité et la nationalité.

II. Et pareillement, quoique la propriété d'une créance passe au cessionnaire, dans ses rapports avec le cédant, par le seul effet de la cession, diverses formalités sont nécessaires pour la perfection du transport à l'égard des tiers. Ces formalités étant différentes, suivant la nature de la créance cédée, occupons-nous successivement :

1° Des créances commerciales ordinaires ;
2° Des titres nominatifs ;
3° Des titres à ordre ;
4° Et des titres au porteur.

1° *Des créances commerciales ordinaires.* — La cession des créances commerciales ordinaires est-elle, en premier lieu, soumise aux formalités prescrites par l'art. 1690, C. civ; en d'autres termes, ne produit-elle ses effets, et le cessionnaire n'est-il investi de la créance cédée, que lorsque le transport a été signifié au débiteur cédé, ou accepté par lui dans un acte authentique ?

RIP. 6

La question peut se poser dans deux hypothèses différentes, suivant que la cession portera sur la facture du vendeur, ou sur le marché, en vertu duquel l'acheteur a le droit de recevoir des livraisons de marchandises, à certaines époques indiquées. Elle nous paraît réclamer toujours la même solution.

A. Je suppose d'abord que Paul, créancier de Jacques d'une somme de 10,000 fr., pour prix d'une vente d'ivoire, cède sa facture à Pierre. Celui-ci sera-t-il tenu de signifier cette cession par acte d'huissier, pour être saisi de la créance; suffira-t-il, au contraire, qu'il la porte à la connaissance de Jacques, par lettre, déclaration verbale, ou de tout autre manière non solennelle? Le tribunal de Marseille a adopté maintes fois cette dernière solution, et l'a même jugée si peu susceptible de controverse, que la plupart de ses décisions l'énoncent sous la forme d'un axiome (Marseille, 6 janvier 1862, Gir. et Clar. 1862, 1, 122; Marseille, 12 mai 1868, *cod.* 1868, 1, 227; Marseille, 14 décembre 1868; Cour d'Aix, 5 mai 1869, *cod.* 1869, 1, 60 et 287).

Tout en reconnaissant la gravité d'une opinion, qui se pose aussi résolument comme sûre d'elle-même, nous pensons que l'article 1690 est applicable, bien que la créance cédée résulte d'une vente commerciale consentie par le cédant.

Les règles établies par le Code civil gouvernent, nous l'avons dit, les matières commerciales, dans tous les points qui n'ont pas été l'objet des dispositions spéciales du Code de commerce.

Or, nulle part, le Code de commerce n'a dérogé à la règle posée par l'art. 1690, C. civ.

Donc cette règle est commune aux cessions de créances civiles et aux cessions de créances commerciales, qui auraient pour objet le prix d'une vente passée par le cédant ; donc la cession n'est parfaite à l'égard des tiers, que lorsqu'elle a été signifiée au débiteur, ou acceptée par ce dernier.

Et de là de nombreuses conséquences, dont voici les plus importantes :

1° Le débiteur cédé est libéré par les paiements faits entre les mains du cédant, avant la signification ou l'acceptation du transport, bien qu'il en ait déjà eu connaissance par simple lettre.

2° Les créanciers du vendeur peuvent, jusqu'à cette signi-

fication ou acceptation, frapper de saisie-arrêt la créance
cédée.

Il y a plus :

3° Si, avant la signification ou l'acceptation, le vendeur
tombe en faillite, ses syndics ont le droit de se faire payer
par préférence au cessionnaire, sans que celui-ci puisse, après
le jugement déclaratif, prévenir leur demande, en remplis-
sant les formalités exigées par l'art. 1690, C. civ.

Quoique vivement contestée, cette dernière conséquence
n'est pas moins exacte que les précédentes ; vainement pré-
tendrait-on que les syndics ne sont que les représentants du
failli, c'est-à-dire qu'ils ont le même droit, ni plus ni moins,
que le débiteur. La réponse est qu'ils sont encore plus les représentants de la masse des créanciers, et que, vis-à-vis de
ces derniers, aucune aliénation n'est possible postérieurement à la faillite (Civ. cass., 23 nov. 1813, Sirey, 14, 1, 78 ;
Bordeaux, 18 août 1820, Sir. 30, 2, 5 ; Riom, 8 mars 1815,
Sirey, 46, 2, 118 ; D. P., 46, 2, 63 ; Rennes, 29 juillet 1861,
Sir. 62, 2, 225 ; Civ. rej. 27 nov. 1865, Sir. 66, 1, 60 ; D. P.
66, 1, 56).

B. Arrivons maintenant à notre seconde hypothèse, celle
où la cession émane de l'acheteur, qui a transporté le marché
par lequel un commerçant s'est engagé à lui faire des livraisons de marchandises à des époques déterminées. Pierre a
acheté de Paul 500 sacs de sésame livrables le 1er août prochain.
Sans attendre l'échéance, et prendre lui-même livraison de la
marchandise, il cède à Jean sa créance sur Paul, moyennant
5,000 fr. L'art. 1690 sera-t-il encore applicable, et Jean n'aura-
t-il, vis-à-vis de Paul ou des créanciers de Pierre, un droit
exclusif sur le sésame vendu, qu'autant qu'il aura signifié sa
cession ? Oui, certes, serait-on tenté de dire, car l'acheteur a
droit à la chose, comme le vendeur a droit au prix, et quel serait le motif de traiter la cession, ayant pour objet la créance
de Pierre contre Paul, autrement que nous ne traiterions, en
vertu des règles qui précèdent, celle ayant pour objet la
créance de Paul contre Pierre ? Cette conclusion paraît même
être d'une telle évidence, qu'il semble qu'aucune contradiction n'y saurait être opposée. Il n'en est pas ainsi pourtant,
et, bien que la jurisprudence soit aujourd'hui fixée en sens

contraire, on n'a pas moins soutenu que l'article 1690 n'est pas fait pour notre hypothèse.

Deux motifs ont été donnés :

1° Quelle est la véritable nature du contrat intervenu entre l'acheteur et le cessionnaire de son marché? Pour l'apprécier il n'y a qu'un moyen, c'est de rechercher les résultats qu'il doit produire. Or ces résultats, les voici : Jean, cessionnaire de Pierre, recevra 500 sacs de sésame, moyennant 5,000 fr. Pierre, au lieu de pouvoir exiger les 500 sacs de Paul, touchera 5,000 fr. de Jean. L'un, en d'autres termes, aura échangé de l'argent pour des marchandises, et l'autre des marchandises pour de l'argent. L'opération passée entre eux est donc une vente de meubles corporels, dans laquelle la livraison sera faite par un tiers désigné, au lieu de l'être par le vendeur; et, bien loin qu'il y ait ici un cédant, un cessionnaire et un débiteur cédé, il y a un vendeur, un acheteur, et un tiers désigné pour faire livraison de la marchandise. Qu'on laisse donc de côté l'art. 1690, et toutes les dispositions relatives à la cession de créance. Nous sommes en présence d'une vente ordinaire, et le vendeur, quand il s'agit de corps certains, est investi de la propriété par le seul effet du consentement.

2° Voyez d'ailleurs, ajoute-t-on, les conséquences de votre opinion; si l'article 1690 est applicable à notre contrat, l'art. 1694 l'est pareillement, et le cédant ne garantit à son cessionnaire que l'existence de la créance cédée ; que le vendeur, par suite, étant insolvable, ne livre pas le sésame vendu, et voilà, dans le cas proposé, Jean tenu de payer le prix de la cession, sans rien recevoir en échange!

Est-ce possible, est-ce raisonnable, et faut-il donc traiter le commerçant, qui se rend cessionnaire d'un marché, avec la même rigueur que celui qui acquiert, pour un vil prix, une créance d'un recouvrement incertain? (Marseille, 8 janvier 1858, Gir. et Clar., 58, 1, 42.)

La situation du cessionnaire obligé de payer, quoique le transport ne sorte pas à effet, est assurément très-intéressante, et il ne faut pas s'étonner si on a entrepris d'y porter remède. L'opinion qui précède n'a même dû être, selon toute apparence, dans la pensée de ses auteurs, qu'un moyen imaginé à cet effet. Mais, qu'on ne l'oublie point : encore une fois, la mission de l'interprète n'est pas de corriger, de modifier, ou de refaire la loi, même dans le but louable de l'améliorer; son rôle, plus simple et plus modeste, consiste à rechercher la pensée du législateur et à l'appliquer aux hypothèses que soulève la pratique de chaque jour. Il ne suffit donc point de prouver qu'une disposition est répréhensible, pour être autorisé à la rejeter, car c'est une vérité, devenue banale à force d'avoir été répétée, que celle exprimée par le poète :

La loi reste la loi, même injuste et mauvaise.

Or la loi, ce sont ici les articles 1690 et 1694 du Code civil, et, puisque rien dans le Code de commerce ne permet de croire qu'on ait entendu y déroger, nous ne pensons pas qu'il soit possible d'en rejeter l'application.

Le cessionnaire, d'ailleurs, redoute-t-il l'insolvabilité du vendeur primitif, qu'il se fasse garantir la livraison par son cédant, ou qu'il stipule que le prix de la cession ne sera payable qu'au moment de la tradition, ou au fur et à mesure des livraisons successives.

Mais, dit-on, le contrat n'est pas une cession de créance; tout au contraire, c'est bien une cession, et nous avons eu grand soin de supposer, non pas que Pierre a vendu à Jean les sésames qu'il avait achetés de Paul, mais qu'il lui a cédé sa créance sur Paul. Objecterez-vous que les deux contrats n'ont alors d'autre différence que celle des mots employés par les parties. Je vous répondrai qu'il en existe une autre, essentielle, et qui sert à justifier l'application de l'article 1694, c'est la différence des prix, plus élevés dans la vente, moins importants dans la cession, parce qu'elle n'oblige pas le vendeur à garantie (Trib. de Marseille, 1er février 1855 ; sur appel, c. d'Aix, 3 août 1855, et sur pourvoi, Civ. rej., 6 mai 1857, D. P., 57, 1, 289).

Qu'il s'agisse donc de la créance du prix dû au vendeur, ou de la créance de la marchandise livrable à l'acheteur, la cession est soumise aux règles du droit civil, et ne produit ses effets, vis-à-vis des tiers, que par l'acceptation du débiteur, ou la signification régulière qui lui est faite.

2° *Des titres nominatifs.* — De même que les créances commerciales, les titres nominatifs ne deviennent, à l'égard des tiers, la propriété du cessionnaire, qu'après l'accomplissement de certaines formalités extérieures. Ces formalités consistent dans une déclaration de transfert, faite sur les registres de la compagnie, qui a émis les titres, en présence des deux agents de change du vendeur et de l'acheteur. Elles remplacent et à certains égards même rappellent, par leur forme, la transcription qu'a exigée la loi du 23 mars 1855, en matière d'actes translatifs de droits immobiliers.

Notons que la cession de ces titres n'est aujourd'hui possible, ou du moins opposable à la société, qu'après versement du quart par le souscripteur primitif, et que, lorsqu'elle a eu lieu avant la libération de moitié, le cessionnaire reste tenu, solidairement avec le cédant, au payement du solde, pendant un délai de deux années.

3° *Des titres à ordre.* — La cession des titres à ordre s'opère par la voie de l'endossement, c'est-à-dire au moyen d'une mention écrite au dos de l'effet, et par laquelle le bénéficiaire avertit le débiteur qu'il doit payer à un tiers désigné. Elle n'est parfaite, et la propriété n'est transférée à l'acheteur, qu'autant que l'endossement est régulier, autrement dit, fait selon les règles prescrites par le Code de commerce au titre de la lettre de change. L'endossement irrégulier ne constitue qu'un mandat donné au porteur de se faire payer la lettre de change, et par suite permet au tiré de lui opposer toutes les exceptions dont serait passible l'endosseur.

4° *Des titres au porteur.* — Quant aux titres au porteur eux-mêmes, la tradition en est requise, pour que la propriété soit transmise à l'égard des tiers. Cette tradition n'est pas même suffisante conformément à l'article 2279 du Code civil, vis-à-vis du véritable propriétaire, quand le titre a été perdu ou volé. Tout ce qui concerne les titres perdus ou volés a d'ailleurs été réglementé par une loi du 15 juin 1872.

SECTION II.

DES OBLIGATIONS NAISSANT DE LA VENTE.

La vente commerciale, étant un contrat synallagmatique, crée à la charge des parties des obligations réciproques; et ces obligations ont pour cause, de la part de chacune d'elles, celles prises par l'autre. Ainsi le vendeur souscrit l'engagement de livrer la chose à l'acheteur ; en retour, l'acheteur promet de lui en payer le prix et d'en opérer le retirement ; de telle sorte que si l'un d'eux vient à manquer à ses engagements, l'autre est immédiatement autorisé à suspendre l'exécution des siens.

C'est de ces obligations réciproques, ainsi unies par un lien étroit de connexité, que nous avons maintenant à traiter, en nous plaçant successivement au point de vue du vendeur et de l'acheteur.

§ I.

Des obligations du vendeur.

Délivrer la chose à l'acheteur, et en garantir la paisible possession et jouissance : voilà les deux obligations principales que contracte le vendeur, par le seul fait de la vente, et que nous avons à examiner.

N° 1. — *De l'obligation de délivrance.*

Imprimis ipsam rem præstare venditorem oportet, id est, tradere, disait le droit romain (ff. *Lib.* 10, *tit.* 1, L. 11, §2), et l'article 1603 répète : « Le vendeur a deux obligations principales, celle de *délivrer* et celle de *garantir* la chose qu'il vend. » Ces dispositions s'expliquent d'elles-mêmes, car mettre la chose vendue à la disposition de l'acheteur, doit être l'effet nécessaire d'un contrat, qui transporte à l'acquéreur la propriété, c'est-à-dire le droit le plus étendu que l'on puisse avoir sur un objet quelconque.

Sur l'obligation de délivrance, six questions peuvent être posées :

1° Comment se fait la délivrance ;
2° De quelle chose ;
3° A qui ;
4° A quel moment et en quel lieu ;
5° Quels en sont les effets ;
6° Quelles sont les conséquences du défaut de délivrance.

I. — *Comment doit être faite la délivrance.*

Tout fait, qui met la chose sous la puissance de l'acheteur, opère tradition, et, dès qu'il est en mesure d'appréhender immédiatement ou éventuellement la possession de l'objet vendu, l'acquéreur n'a plus rien à exiger au point de vue de la délivrance.

La livraison peut donc résulter :

Soit de la remise de la chose même, c'est-à-dire d'un déplacement matériel de possession ;

Soit de la remise des clefs du bâtiment dans lequel cette chose est reposée, par exemple, des magasins du vendeur;

Soit de l'endossement du récépissé et du warrant, ou du récépissé seul, qui ouvrira à l'acheteur les magasins généraux dépositaires de la marchandise vendue;

Soit de l'envoi de la facture ;

Soit enfin, s'il s'agit de choses en cours de voyage sur terre ou sur mer, de la remise de la lettre de voiture ou du connaissement.

De ces divers modes de délivrance, les trois derniers seuls attireront notre attention, les deux autres ayant, depuis des siècles, été l'objet des commentaires de tous les jurisconsultes.

1° Et d'abord que faut-il entendre par endossement du récépissé?

Il existe en France, depuis 28 ans environ (21 mars 1848), des établissements appelés *magasins généraux*, qui, moyennant rétribution, reçoivent et gardent pour compte du propriétaire les marchandises qu'on veut leur confier. Ces établissements, désignés en Angleterre, où ils sont connus depuis 1660, sous le nom de *docks*, délivrent à chaque déposant un double reçu contenant toutes les énonciations propres à constater l'identité de la marchandise, et dont les parties sont appelées, l'une *récépissé*, l'autre *warrant*. Transmissibles tous deux par endossement au porteur, ces récépissés sont destinés : le premier, à servir d'instrument de vente et à transférer la propriété de la marchandise ; le second, à servir d'instrument de crédit, et à placer la marchandise à titre de gage en mains du prêteur. Voici par quel mécanisme :

Le déposant veut-il emprunter sur sa marchandise, il détache le bulletin de gage, ou warrant, et le transfère par endossement au prêteur. Cet endossement vaut nantissement, et confère au prêteur sur la marchandise déposée tous les droits du créancier gagiste, sauf à lui à les faire passer à un autre porteur, par une nouvelle négociation.

Le déposant veut-il vendre, si sa marchandise n'est grevée d'aucun engagement, il a entre les mains les deux titres ; il les transfère tous deux à l'acheteur, et, par cet endossement, la propriété et le droit à la possession passent sur la tête de celui-ci. Si la marchandise est engagée, il transfère seulement le récépissé qu'il a conservé, et l'acheteur devient encore propriétaire de la marchandise, mais au même titre que le vendeur, c'est-à-dire à charge de payer au porteur du warrant le montant de la créance garantie par l'endossement de ce warrant.

Qu'il ne reçoive que le récépissé, ou le warrant et le récépissé, l'acheteur est donc en mesure de se faire délivrer la chose achetée ; par suite, la tradition lui est faite, tradition réelle s'il en fut, car le dépositaire ne possède que pour compte du déposant.

2° La remise de la facture ne produit pas, il faut le reconnaître, les mêmes effets que l'endossement du récépissé, et au premier abord, il paraît difficile de considérer comme une mise en possession, ce qui ne constitue qu'un signe matériel et une preuve de la vente. Toutefois, comme avec cette facture, l'acheteur est en droit de se présenter dans les magasins de son vendeur, et de retirer la chose achetée, comme il y a là une sorte de *bon*, non pas sur la caisse, mais sur le magasin du vendeur, on a assimilé la remise de la facture à une tradition qui, sans être réelle, suffit dans les rapports du vendeur et de l'acheteur.

3° Quant à la remise de la lettre de voiture ou du connaissement, elle équivaut comme l'endossement du récépissé à une mise en possession réelle, puisque le voiturier ou le capitaine détenant la marchandise pour le compte du propriétaire, l'acheteur sera en droit au moment de l'arrivée d'en exiger la livraison.

II. — *De quelle chose doit être faite la délivrance.*

Quelle chose doit être délivrée et en quel état ? Telles sont les deux questions que soulève cette partie de notre sujet.

L'art. 1618, C. civ. répond à la première.

L'art. 1245, C. civ. à la seconde.

I. L'article 1615 est ainsi conçu :

« L'obligation de délivrer la chose comprend ses acces-
« soires. »

C'est toute la chose qui doit être délivrée, qu'il s'agisse de
quantités ou de corps certains; c'est aussi la totalité de ses
accessoires, le blé avec les sacs qui le renferment, le vin avec
les fûts dans lesquels il est placé; comme conséquence de ce
principe, nous verrons plus tard l'acheteur, dans la vente par
navire désigné, réclamer l'indemnité d'assurance, en cas de
délaissement de la marchandise vendue.

II. Aux termes de l'art. 1245, C. civ. :

« Le débiteur d'un corps certain et déterminé est libéré
« par la remise de la chose en l'état où elle se trouve lors de
« la livraison, pourvu que les détériorations qui y sont sur-
« venues ne viennent point de son fait ou de sa faute, ni de
« celle des personnes dont il est responsable, ou qu'avant ces
« détériorations il ne fût pas en demeure. »

C'est la réponse à notre seconde question : en quel état doit
être délivrée la chose vendue ? L'acheteur étant, dès le moment de la formation de la vente, que nous supposons toujours
pure et simple, propriétaire de la chose, doit en principe
supporter les avaries subies dans l'intervalle de la vente à la
livraison, et ces avaries ne sont pour le compte du vendeur,
que lorsqu'elles ont pour cause son fait ou sa faute, ou le
fait ou la faute de ceux dont il est responsable. Mais quel sera,
dans ce dernier cas, le droit accordé à l'acheteur, et que peut-
il réclamer, lorsque la chose offerte n'est pas, sous le rapport de la quantité ou de la qualité, conforme aux promesses
qui lui ont été faites ?

A ne consulter que la rigueur du droit, l'acheteur pourrait, en se basant sur la plus petite différence entre la quantité
achetée et celle offerte, rompre le contrat et refuser la
marchandise, avec ou sans dommages-intérêts. Mais cette rigueur n'était pas admissible dans la vente commerciale; aussi
l'usage a-t-il seulement conféré à l'acheteur le droit de demander une bonification, c'est-à-dire de faire subir au prix
une réduction proportionnelle à celle existant dans la quantité
de la marchandise vendue; et ne lui a permis de conclure à
la résiliation, qu'autant que les manquants dépassant une

juste proportion, il n'eut pas traité en vue d'une aussi faible quantité (art. 1110, C. civ.).

Au reste, pour prévenir toutes contestations de cette nature, il arrivera le plus souvent que les parties détermineront, par approximation seulement, la quantité de marchandises vendues. Paul vend à Pierre la cargaison d'un navire de 100 tonneaux *environ*. Que le navire contienne 90 tonneaux, qu'il en contienne 100, peu importe, la vente n'en sera pas moins valable, et la résiliation ne sera dans aucun cas encourue.

Dans aucun cas, disons-nous. Mais faudrait-il donc la maintenir, si le navire ne contenait que 50, que 30 tonneaux ? et, en sens inverse, serait-il possible de forcer l'acheteur à prendre livraison, si le navire en contenait 200 ou même 500 ? Assurément non, et la pratique commerciale ne pouvait admettre ni tolérer un pareil résultat. Aussi la voyons-nous décider que la clause *environ* s'interprète en ce sens, que le déficit ou l'excédant ne dépassera pas le vingtième de la marchandise, et n'augmentera pas le prix de plus de 5 p. 100.

Ce que nous disons du cas où la marchandise livrée présente un déficit sur la quantité, est pareillement vrai au cas où la chose offerte ne réunit point les qualités stipulées. Nous renvoyons toutefois l'examen des questions qui s'y rattachent, à l'étude de la garantie des vices rédhibitoires.

III. — *A qui la délivrance peut être faite.*

Aux termes de l'art. 1239, C. civ. : « le payement doit être « fait au créancier, ou à quelqu'un ayant pouvoir de lui ou qui « soit autorisé par justice ou par la loi à recevoir pour lui. »

La délivrance, qui est de la part du vendeur un véritable payement de l'obligation résultant pour lui de la vente, doit donc être faite à l'acheteur, ou à défaut à une personne ayant qualité pour le représenter et recevoir en son nom.

A l'acheteur d'abord, c'est-à-dire bien entendu non-seulement à celui qui a donné son consentement à la vente, mais encore à celui qui a pris sa place de quelque manière que ce soit, par succession, cession-transport ou endossement de l'ordre de livraison, et de là, nous le verrons plus tard, la légalité des ventes par filière.

A défaut, à celui qui a mandat de l'acheteur de recevoir, par exemple à ses portefaix, commis et employés de toute sorte, et aussi le plus souvent, lorsque la délivrance a lieu au domicile du vendeur, à la Compagnie du chemin de fer ou à l'entreprise quelconque de transport, qui, d'après l'usage, est réputée mandataire tacite de l'acheteur pour prendre livraison.

Enfin, à défaut encore, à celui qui est autorisé par la loi ou par la justice à recevoir, par exemple au syndic de la faillite de l'acheteur, ou à son créancier, dont l'opposition formée en main du vendeur aurait été régulièrement validée.

IV. — *A quel moment et en quel lieu doit être faite la délivrance.*

A quel moment d'abord doit avoir lieu la délivrance ?

Pas de doute ; si la vente est pure et simple, immédiatement ; si elle est à terme, à l'époque fixée. Exceptionnellement certaines ventes emportent un terme implicite ; telle la vente faite en disponible, dans laquelle l'acheteur a trois jours pour agréer et le vendeur par suite trois jours pour livrer ; telles aussi, d'après l'usage de Bordeaux, les ventes de vins pris sur les lieux de production, dans lesquelles un mois est accordé au vendeur pour opérer la délivrance, et à l'acheteur pour procéder au retirement (Bordeaux, 8 déc. 1853 ; Lehir, 1854, 2, 10).

En quel lieu maintenant doit être faite la délivrance ? L'art. 1609, C. civ. répond en ces termes :

« La délivrance doit se faire au lieu où était, au temps de « la vente, la chose qui en a fait l'objet, s'il n'en a été autre- « ment convenu. »

Appliquée rigoureusement dans ces termes, cette disposition serait de nature à produire les résultats les plus étranges. Je vous vends mon brick *l'India*, parti il y a quelques jours de Mindanao pour Marseille, et qui actuellement n'a pas encore franchi le détroit de Malacca. Sera-ce donc dans les parages où se trouvait ce navire au moment du contrat, que devra se faire la livraison, et lorsque vous me réclamerez la délivrance, serai-je autorisé à vous l'offrir dans la mer des Célèbes ? Jamais à coup sûr personne n'oserait le prétendre ; comment dès lors expliquer l'art. 1609, et quel moyen de sortir de ce conflit entre la loi écrite et le bon sens?

Rien de plus aisé à notre avis. L'art. 1609, C. civ. fait au contrat de vente l'application d'un principe beaucoup plus général, posé en matière d'obligation par l'art. 1247, dans les termes suivants :

« Le payement doit être exécuté dans le lieu désigné par la « convention; si le lieu n'y est pas désigné, le payement, lors- « qu'il s'agit d'un corps certain et déterminé, doit être fait « dans le lieu où était, au temps de l'obligation, la chose qui « en a fait l'objet. Hors ces deux cas, le payement doit être « fait au domicile du débiteur. »

Or cet article, en dérogeant, pour le cas où il s'agit d'un corps certain, à la règle que dans le silence de la convention le payement doit être fait au domicile du débiteur, ne fait qu'interpréter la volonté vraisemblable des parties, et n'a rien d'impératif. Pas plus que l'art. 1247, l'art. 1609 n'est donc susceptible d'une application rigoureuse, et il appartient aux juges de ne pas accepter l'interprétation qu'il donne de l'intention probable des contractants, quand les faits en démontrent l'inexactitude. Or, dans notre hypothèse, qui pourrait prétendre que le vendeur ou l'acheteur ont entendu que l'*India* serait délivré autre part que dans le port de Marseille?

En admettant que l'art. 1609 ne doive pas servir de règle invariable aux tribunaux, quel sera le principe applicable en cette matière?

L'usage et la jurisprudence le formulent de la manière suivante : Régulièrement, la délivrance doit être faite au domicile du vendeur, à moins qu'il ne résulte de la convention, soit expresse soit tacite des parties, qu'elles ont entendu qu'elle serait faite dans un autre lieu. Il y a convention expresse contraire, lorsque la vente a été conclue :

1° Avec la clause *livrable sous vergues* ou *franco à bord*. La tradition s'opère alors au port d'embarquement et à bord du navire, qui est destiné au transport.

2° Avec la clause *livrable au débarquement sur le quai*; la marchandise est alors remise au port de destination, où l'acheteur est appelé à la vérifier.

Il y a convention tacite, lorsque les parties habitent dans

des lieux différents ; la livraison dans ce cas est réputée devoir
être faite au domicile de l'acheteur, s'il n'y a pas eu stipulation
formelle qu'elle aurait lieu en gare de départ.

C'est par application de ce principe, nous allons le voir au
paragraphe suivant, que se décide la question de savoir pour
qui sont la perte ou les avaries subies en cours de voyage.

V. — Quels sont les effets de la délivrance.

Quoique notre chapitre actuel soit consacré exclusivement
aux effets de la vente pure et simple, c'est-à-dire portant sur
des corps certains, et que l'étude des ventes au poids ou à la
mesure soit renvoyée au chapitre suivant, nous indiquerons,
pour ne pas diviser le sujet, quels sont les effets de la délivrance, dans les diverses espèces de vente.

Ces effets peuvent être classés dans deux catégories : ceux
relatifs à l'action en revendication, et ceux relatifs aux risques.

1° Au point de vue de l'action en revendication, une distinction est nécessaire :

S'agit-il de vente de quantités, la délivrance, en individua-
lisant la marchandise vendue, transfère la propriété à l'acheteur et convertit son jus ad rem en un jus in re.

S'agit-il de vente de corps certains, la délivrance décide
encore de la préférence à établir entre les divers acheteurs
de la même chose, (art. 1141, C. civ.) et rend impossible
l'exercice du droit de revendication accordé au vendeur par
l'art. 576, C. com., en cas de faillite de son acheteur.

Quelques mots sur ces deux dernières conséquences de la
tradition réalisée.

A, Pour que le premier acheteur, en cas de deux ventes
successives de la même chose, soit préféré au second, l'art.
1141 exige, comme nous l'avons déjà dit, qu'il soit en possession réelle de l'objet litigieux. Ce n'est donc point la délivrance d'une manière générale, qui satisfait à la condition
requise par l'art. 1141, mais seulement celle qui produit une
possession réelle.

Le principe ainsi posé, les nombreuses applications, dont il
peut être susceptible, sont impossibles à prévoir.

Nous voulons toutefois, pour répondre à la question que
nous avons réservée plus haut, de savoir à quel caractère les

magistrats reconnaîtront la tradition, permettant d'appliquer l'art. 1141, en indiquer quelques-unes parmi les plus importantes et les plus ordinaires.

Il ne saurait guère y avoir de difficulté, quand la tradition elle-même est réelle, c'est-à-dire, quand la chose est matériellement remise à l'acheteur, ou qu'on lui donne les clefs du magasin dans lequel la marchandise est renfermée. Les tiers, ne pouvant plus eux-mêmes obtenir la possession, ne sauraient se méprendre sur les droits du premier acheteur.

Et la même observation nous paraît applicable au cas d'endossement du récépissé délivré par les magasins généraux, puisque, si une autre personne achète, elle sera avertie par le défaut de présentation et d'endossement du récépissé, de l'aliénation déjà consommée par son vendeur.

Lorsque l'acheteur s'est contenté d'apposer son sceau ou sa marque sur les objets vendus, la question peut paraître plus délicate, et nous croyons même qu'il serait téméraire de vouloir lui donner une solution absolue, car c'est en fait seulement, qu'on peut décider si la marque est révélée par des signes assez apparents, pour que les tiers n'aient pas pu ne pas la voir.

Enfin, en ce qui concerne la remise de la facture ou de la lettre de voiture, nul doute qu'on ne puisse pas la considérer comme une mise en possession réelle dans le sens de l'art. 1141, C. civ., car le vendeur ne cesse de détenir les marchandises vendues et d'en rester propriétaire apparent, aux yeux de tous ceux que rien autre n'avertit de l'existence de la vente. Aussi, est-il permis de s'étonner que MM. Delamarre et Lepoitvin (1) aient fait de la facture, même à ce point de vue spécial, la représentation des marchandises facturées, et soutenu, avec une grande énergie, que sa transmission constitue vis-à-vis des tiers une tradition réelle.

B. Ce n'est pas, pareillement, toute délivrance qui prive irrévocablement le vendeur du droit d'invoquer, à l'encontre de la faillite de l'acheteur, l'art. 576, C. com.; l'entier achèvement de la livraison, telle est la condition qui rend impossible l'exercice de la revendication. C'est ce qui

(1) Traité du contrat de commission, édit. 1840, t. I, p. 354.

sera d'ailleurs plus longuement expliqué, à propos des obligations de l'acheteur, et des effets du défaut de payement du prix.

2° Étudions maintenant l'effet que produit la délivrance, au point de vue des risques de la chose vendue.

En ce qui concerne les ventes de corps certains, cet effet, nous ne l'ignorons pas, est nul, car l'acheteur investi de la propriété par le seul échange des consentements, supporte, dès le moment de la conclusion définitive du contrat, les pertes totales ou partielles, qui n'ont point pour cause le fait ou la faute du vendeur.

Il en est tout autrement, en ce qui concerne les ventes de quantités, et tandis qu'avant la délivrance, les risques sont pour le vendeur, qui doit toujours fournir la quantité stipulée, en vertu du principe, que les genres ne périssent pas, après la tradition, les risques comme la propriété passent sur la tête de l'acheteur (Trib. com. de la Seine, 16 oct. 1872, Lehir, 1873, 2, 288).

Et de là, en cas de vente entre absents, des conséquences très-remarquables. La tradition, comme il arrive le plus souvent, doit-elle avoir lieu au domicile de l'acheteur, la marchandise expédiée voyagera aux risques et périls du vendeur. Les parties ont-elles stipulé expressément que la délivrance serait faite à la gare de départ ou au port d'embarquement, les avaries ou la perte survenues durant le voyage seront supportées par l'acheteur (Rennes, 11 août 1862, Lehir, 1863, p. 474). C'est ce que l'art. 100, C. com. exprime en disant :

« La marchandise sortie du magasin du vendeur ou de « l'expéditeur, voyage, s'il n'y a convention contraire, aux « risques et périls de celui à qui elle appartient, sauf son « recours contre le commissionnaire et le voiturier chargés « du transport. »

Bien qu'élémentaires, ces principes ont quelquefois été, il faut bien l'avouer, singulièrement méconnus par la jurisprudence, et il nous a été donné naguère d'en voir consacrer la violation formelle, non-seulement par la cour d'Aix, mais par la Cour de cassation.

Un négociant de Marseille, le sieur Mouttet avait vendu aux sieurs Samuel et Cie, négociants à Paris, 25,000 quintaux de farine, livrables aux mois d'août et septembre 1870, en gare de Marseille, et à destination de Paris. Les marchandises furent livrées, mais l'investissement de la capitale ne permit l'arrivée que de 9,000 quintaux. — Au mois de novembre 1870, Mouttet fit, en vertu d'un jugement sur requête, vendre les 16,000 quintaux non remis, et réclama la différence entre le prix fixé au marché et le produit net de la vente aux enchères. Un moyen de défense bien naturel se présentait pour les sieurs Samuel. Ils avaient à exciper de l'article 1148, C. civ., pour justifier le retard apporté au paiement du prix, à faire ressortir l'irrégularité de la vente passée sans leur concours, en vertu d'une décision de justice trop peu respectueuse de leur droit de propriété, et, à en juger par l'émotion profonde, qui accueillit la connaissance de ce mode jusqu'alors ignoré d'exécution, nul doute que leur prétention n'eût triomphé. Tout autre fut leur système : ils soutinrent qu'ils avaient été empêchés par force majeure de prendre livraison, et qu'en conséquence la résiliation de la vente devait être prononcée. Repoussée par le tribunal de commerce de Marseille, cette exception fut admise par la cour d'Aix, et quelques espérances qu'ait pu faire naître la formation d'un pourvoi, elles ont été déçues par un arrêt de la Chambre des requêtes du 7 mai 1872 (D. P., 72, 1, 456). Inutile de dire que nous n'approuvons pas cette décision. Dès que les marchandises avaient été livrées, conformément aux accords intervenus entre les parties, en gare de Marseille, elles étaient aux risques de l'acheteur, et, quoique les événements ne lui eussent pas permis de les recevoir, le vendeur ne pouvait être tenu de supporter les conséquences de ce cas de force majeure. Vainement oppose-t-on que, les farines ayant été achetées en vue de l'approvisionnement de Paris avant le siège, l'époque de la livraison avait été la condition déterminante du marché. La réponse est que la livraison avait été faite ou offerte en temps utile, et que la réception par le destinataire seule avait été empêchée. Or, l'obligation de délivrance imposée au vendeur, se trouvant exécutée, l'acheteur n'avait nul motif de refuser le paiement du prix, puisque ce paiement avait pour cause, au sens juridique du mot, non pas les circonstances de fait qui avaient déterminé l'achat, mais l'obligation prise par le vendeur de livrer la chose.

Hâtons-nous toutefois d'ajouter que ces erreurs partielles de la jurisprudence ne sauraient détruire les règles déjà posées, car s'il arrive quelquefois aux tribunaux de se tromper, les principes n'en restent pas moins intacts, sûrs d'avoir leur jour de triomphe, même lorsqu'ils ont été le plus longtemps méconnus.

VI. — *Des effets du défaut de délivrance.*

La vente étant un contrat synallagmatique, le défaut de délivrance de la part du vendeur, permet à l'acheteur d'user des dispositions de l'art. 1184, C. civ.

En conséquence, il a le choix entre deux partis :

Ou exiger la livraison tardive ;

Ou demander la résolution avec dommages-intérêts.

Et il se déterminera pour l'un ou pour l'autre, d'après les circonstances, réclamant la délivrance si la marchandise est en hausse, la résiliation si elle est en baisse. Dans tous les cas, il aura d'ailleurs à s'adresser à la justice, qui peut toujours, prenant en considération la position respective des parties, l'absence ou le peu de gravité du préjudice causé par le retard à l'acheteur, accorder au défendeur un délai pour exécuter son obligation (Civ. rej., 15 avril 1845, D. P., 45, 1, 411, Lyon, 8 juin 1855).

Je suppose qu'il opte pour la livraison :

S'il s'agit de corps certains, pas de difficulté ; en vertu du jugement qui lui tiendra lieu de délivrance, il prendra possession de la chose, et si le vendeur résiste, sa résistance sera vaincue par l'emploi de la force armée.

Mais s'il s'agit de quantités, si, par exemple, on lui a vendu 50 balles de graines de coton prises *in genere*, comment pourra-t-il, si son vendeur ne les possède pas, ou refuse de les livrer, se faire mettre en possession ?

La pratique commerciale a prévu la difficulté, et faisant l'application à notre matière de cette règle posée par l'art. 1144, C. civ., que le créancier peut, en cas d'inexécution des engagements pris vis-à-vis de lui, être autorisé à faire exécuter lui-même l'obligation aux dépens du débiteur, elle a permis à l'acheteur de se *remplacer*, c'est-à-dire d'acheter sur place, aux frais du vendeur, une quantité de marchandise égale à celle qui aurait dû lui être livrée. Voici par suite quel est le droit appartenant à l'acheteur, en cas de défaut de livraison dans le délai fixé. Après une mise en demeure préalable, il s'adresse au tribunal pour faire autoriser le remplacement, et nommer un courtier chargé de procéder au nouvel achat. L'acquisition une fois faite, il assigne de nouveau son vendeur en payement de la différence, entre le coût du remplacement et le prix stipulé au contrat.

Tel est du moins le mode le plus régulier de procéder ; nous estimons toutefois que l'autorisation préalable, ni l'intervention d'un courtier, n'est pas absolument nécessaire pour la validité du remplacement, et que, dans les cas où il y aurait urgence, l'acheteur pourrait lui-même conclure un nouvel achat, sauf bien entendu le droit réservé au ven de u d'en critiquer les conditions.

Comme tous les droits accordés en matière commerciale, celui appartenant à l'acheteur, qui n'a point reçu livraison, doit être tempéré dans son application par les règles de l'équité. Il ne serait donc pas admis à invoquer l'usage, pour grever immodérément le vendeur, en payant par exemple des prix exagérés, ou encore pour acheter des produits similaires d'une valeur supérieure (Marseille, 7 juillet 1856, Gir. et Clar., 34, 1, 221 ; id., 18 février 1861, Gir. et Clar., 1861, 1, 104 ; contrà, Marseille, 6 nov. 1855, Gir. et Clar., 33, 1, 348 ; id., 15 février 1860, Gir. et Clar., 38, 1, 59).

S'il ne se trouvait pas sur la place des marchandises de la qualité vendue, la résiliation serait seule possible, et alors les dommages-intérêts consisteraient dans la différence du prix courant, au moment où aurait dû être faite la livraison, et de celui stipulé au contrat.

N° 2. — De l'obligation de garantie.

Faire la délivrance ne constitue que l'exécution de la première des obligations imposées au vendeur. Par le seul fait de la vente, il existe encore à sa charge une seconde obligation, celle de garantir à son acheteur la paisible possession et les qualités intrinsèques de la chose vendue.

Vous me vendez 25 obligations du chemin de fer de Paris à Lyon et à la Méditerranée, et vous m'en faites tradition. Quelques jours après, une tierce personne m'assigne en restitution de ces titres, qu'elle prétend avoir été perdus ou volés ; il faut évidemment que vous soyez appelé à défendre le droit que vous m'avez transmis, car à défaut la tradition serait illusoire, ne m'ayant transféré qu'une possession aussitôt interrompue que commencée.

Et de même, Pierre achète de Paul 20 caisses de citrons, en expliquant qu'il les désire serrés, parfaitement sains, et provenant de pays de montagnes. Et on lui livre des fruits, dont la plupart sont de qualité très-inférieure ou gâtés. Paul ne pourrait sans injustice être libéré de toutes les obligations que lui imposait la vente, puisque les marchandises livrées ne possèdent point les qualités essentielles, qui ont déterminé l'acheteur à les acquérir.

De là, l'art. 1625, C. civ. portant : « La garantie que le vendeur doit à l'acquéreur, a deux objets : le premier est la possession paisible de la chose vendue ; le second, les défauts cachés de cette chose, ou les vices rédhibitoires. »

I. — *De la garantie en cas d'éviction.*

Pour satisfaire complétement à l'obligation de garantie, le vendeur doit :

1° Ne pas troubler lui-même l'acheteur dans la paisible possession de l'objet aliéné ;

2° Prendre son fait et cause, lorsqu'il est troublé par un tiers, et si l'éviction se réalise, en réparer les conséquences.

I. Que le vendeur soit tenu lui-même de ne rien faire qui puisse porter atteinte à la libre jouissance de l'acheteur, c'est là certainement un effet nécessaire de la vente : *Quem de evictione tenet actio, eumdem agentem repellit exceptio*, comme disaient les jurisconsultes romains.

Il sera très-rare en fait, il est vrai, que dans une vente commerciale, le vendeur cherche à priver l'acheteur des avantages sur lesquels celui-ci pouvait compter, d'après la destination de la chose vendue et l'état dans lequel elle se trouvait au moment de la vente, car les marchandises, étant destinées à une revente presque toujours immédiate, ne resteront jamais longtemps dans les magasins de l'acheteur. La question s'est cependant posée dans le cas de vente d'un fonds de commerce, et on s'est demandé si, en ouvrant un établissement de même nature que celui vendu, le vendeur ne contrevenait pas à l'obligation de garantie.

Trois systèmes sont en présence :

Le premier soutient qu'une liberté absolue est laissée au vendeur, qui n'a pris aucun engagement contraire, d'établir dans la même localité une industrie similaire à celle qu'il a cédée (Req., 5 fév. 1855, D. P., 55, 1, 410; Angers, 7 mai 1869, D. P., 69, 1, 268).

Son argumentation est la suivante :

D'une part, la liberté commerciale est de droit public en France, depuis la loi des 2 et 17 mars 1791, et il ne peut y être apporté de restriction, même partielle, au préjudice de personne, si ce n'est en vertu de la loi ou des conventions. D'autre part, aucune loi n'interdit au vendeur d'établir un nouveau fonds de commerce, là où existe celui qu'il a aliéné, et dans l'hypothèse sur laquelle s'élève notre question, le vendeur n'a pris aucun engagement personnel qui le lie sous ce rapport. Donc, rien ne s'oppose à ce que le vendeur crée un établissement rival du fonds cédé, et, en le faisant, il ne viole pas l'obligation de garantie dérivant de l'art. 1625, C. civ.

La seconde opinion, aussi radicale en sens inverse, prohibe absolument ce que la première permet sans condition et soutient que le vendeur d'un fonds de commerce ne peut ni directement, ni indirectement, créer, au détriment de son acquéreur, un nouveau fonds qui fasse concurrence à celui-ci.

Un fonds de commerce comprend, nous avons dit, trois choses: 1° des marchandises ; 2° le droit au bail ; 3° la clientèle. De ces trois éléments un seul est essentiel, l'achalandage. Les marchandises et le droit au bail constituent de simples accessoires, qui ne sont point nécessairement compris dans le fonds. C'est donc porter atteinte au droit cédé que de détourner, par la création d'un établissement rival, une partie de la clientèle, puisque l'acheteur se trouve ainsi privé de l'objet principal et quelquefois unique du contrat.

On se récrie que la liberté du commerce va se trouver violée ! Objection spécieuse peut-être à première vue, mais qui se retourne contre ceux-là même qui l'opposent, car de deux choses l'une, ou la liberté du commerce est d'ordre public et alors elle ne peut être restreinte par convention, ou elle n'est pas d'ordre public, et alors chacun est en droit d'y renoncer tacitement comme expressément (Agen, 20 juin 1860, D. P., 60, 2, 176).

Concilier cette liberté du commerce avec les droits de l'acheteur, tel est le but que poursuit la troisième opinion, la plus accréditée aujourd'hui dans la jurisprudence. Aussi, tout en prohibant en principe la création d'un établissement rival du fonds vendu, permet-elle cette création suivant les circonstances, c'est-à-dire lorsque l'éloignement des deux fonds et l'écoulement d'un temps assez long depuis la vente, enlèvent à l'acheteur toute crainte d'un détournement dommageable de clientèle.

La bonne foi du vendeur, voilà la considération décisive à laquelle s'attache cette théorie, et, d'après elle, lorsque cette bonne foi existe, lorsque la situation des deux fonds et l'époque de leur établissement ne la rendent pas impossible, il n'y a plus lieu de déroger au principe sacré de la liberté du commerce.

Entre ces trois systèmes nous ne saurions hésiter.

Pour que l'acheteur ait droit à garantie, il est indispensable en effet qu'il soit troublé dans sa possession, et dès que les tribunaux demeurent convaincus, par l'examen des circonstances du fait, qu'il n'y a pas eu atteinte portée à la propriété de l'acheteur, quel serait le motif de lui accorder des dommages-intérêts, ou de supprimer le fonds nouveau créé par le vendeur? Dans notre pensée c'est donc à la dernière des opinions citées, que la victoire définitive est réservée et que l'avenir appartient (Paris, 19 nov. 1824, Sir., 26, 2, 144 ; Grenoble, 10 mars 1836, Sir., 38, 2, 35 ; D. P., 37, 2, 137 ; Montpellier, 26 juillet 1844, D. P., 45, 4, 337; Nîmes, 16 déc. 1847, D. P., 49, 2, 14 ; Marseille, 8 oct. 1862, Gir. et Clar., 1862, 1, 305 ; Marseille, 16 janv. 1863, *eod.*, 63, 1, 39 ; *id.*, 5 juin 1863, *eod.*, 63, 1, 165 ; *id.*, 26 juin 1865, Gir. et Clar., 1865, 1, 193 ; Grenoble, 26 déc. 1866, Finot, *Journ. des cours de Grenoble et de Chambéry*, 1866, p. 337; trib. civ. Seine, 15 février 1867, *Droit* du 28 mars 1867 ; Lyon, 25 mai 1872, D. P., 72, 2, 211).

II. En ne troublant point lui-même l'acheteur dans la jouissance de la chose vendue, le vendeur ne s'acquitte point encore de tous les devoirs que lui impose l'obligation de garantie. Il doit de plus prendre la défense de l'acheteur, lorsque celui-ci est actionné par un tiers, qui forme, au sujet de la chose vendue, quelque réclamation judiciaire fondée sur une cause antérieure à la vente, et s'il ne réussit pas à faire cesser le trouble, restituer le prix et indemniser l'acheteur du préjudice que lui cause l'éviction.

Cette dernière obligation recevra, il est vrai, très-rarement son application en matière de vente commerciale, car, pour que le vendeur en soit tenu, il faut supposer que la chose aliénée ne lui appartenait pas, ou était grevée d'un droit réel. Or, les meubles, seul objet des transactions commerciales, sont à l'abri de la revendication et de l'action hypothécaire (art. 2119 et 2279, C. civ.).

L'éviction cependant sera possible dans deux cas :

1° Lorsque la marchandise vendue ayant été perdue ou volée, le véritable propriétaire exercera l'action en revendication dans le délai de trois années.

2° Lorsque la vente portera sur des navires, qui ne sont pas susceptibles de prescription instantanée, mais seulement de prescription trentenaire.

II. — De la garantie pour vices rédhibitoires.

Exiger la délivrance de la chose achetée, à l'aide de l'action en garantie se protéger contre les entreprises de son vendeur, ou lui faire supporter les conséquences de l'éviction provenant des tiers, tels sont les droits que nous avons reconnus à l'acheteur. Il lui en reste un dernier : c'est celui qui consiste à demander la rescision du contrat, ou la diminution du prix, quand la chose vendue est affectée de vices cachés qui la rendent impropre à l'usage auquel on la destinait. De là pour le vendeur un nouveau chef de garantie : la garantie des vices rédhibitoires.

Quelle a été aux diverses époques de l'histoire du droit la théorie des vices rédhibitoires ; comment sous notre Code elle repose philosophiquement sur la même base que la théorie de l'erreur sur la substance prévue par l'art. 1110, C. civ., c'est ce que nous n'examinerons point ici ; de telles questions se rattachant à l'étude de la vente civile, plus encore que de la vente commerciale. Il nous suffira de rechercher dans quels cas il y a, en matière de commerce, vice rédl:libitoire, et à quelles actions donne naissance l'existence d'un vice de cette nature régulièrement constaté.

Dans quels cas les défauts de la chose vendue constituent-ils des vices rédhibitoires? L'art. 1641, C. civ. répond : « quand ils rendent la chose vendue impropre à l'usage, auquel on la destine, ou diminuent tellement cet usage, que l'acheteur ne l'aurait pas acquise, ou n'en aurait donné qu'un moindre prix, s'il les avait connus. »

Par conséquent, toutes les fois que la chose vendue ne rend pas à l'acheteur les services que celui-ci en attendait, toutes les fois qu'elle ne répond point aux légitimes espérances qu'ont pu faire naître les clauses du marché, il y a vice rédhibitoire engageant la responsabilité du vendeur.

Et de là, au point de vue de la vente commerciale, les conséquences suivantes :

1° La vente a-t-elle eu lieu sur échantillon, dès que la marchandise n'est pas de la qualité promise, fut-elle d'ailleurs loyale et marchande, il y a vice rédhibitoire, car l'acheteur a dû croire que la partie achetée serait conforme à l'échantillon.

2° La provenance a-t-elle été indiquée, le défaut de conformité doit être considéré comme étant, dans l'esprit du contrat, un vice donnant lieu à rédhibition (Cour d'Aix, 25 janvier 1861, Gir. et Clar., 1861, 1, 210 ; Marseille, 8 mars 1869, Gir. et Clar., 1869, 1, 131). Peu importe par suite que la marchandise vendue réunisse les mêmes conditions que celles de la provenance spécifiée, la vente n'en sera pas moins susceptible de résiliation, car les marchandises n'ont souvent d'autre valeur que celle que la confiance publique leur attribue, et c'est d'elles surtout qu'il est vrai de dire : *Plus est in denominatione quam in veritate;* cette règle est vraie au cas où c'est le rendement et non plus seulement la provenance qui a été déterminée (Rouen, 15 fév. 1862). Nous aurons à examiner plus tard si elle ne doit pas être maintenue, même lorsque la vente est faite en disponible.

Pour échapper aux conséquences rigoureuses, résultant de l'indication de la provenance ou de la fixation d'un type, les parties ont quelquefois la précaution d'insérer dans la vente la clause *telle quelle*. Dans ce cas de quelque qualité que soit la chose, lors même qu'elle aurait subi des avaries, l'acheteur est tenu de l'accepter, pourvu d'ailleurs qu'elle soit loyale et marchande (Rouen, 16 juin 1858-4 avril 1860, Lehir, 1863, 2, 475 et 478; Rouen, 20 août 1870, Lehir, 1870, 2, 147).

Que décider maintenant, lorsque la vente a eu lieu aux conditions ordinaires, c'est-à-dire sans remise d'échantillon, ni fixation de provenance, et quels sont les vices susceptibles alors de donner ouverture à l'exercice de l'action rédhibitoire?

Le Code civil à cet égard ne pose aucune règle, et laisse aux tribunaux le soin de déterminer les vices rédhibitoires d'après les usages des lieux.

Modifiées partiellement, en matière de vente d'animaux domestiques, appartenant aux races ovine, bovine et porcine, par la loi du 20 mai 1838, ces dispositions restent en vigueur sur tous les autres points. Quelques esprits excellents, dont nous ne contestons jamais les solutions sans un véritable regret, et une sorte de pressentiment de notre erreur, ont même voulu que la lo de 1838, édictée surtout en vue de l'agriculture, ne fût point applicable à la vente commerciale. Qu'il nous soit permis toutefois d'avouer que nous ne partageons point cette opinion, contre laquelle protestent à notre avis et les principes déjà posés sur l'autorité des lois civiles en matière commerciale, et les travaux préparatoires de la loi de 1838, et les décisions multipliées de la jurisprudence :

1° Les principes posés sur l'autorité des lois civiles, car la loi de 1838 complète et modifie le Code civil, et, sans en faire partie intégrante, doit être comme lui susceptible d'extension à la vente commerciale, si rien d'ailleurs dans son texte et dans l'intention du législateur n'est venu en restreindre la portée.

2° Les travaux préparatoires, c'est-à-dire l'exposé des motifs, qui présente la loi comme « intéressant à un si haut degré *le commerce* et l'agriculture », et le rapport fait à la Chambre des députés, qui assigne pour but au projet «d'offrir à l'agriculture et *au commerce* plus de sécurité dans les transactions. »

3° Enfin les décisions répétées des tribunaux de commerce, qui appliquent chaque jour sans opposition à la vente commerciale les dispositions de la loi de 1838 (Marseille, 8 décembre 1868, et sur appel Aix, 18 février 1869, Gir. et Clar., 69, 1, 55 et 154).

Il est vrai que, dans notre système, certains vices, tels que les maladies charbonneuses, ne permettront point l'exercice de l'action rédhibitoire. Mais que conclure de là? Rien autre, si ce n'est que l'énumération donnée par la loi du 20 mai 1838 est incomplète, et réclame des modifications rendues chaque jour plus nécessaires par les progrès de la science vétérinaire.

Lorsqu'il est établi que la chose vendue est infectée de vices, et que ces vices appartiennent à la catégorie de ceux qui engagent la responsabilité du vendeur, l'acheteur a, d'après l'article 1644, C. civ., le droit de rendre la chose et de se faire restituer le prix, ou de garder la chose et de se faire rendre une partie du prix telle qu'elle sera déterminée par experts. En d'autres termes, il a le choix entre l'action rédhibitoire pour faire résilier la vente, et l'action *quanto minoris* pour obtenir une bonification sur le prix.

Supprimée par la loi de 1838, en ce qui concerne les ventes d'animaux domestiques, l'action *quanto minoris* est, en matière de vente commerciale, d'un usage beaucoup plus fréquent que l'action rédhibitoire. Et il est telles ventes, celles, par exemple, des blés à Marseille, celles de marchandises quelconques faites par navire désigné au Havre, dans lesquelles la coutume commerciale n'admet pas l'action en résolution. (Rouen, 17 juin 1854, Lehir, 1855, 2, 160; Rouen, 17 avril 1863, Lehir, 1863, 2, 414.) Rien, en effet, n'est plus regrettable que de voir des marchandises arrivées à destination, reçues même par l'acheteur, rentrer dans les magasins de l'expéditeur, ou en gare, grevées des frais d'un double transport, parce qu'elles ne réunissent pas toutes les conditions qu'on eût été rigoureusement en droit d'exiger d'elles. Aussi était-il préférable de forcer l'acheteur à garder la chose, sauf à l'indemniser de la différence de valeur, moyennant rabais ou réfaction de prix, que de l'autoriser à former une demande en résiliation souvent très-préjudiciable pour le vendeur (Lyon, 20 décembre 1826, D. Alph. v° *Commissionnaire*, n° 263; Aix, 25 juin 1858; Bordeaux, 21 mars 1861, D. Alph. v° *Vices rédhibitoires*, n° 146; Marseille, 18 juillet 1861, Gir. et Clar.,

1861, 1, 224 ; trib. com. Bordeaux, 6 mars 1856, Lehir, 1857, 2, 206 ; Civ. rej. 20 nov. 1871, D. P., 1873, 1, 201).

Mais le motif même, qui a donné naissance à cet usage, suffit à en déterminer la portée, et à marquer la limite où s'arrête son application.

Si le défaut est assez grave pour mettre l'acheteur dans l'impossibilité de se servir, ou de trafiquer de la marchandise, s'il est de nature à lui nuire pour le présent et pour l'avenir en déconsidérant son enseigne ou sa marque, la résiliation doit être prononcée, et l'usage, bien que constant, fléchit devant le principe nécessaire qui fait de l'équité la règle suprême des transactions commerciales (Trib. de com. du Hâvre, 9 juin 1862).

Telles sont les deux actions résultant des vices rédhibitoires. A quelles conditions de forme ou de délai leur exercice est-il soumis ?

Une distinction est nécessaire : en thèse générale, le délai, pour intenter l'action rédhibitoire ou *quanto minoris*, est réglé par l'usage, en vertu de l'art. 1648, C. civ. Au Hâvre, par exemple, il est fixé à 30 jours.

Exceptionnellement, pour les ventes d'animaux domestiques, le délai est de 9 à 30 jours, suivant la nature des maladies, courant à partir de la tradition, et susceptible d'augmentation à raison des distances entre le domicile du vendeur et le lieu où l'animal se trouve.

Et de même, au point de vue des conditions exigées pour la recevabilité de l'action, tandis que la loi de 1838 prescrit de provoquer, au moyen d'une requête présentée au juge de paix du lieu où l'animal se trouve, la nomination d'un ou de trois experts chargés de vérifier l'existence du vice allégué, le Code civil ne prescrit aucune formalité spéciale.

Cette dernière assertion a pourtant été contestée, et on a prétendu qu'il fallait appliquer à notre hypothèse les art. 105 et 106, C. com. qui, pour les livraisons faites par l'entremise des voituriers ou des entreprises de transport, n'accordent le droit de réclamer, relativement aux défectuosités de la chose, que dans le cas où l'acheteur a pris soin d'en faire constater l'état par un procès-verbal, au moment de la réception.

Mais qui ne voit combien serait inexacte une pareille assimi-

lation? Les art. 105 et 106 concernent exclusivement les réclamations entre le destinataire de la marchandise et le voiturier, qui en a effectué le transport ; visant spécialement les
avaries de route, non point les vices naturels de la chose, ils ne
sauraient être invoqués dans une contestation entre l'acheteur
et le vendeur, relativement à la garantie dont ce dernier est
tenu. (Civ. rej., 3 mars 1863, D. P., 63, 1, 123.)

§ II.

Des obligations de l'acheteur.

Par le fait de la vente l'acheteur contracte, avons-nous dit,
deux obligations corrélatives à celles du vendeur, à savoir :
Payer le prix ;
Opérer le retirement de la chose vendue.
Nous allons les parcourir en détail.

N° 1. — *De l'obligation de payer le prix.*

A quel moment doit être fait le paiement ?
En quel lieu ?
De quelle chose ?
Quels sont les effets du défaut de paiement?
Telles sont les diverses questions, que nous avons à résou-
dre sur ce point.

I. — *A quel moment doit être fait le paiement.*

art. 1650 et 1651 sont ainsi conçus :
La principale obligation de l'acheteur est de payer le prix
au jour et au lieu réglés par la vente. »
« S'il n'a rien été réglé à cet égard lors de la vente, l'acheteur doit payer au lieu et dans le temps où doit se faire la délivrance. »
De là résulte la règle suivante :
Ou un terme a été convenu dans le contrat, et alors le paiement doit être fait à l'échéance.
Ou aucun terme n'a été convenu, et alors il doit être fait
au moment de la délivrance.

1er *cas.* — Aucune convention expresse ou tacite n'a été faite au sujet de l'époque du paiement.

Vous me vendez, par exemple, 2500 quintaux de fèves de Sicile renfermés dans vos magasins, moyennant la somme de 18 fr. l'hectolitre, payable en monnaie de cours. Dans quel délai ? nous ne l'avons pas déterminé ; nul doute possible, le prix devra être payé comptant, comme la délivrance être opérée immédiatement. Mais voilà que, manquant de confiance dans ma solvabilité, vous me dites : « Payez-moi et je vous ferai délivrance » et qu'à mon tour, usant d'un procédé analogue, je vous réponds : « Livrez-moi et je vous paierai ». Qui de nous deux a tort, qui a raison ? En d'autres termes, lequel du vendeur ou de l'acheteur doit prendre l'initiative de l'exécution de leurs obligations respectives ? La doctrine et surtout la jurisprudence n'ont jamais hésité. A l'acheteur, affirment toutes leurs décisions, incombe l'obligation de payer le prix, même avant d'avoir été mis en possession de la chose achetée, et la preuve en est dans l'art. 1612, d'après lequel : « Le vendeur n'est pas tenu de délivrer la chose, si l'acheteur n'en paie pas le prix, et que le vendeur ne lui ait pas accordé un délai pour le paiement. »

De là de nombreuses conséquences :

1° Lorsque l'acheteur n'a payé qu'en partie, il n'est pas fondé à réclamer la livraison de la marchandise vendue, avant d'avoir complété le paiement, car, d'après l'article 1220, l'obligation, qui est susceptible de division, doit être exécutée entre le débiteur et le créancier, comme si elle était indivisible.

2° Le vendeur est libre de refuser en paiement du prix de vente un bon de caisse à quelques jours ou un chèque, ces valeurs constituant une promesse de paiement, et non un paiement effectif (Marseille, 18 décembre 1863, Gir. et Clar., 1864, 1, 28).

Contre cette théorie une objection est possible : l'acheteur, dira-t-on, doit payer le prix avant d'avoir reçu livraison. Mais je suppose que le vendeur soit insolvable : si la tradition n'a pas ensuite lieu, ou si la chose est infectée de vices qui donnent droit à bonification, combien sera regrettable la situation faite à l'acheteur, forcé de payer le prix, sauf à exercer lui-même plus tard un recours peut-être illusoire ! Nous ne nierons pas assurément que la règle du paiement anticipé du prix pourra quelquefois être nuisible aux intérêts de l'acheteur. Deux moyens cependant lui sont offerts, pour en atténuer les inconvénients :

1° Il peut faire visiter préalablement les marchandises, pour s'assurer de leur qualité, comme il est d'usage dans les ventes en disponible.

2° Il peut aussi faire insérer dans la vente la clause *payable après livraison* qui, parfaitement licite d'ailleurs, aura pour effet de renverser au détriment du vendeur les principes du droit commun.

Et s'il n'a usé d'aucune de ces deux facultés, il serait vraiment mal venu à se plaindre de la rigueur de la loi, qu'il ne dépendait que de lui d'atténuer.

Telle est la règle applicable à la vente au comptant. N'y a-t-il pas cependant un cas où l'acheteur pourra suspendre l'exécution de son obligation de payer le prix ? L'art. 1653 nous l'indique, c'est « alors qu'il aura un juste sujet de craindre d'être troublé par une action, soit hypothécaire, soit en revendication. » Les termes mêmes de cet article montrent suffisamment qu'il n'est guère susceptible d'application en matière commerciale, car l'acheteur, retranché derrière les articles 2119 et 2279, C. civ., ne sera que rarement inquiété par une revendication, et ne saurait être atteint par l'action hypothécaire.

Néanmoins quand l'éviction est possible, c'est-à-dire lorsque la vente porte soit sur des choses perdues ou volées depuis moins de trois ans, soit sur des navires, l'acheteur sera autorisé à refuser le paiement du prix, tant que le vendeur n'aura pas fait disparaître la perspective du trouble, ou donné caution.

2ᵐᵉ *cas.* — La vente n'a pas eu lieu au comptant; l'acheteur n'est obligé de payer qu'à l'échéance, et cela dans tous les cas, soit que les parties aient fixé le terme par une clause expresse de la convention, comme si je me suis obligé à vous payer seulement dans six mois, ou dans un an, soit que ce terme résulte de la nature de la chose qui fait l'objet du contrat, comme si vous m'avez vendu des vins du Languedoc, pour le paiement desquels l'usage à Marseille accorde un délai de 90 jours.

Peut-il du moins forcer, avant l'échéance, le vendeur à recevoir le prix? Deux hypothèses sont possibles : Les parties ont-elles réservé à l'acheteur le droit de payer comptant avec escompte, ce qui sera facilement sous-entendu, lorsque le terme est tacite, et ne résulte que de l'usage, l'acheteur sera en droit de devancer le terme et de payer sous l'escompte.

La convention est-elle muette, l'acheteur est encore libre de payer, bien entendu sans escompte, car le terme a été stipulé dans son intérêt seulement. Par exception, si le prix avait été réglé en billets à ordre, comme le porteur d'une lettre de change ou d'un billet n'est pas tenu de recevoir son paiement avant l'échéance, le terme ne pourrait être devancé qu'autant que le vendeur aurait encore les titres en mains.

Le bénéfice du terme ne s'applique d'ailleurs qu'au prix principal, et tandis que l'art. 1652, C. civ., dont la doctrine a été empruntée à notre ancienne jurisprudence et au droit canonique, ne fait courir les intérêts du prix que dans trois cas limitativement déterminés, en matière commerciale un usage constant veut que le prix produise intérêts de plein droit à partir de la vente. Cette exception apparente aux principes du droit commun s'explique juridiquement par ce fait, que si la chose vendue n'est pas toujours frugifère, l'argent dans le commerce ne reste jamais improductif, et que le vendeur, par suite, doit avoir droit aux produits du prix.

Notons, en terminant, que l'acheteur est déchu du bénéfice du terme, soit lorsqu'il tombe en faillite, soit lorsqu'il diminue les sûretés qu'il avait données par le contrat à son créancier, notamment lorsqu'il aliène le fonds de commerce qui lui avait été vendu (*contrà*, Marseille, 12 avril 1870, Gir. et Clar., 70, 1, 145).

II. — *Où doit se faire le paiement.*

Le terme fixé pour le paiement est arrivé; en quel lieu devra se faire la numération des espèces?

Cette question présente, au point de vue qui nous occupe, une importance pratique considérable, parce que l'art. 420, C. de proc. civ. attribue compétence, pour connaître des différends se rattachant à la vente commerciale, « au tribunal dans l'arrondissement duquel le paiement doit être effectué. »

Elle n'est d'ailleurs guère susceptible de difficultés.

Aux termes de l'art. 1651, C. civ.,

« S'il n'a rien été réglé à cet égard lors de la vente, l'acheteur doit payer au lieu et dans le temps où doit se faire la délivrance. »

Or, comme nous l'avons déjà dit, la délivrance pour mériter son nom, devant en principe, lorsque les parties n'habitent pas dans la même ville, être faite au domicile de l'acheteur, c'est à ce domicile que le paiement aura lieu le plus souvent. Si les parties avaient toutefois inséré dans la vente une clause contraire, leur volonté devrait être respectée. Cette clause résultera-t-elle suffisamment d'une indication portée sur la facture acceptée par l'acheteur, même lorsque cette indication sera imprimée? Question intéressante dont nous renvoyons l'examen au chapitre des preuves de la vente, et plus spécialement à la section consacrée à l'étude de la facture.

III. — *Comment peut se faire le paiement.*

Connaissant où et quand doit avoir lieu le paiement, il nous reste un dernier point à éclaircir : Comment doit-il être fait ? En thèse générale, nulle hésitation possible : c'est en argent, ou en choses faisant office de numéraire, telles que billets de la banque de France et autres.

Il est toutefois deux conventions dérogatoires au droit commun, l'une aggravant, l'autre diminuant les obligations de l'acheteur, qui sont de nature à faire difficulté ; nous avons nommé : celle par laquelle le vendeur déterminera les espèces, qui serviront au paiement : monnaie d'or, d'argent, livres sterling, et celle par laquelle le vendeur acceptera à titre de paiement des lettres de change ou billets à ordre, que l'acheteur lui endossera.

I. Soit d'abord une vente, dans laquelle l'acheteur s'est engagé à payer en espèces métalliques : or ou argent.

Deux hypothèses sont possibles :

Le contrat est intervenu entre nationaux ;

Il est intervenu entre Français et étrangers.

Entre nationaux, la clause portant que l'acheteur se libérera en espèces monnayées est en principe valable. Le débiteur par suite ne serait pas recevable à offrir au vendeur des valeurs en papier, car ce serait, selon la remarque fort judicieuse de M. Demolombe (1), « forcer le créancier à recevoir une chose autre que celle qui lui est due, et par conséquent violer l'article 1243, C. civ. »

Il en serait autrement cependant, et la convention deviendrait caduque, si les valeurs en papier, les billets de la banque de France notamment, avaient, comme de nos jours, cours forcé, car la loi qui établit le cours forcé est édictée dans l'intérêt général, dans des vues d'ordre public, et on ne saurait, même par convention librement acceptée, déroger à ses dispositions.

Entre Français et étrangers, dans des circonstances normales, la portée de la clause que nous étudions n'a pas non plus fait de doute. On l'interprète en ce sens, que l'acheteur n'est pas obligé de payer avec la monnaie spécifiée, par exemple, en livres sterling, mais de donner en monnaie de France la valeur exacte des livres sterling au cours du jour du payement. C'est ainsi du moins qu'a été appliqué l'article 143 du Code de commerce, au Titre *De la lettre de change.*

Dans les cas exceptionnels, au contraire, où la situation financière de notre pays, ébranlée par les guerres ou les révolutions intérieures, rend nécessaire l'établissement du cours forcé, on s'est demandé quel devait être le sort de la convention déterminant les espèces, qui serviront au paiement. Soumise à la cour d'Aix, le 23 novembre 1871, en matière de lettre de change, la question a été tranchée dans le sens de la nullité de la convention (D. P. 72, 2, 51).

Nous ne saurions qu'approuver une semblable décision. Le maître du contrat, c'est-à-dire le vendeur, par cela même qu'il est étranger, reste soumis à sa loi nationale au point de vue de son état et de sa capacité, il est vrai ; mais les lois de police et de sûreté atteignent tous les habitants du territoire, les étrangers comme les nationaux, et parmi elles au premier rang figure celle qui établit le cours forcé, car elle a pour but de sauvegarder la sûreté publique en prévenant les crises financières.

Objecte-t-on que le vendeur est précisément à l'étranger

(1) Traité des obligations, t. IV, n° 261.

et que les lois de police et de sûreté ne sont que territoriales?

A cela deux réponses :

1° Le commerce n'a pas de patrie et les commerçants tombent sous l'application de toutes les législations.

2° Les lois territoriales atteignent tous les faits qui se passent sur le territoire, et par suite aussi le paiement que recevra en France le vendeur lui-même ou son mandataire.

II. Je suppose maintenant que l'acheteur règle son vendeur en valeurs négociables, c'est-à-dire qu'il lui souscrive, par exemple, un billet à ordre, ou lui endosse une traite. Quels seront les effets de ce mode de règlement ?

Emportera-t-il novation, de telle sorte que, la créance du prix étant éteinte, l'acheteur restera seulement tenu d'acquitter le billet à l'échéance ?

Laissera-t-il subsister la créance naissant de la vente, et par suite, si les billets n'ont pas été payés, le vendeur pourra-t-il exercer encore les droits qui lui appartiennent en cas de défaut de paiement ?

La question a, au point de vue des conséquences, une importance pratique des plus considérables.

Admettez-vous que la souscription des effets entraîne novation?

a. Le vendeur sera réduit à la créance chirographaire naissant du billet, et perdra la créance privilégiée résultant de la vente.

b. Son action se prescrira par 5 ans, au lieu de n'être soumise qu'à la prescription trentenaire.

c. La vente se trouvera à l'abri d'une action en résolution.

d. Enfin, tandis que le paiement du prix aurait été fait tantôt au domicile du vendeur, tantôt au domicile de l'acheteur, le paiement du billet aura lieu dans tout autre endroit.

Admettez-vous que le vendeur cumule l'action naissant de la vente, *ex vendito*, et l'action en paiement du billet, ce sont les solutions inverses qui seront vraies.

Pour résoudre la question, une distinction est à faire entre les rapports du vendeur et de l'acheteur et les rapports de l'acheteur et des tiers porteurs des effets souscrits ou endossés.

Entre le vendeur et l'acheteur d'abord, le règlement en effets de commerce opère-t-il novation ?

Duranton répond affirmativement.

Mais c'est la négative, au contraire, qui est adoptée par l'unanimité des auteurs, et, à notre avis, en effet elle ne saurait être douteuse.

Il n'y a que trois espèces de novation :

Celle par changement de débiteur;

Celle par changement de créancier;

Celle par changement d'objet.

Or ici le débiteur reste le même; le créancier ne change pas davantage, et l'objet de la dette est toujours le prix de la vente.

Comment dès lors la novation serait-t-elle possible?

D'ailleurs il est de principe consacré par l'art. 1273, C. civ. que la novation ne se présume pas et doit résulter de la volonté clairement manifestée par les parties contractantes. Or, le vendeur n'ayant pas ici manifesté son consentement à l'extinction de l'obligation primitive, sur quel motif admettre l'existence de la novation? Le vendeur a voulu ajouter à son action civile une action commerciale, à certains égards moins avantageuse; pourquoi au rebours de ses intentions le priver de la plus précieuse de ses garanties?

La jurisprudence, sans résoudre la question en principe, l'a du moins supposée résolue, et a consacré, dans diverses espèces, les conséquences de la règle posée par la doctrine.

Ainsi il a été décidé :

1° Que l'acheteur qui a payé comptant un faible à compte sur le prix, et remis pour le surplus des traites, n'est pas fondé à réclamer l'entière livraison de toute la partie vendue, avant le paiement effectif (Marseille, 23 avril 1830, Gir. et Clar. 11, 1, 191).

2° Que l'acheteur destinataire de la marchandise, n'est point en droit d'exiger la tradition, même lorsqu'il a fait souscrire des traites à son correspondant au profit du vendeur, parce que celui-ci a, en vertu de l'art. 1612, C. civ., un droit de rétention.

Hâtons-nous cependant d'ajouter que, si le prix de vente avait été passé en compte courant entre le vendeur et l'acheteur, il y aurait novation, l'acheteur n'étant plus obligé *ex vendito*, mais *litteris*, par suite de la mention mise sur son registre. Ce serait là, comme disaient les Romains, un *nomen transcriptitium a re in personam.*

Dans les rapports de l'acheteur avec les tiers porteurs des billets ou des traites, la situation se trouve modifiée. Tenu vis-à-vis de ces tiers, en vertu de la lettre de change ou du billet, l'acheteur ne saurait leur opposer les mêmes exceptions qu'au vendeur, notamment réclamer une diminution de prix pour cause de défectuosité dans la marchandise. Pour que le porteur devînt passible des exceptions personnelles au vendeur, il faudrait que, renonçant à l'action directe *ex persona sua*, qui lui appartient contre le tiré, il se présentât, en vertu de l'article 1166, comme créancier du vendeur.

La novation par suite sera censée opérée ou non, au gré du porteur des effets souscrits en exécution de la vente.

IV. — *Des conséquences du défaut de paiement.*

En droit civil, le vendeur a, pour le recouvrement du prix qui lui est dû, quatre sortes de garanties :

1° Un droit de rétention de la marchandise, quand il n'y a pas eu livraison (art. 1612, C. civ.);

2° Un droit de revendication d'une nature spéciale, *jure pignoris*, quand la tradition a eu lieu depuis moins de huitaine (art. 2102, § 4);

3° Un privilége sur la chose vendue emportant le droit de la faire vendre, et de se payer sur le prix par préférence aux autres créanciers (art. 2102, § 4);

4° Un droit de résolution (art. 1654, C. civ.).

Ces diverses garanties subsistent-elles en matière commerciale, et faut-il concéder au vendeur, qui a fait acte de commerce, les droits qui lui appartiendraient en vertu des règles du Code civil ?

Ici encore deux hypothèses se présentent, dans lesquelles la solution peut être différente. La première, lorsque l'acheteur est encore *integri status;* la seconde, lorsque l'acheteur est tombé en faillite.

I. Supposons d'abord que l'acheteur n'est pas tombé en faillite : de quels moyens le vendeur pourra-t-il user pour parvenir au paiement du prix ?

La doctrine n'a à cet égard jamais varié. D'après elle, toutes les garanties accordées au vendeur par le droit commun subsistent :

Le droit de rétention, parce que l'art. 577, C. com. le maintient, même en cas de faillite ;

Le privilége et le droit de revendication de l'art. 2102, §4, parce que l'art. 550 du Code de commerce ne les supprime qu'en cas de faillite ;

Le droit de résolution, parce qu'il est douteux qu'il ne survive pas, même à la faillite de l'acheteur.

Et tous ces droits enfin, parce que la loi civile régit même les matières commerciales, lorsqu'il n'y a été apporté aucune dérogation par le Code de commerce.

La jurisprudence, plus incertaine, semble pencher en sens contraire, et divers jugements du tribunal de Marseille, un notamment du 11 décembre 1857 (Gir. et Clar. 35, 1, 320), reproduit dans un second du 11 juin 1862 (Gir. et Clar. 40, 1, 188), n'admettent ni le privilége, ni la revendication, ni la résolution, mais seulement le droit de rétention.

A l'appui de sa décision, le tribunal invoque quatre ordres de motifs :

1° Les ventes commerciales sont régies par des dispositions spéciales, qui n'ont rien de commun avec les règles du droit civil ;

2° L'art. 2102, relatif au privilége et à la revendication, fait lui-même, au point de vue du commerce, une réserve, qui a été réalisée dans l'art. 550, C. com. ;

3° La disposition de ce dernier article est applicable au cas où la faillite n'est pas encore déclarée, comme au cas où elle se trouve constatée par un jugement ;

4° Et on saurait d'autant moins en douter, que la jurisprudence assimile l'état de cessation des paiements à la déclaration de faillite.

Aucun de ces motifs ne résiste à un examen sérieux :

1° Le premier d'abord ne fait que remettre en discussion un principe, que nous croyons être définitivement acquis, à savoir : que les lois civiles, à défaut de dispositions contraires du Code de commerce, sont applicables en matière commerciale.

2° Quant au second, il prête aux rédacteurs de l'art. 2102 la

pensée de viser l'art. 550, C. com. Or cet article, introduit
seulement par la loi de 1838, ne saurait réaliser la réserve
contenue dans une disposition édictée plus de trente ans au-
paravant.

3° On objecte, il est vrai, que l'art. 550, C. com., qui est formel, doit être étendu, même au cas où la faillite n'a point encore été déclarée, parce qu'il y a pareille raison de décider, et
que l'intérêt des créanciers ou de la masse réclame la même
protection.

Les arguments abondent, suivant nous, pour réfuter cette
doctrine. Non-seulement les déchéances ne s'étendent pas
d'une hypothèse à une autre, non-seulement des dispositions
aussi rigoureuses que celles de l'art. 550, doivent être soigneusement renfermées dans les limites que leur a assignées
le législateur, mais encore les situations que l'on veut assimiler ne sont point identiques. En cas de faillite, le vendeur
est réduit au rang de créancier chirographaire, mais en revanche il a certaines garanties, la nomination d'un syndic,
celle d'un juge commissaire, l'intervention journalière, pour
ainsi dire, de la justice. Dans le cas de cessation de paiements, aucune protection ne lui est offerte. Et c'est lorsqu'il
est exposé à voir conférer à d'autres créanciers des faveurs
ruineuses pour lui, qu'on veut le priver de son privilége et de
son action en revendication. Est-ce juste? est-ce équitable?

4° Ah! sans doute, nous ne l'ignorons pas, la jurisprudence
tend à assimiler la simple déconfiture à l'état de faillite déclarée. Qu'en résulte-t-il, toutefois, au point de vue de notre
question particulière? Rien, si ce n'est qu'on se base pour
supprimer l'art. 2102, C. civ. sur une véritable erreur, la
théorie de la jurisprudence ayant été condamnée par la loi
du 17 juillet 1856 sur les concordats par abandon d'actif.

Les arguments invoqués par le tribunal de Marseille étaient
si peu juridiques, en contradiction si formelle avec les principes les plus élémentaires de notre jurisprudence, qu'il en
a compris lui-même l'inanité. Aussi a-t-il cru devoir distinguer : ou la question se posera entre l'acheteur et le vendeur,
et alors ce dernier aura droit aux mêmes garanties qu'en
droit civil ; ou elle se posera entre le vendeur et les créanciers de l'acheteur, et alors ces garanties disparaîtront; dans
le premier cas, ce sont les articles 1654 et 2102, § 4, C. civ. qui

seront applicables ; dans le second, ce sera l'art. 550, C. com.
Cette distinction, ajoute-t-on, se justifie d'elle-même. L'art. 550.
C. com. a voulu protéger les créanciers qui auraient fait confiance à l'acheteur, trompés par la présence des marchandises dans ses magasins. Ces créanciers seuls dès lors ont le
droit de se prévaloir de l'extinction du privilége appartenant
au vendeur, mais en revanche, ils peuvent s'en prévaloir,
qu'il y ait ou non faillite déclarée.

Quand maintenant le vendeur se trouvera-t-il en présence
des créanciers de l'acheteur ?

Dans trois cas :

1° Lorsque, sans être en faillite, l'acheteur sera tombé dans
un état de déconfiture notoire ;

2° Lorsque les créanciers de l'acheteur auront fait opposition sur les marchandises vendues ;

3° Lorsque, l'acheteur étant décédé, sa succession aura été
acceptée sous bénéfice d'inventaire (Marseille, 27 octobre 1863;
sur appel, Aix, 9 fév. 1866, Gir. et Clar. 1865, 1, 326, 1866, 1,
182 ; Marseille, 3 juillet 1867, Gir. et Clar. 1867, 1, 261).

Même avec cet amendement, l'opinion du tribunal de Marseille ne nous paraît point admissible. Et la raison en est
simple. C'est que ce système nouveau, bien que procédant
par une distinction, aboutit aux mêmes résultats que le système absolu. Que suppose, en effet, l'exercice d'un privilége ?
un concours de créanciers, car il ne saurait être question
de priorité, là où se trouve une seule personne. Par suite,
accorder un privilége au vendeur dans ses rapports avec
l'acheteur, le lui refuser dans ses rapports avec les créanciers
de l'acheteur, c'est en réalité lui appliquer dans tous les cas
l'art. 550, édicté, nous l'avons déjà dit, pour le seul cas de
faillite.

Il reste donc démontré que le vendeur a, en matière commerciale, tant que l'acheteur est *in bonis*, les mêmes droits
qui lui appartiendraient en vertu des règles du Code civil :
Privilége, action en revendication, action en résolution.

II. En est-il de même lorsque l'acheteur a été déclaré en
faillite après la vente ? C'est la seconde question qu'au début
de ce paragraphe, nous nous sommes proposé d'examiner.

En cas de faillite, la situation, nous devons le dire tout

d'abord, est beaucoup plus nette, car le législateur s'est
expressément expliqué sur cette hypothèse.

Ainsi, en premier lieu, quant au droit de rétention,
l'art. 577 du Code de commerce est formel :

« Pourront être retenues par le vendeur les marchandises,
« par lui vendues, qui ne seront pas délivrées au failli, ou qui
« n'auront pas encore été expédiées, soit à lui, soit à un tiers
« pour son compte. »

D'où suit que, si le syndic offre le paiement, le vendeur est
tenu de faire tradition, son droit de gage sur la marchandise
devant disparaître avec la créance qu'il garantit.

Et en sens inverse, pas davantage de difficulté, quant au
privilège et au droit de revendication, l'art. 550, C. com.
dans son dernier paragraphe déclarant qu'ils ne seront pas
admis en cas de faillite. Si cette disposition est claire, il
peut paraître à première vue malaisé de distinguer les motifs qui lui ont donné naissance. Le vendeur a mis, dira-t-on,
dans le patrimoine de son acheteur un objet nouveau. Pourquoi, lorsque cet objet est vendu, ne pas lui en attribuer le
prix, et faire profiter les autres créanciers d'une valeur, qui en
réalité ne fait pas partie du patrimoine de leur débiteur?

Trois raisons nous semblent avoir inspiré le législateur :

1° Les créanciers de l'acheteur, en lui faisant confiance, ont
dû compter pour être payés, sur la valeur des marchandises
reposées dans ses magasins. Ce serait donc tromper leurs espérances, et accorder une prime à la mauvaise foi de l'acheteur, qui leur a laissé ignorer sa véritable position, que d'attribuer par privilège le prix de ces marchandises au vendeur
ou de l'autoriser à les reprendre.

2° Les marchandises sont ordinairement des choses fongibles, c'est-à-dire des quantités, et lorsqu'elles sont arrivées
dans les magasins de l'acheteur, il devient impossible de discerner leur provenance ; aussi le privilège n'a-t-il plus d'as-
siette.

3° Le vendeur n'a pas dû compter sur la permanence de
son privilège, les marchandises ayant à sa connaissance été
achetées pour être revendues.

Si bien justifiée qu'elle soit par ces divers motifs, la disposition de l'art. 550, C. com. ne demeure pas moins rigoureuse, et l'acheteur peut à bon droit se plaindre d'une déci-

sion qui, dans un intérêt public, le prive d'un droit dérivant de la nature même des choses.

De là, la nécessité de ne pas outrepasser l'intention de la loi, et de ne pas étendre l'art. 550 à des cas pour lesquels il n'a pas été fait.

Supposons, par exemple, que Pierre vende à Paul 50 balles de tissus. Celui-ci ne prenant pas livraison, Pierre l'actionne, et obtient un jugement ordonnant la vente de la marchandise pour compte de l'acheteur. Quelques jours après ce jugement, Paul est déclaré en faillite. Cette déclaration arrête-t-elle la procédure en vente et empêche-t-elle l'exercice du privilége ? Le tribunal de commerce de Marseille ne l'a point pensé ainsi et a accordé le privilége au vendeur. Mais il a donné de sa décision, le plus inattendu, le plus singulier des motifs. Le vendeur, d'après lui, est fondé à exercer sur le produit de la marchandise, le droit de rétention qu'il aurait pu exercer sur la marchandise elle-même, aux termes de l'art. 577, C. com. (Marseille, 20 mai 1859, Gir. et Clar. 37, 1, 231).

Nous n'essayerons pas de rechercher ce qu'il faut entendre par un droit de rétention sur le prix, ni comment on peut retenir une chose, qui n'a jamais été en votre possession. Ce sont là des expressions inexactes, sur lesquelles il est superflu d'insister. Qu'il nous suffise de dire que la décision, dont nous attaquons les motifs, nous paraît fondée dans son dispositif. En obtenant jugement, Pierre, dans notre hypothèse, a consommé l'action naissant de la vente. Il a acquis un droit à être payé par privilége, et la réalisation effective de la vente ordonnée, comme la distribution du prix en provenant, ne constituent plus que des formalités extérieures qui, commencées contre l'acheteur, seront continuées contre le syndic. En un mot la faillite s'est produite trop tard pour paralyser le privilége, et il n'y a plus lieu d'appliquer l'art. 550, C. com.

S'il ne faut pas étendre la disposition de cet article, gardons-nous, en sens inverse, de la supprimer indirectement.

Soit, par exemple, une vente intervenue entre Jacques et André ; André, acheteur, revend à Jean et lui donne un ordre de livraison sur Jacques, puis il tombe en faillite. Le vendeur sera-t-il autorisé à réclamer son paiement de Jean, et nonobstant la faillite de son acheteur, jouira-t-il du privilége de l'art. 2102, § 4, C. civ.? La jurisprudence lui a reconnu ce droit et elle a, à l'appui de sa décision, invoqué les trois motifs que voici :

1° Le vendeur primitif, pour qui l'endossement de l'ordre de livraison vaut délégation du prix dû par le sous-acheteur, procède contre lui par voie d'action directe. Il n'a donc pas à subir le concours des créanciers de son acheteur.

2° Aux termes de l'art. 575, C. com., le commettant est autorisé à revendiquer, dans la faillite du commissionnaire, le prix des marchandises vendues par celui-ci et qui lui reste encore dû; pourquoi ne pas étendre cette disposition au vendeur, dont la situation est analogue à celle du commettant et digne du même intérêt?

3° Le vendeur, s'il n'eût pas livré au sous-acheteur, serait autorisé à exercer le droit de rétention de l'art. 1612. Ne serait-il pas contraire à l'équité, lorsqu'il aura fait cette livraison, de le punir de sa complaisance en le privant de son privilége (Marseille, 31 mars 1863, Gir. et Clar. 1863, 1, 104).

Ces raisons toutefois ne nous touchent guère, et nous croyons qu'elles n'ont d'autre but que d'éluder la disposition de l'art. 550, C. com.

1° Le vendeur, dites-vous, a une délégation sur le sous-acheteur. Mais de quoi, je vous le demande, résulte une délégation? D'une novation par changement de créancier ou d'une cession. Or, il n'y a pas dans notre hypothèse novation, parce qu'il n'y a pas eu concours des volontés des trois parties, mais seulement convention entre l'acheteur et le sous-acquéreur. Et il n'y a pas davantage cession, parce qu'aucun transport n'a été formellement consenti au vendeur sur le sous-acheteur et que d'ailleurs la cession ne saurait valoir à l'égard de la masse, que par la signification préalable faite au débiteur, ou son acceptation donnée dans un acte authentique. C'est donc seulement, comme créancier de l'acheteur, en vertu de l'action oblique de l'art. 1166, que le vendeur recourt contre le sous-acheteur, et il n'est pas contestable qu'en cette qualité il a les mêmes droits, ni plus ni moins, que la masse.

2° Réfuterons-nous maintenant l'argument d'analogie tiré de l'art. 575, C. com.? Nous le croyons inutile, car les dispositions créant des priviléges sont de droit étroit.

3° Et de même, la prétendue raison d'équité qui devrait

faire accorder au vendeur contre le sous-acheteur la revendication ou le privilége de l'art. 2102, parce qu'il aurait eu contre lui, avant la livraison, un droit de rétention, ne nous semble guère meilleure.

Le droit de rétention est un droit réel, autrement dit opposable à tous; l'action en revendication un droit personnel, opposable à celui-là seul contre lequel il existe. Vainement, objectez-vous que le vendeur va se trouver puni de sa complaisance à faire tradition; complaisance ici nous semble singulièrement synonyme de négligence.

La loi elle-même a apporté une exception à la règle que la revendication n'est pas admise en matière de faillite, et cette exception se trouve formulée par l'art. 576, C. com., dans les termes suivants :

« Pourront être revendiquées les marchandises expédiées au failli, tant que la tradition n'en aura point été effectuée dans ses magasins, ou dans ceux du commissionnaire chargé de les vendre pour le compte du failli, »

Quels sont les motifs de cette dérogation au principe de l'art. 550? Quelle en est la portée? Voilà les deux points qui nous semblent réclamer notre attention.

Les motifs d'abord, ne sont autres que l'absence des diverses raisons qui expliquent et légitiment, avons-nous dit, la disposition de l'art. 550, C. com.

1° Les créanciers n'ont pas dû compter, pour être remboursés, sur la valeur de ces marchandises, qui ne figuraient pas ostensiblement dans le patrimoine de leur débiteur;

2° Les marchandises, n'étant pas entrées dans les magasins de l'acheteur, n'ont pas perdu leur individualité;

3° Et enfin le vendeur a dû espérer que sa marchandise ne serait pas revendue, avant d'arriver à destination.

Quant à la portée de l'art. 576, C. com., elle nous paraît bien plus grande que celle d'une dérogation à l'art. 550, C. com.

La revendication prohibée par l'art. 550 s'exerce en effet, comme celle de l'art. 2102, C. civ., non pas *jure dominii*, mais *jure pignoris;* elle ne consiste pas dans une reprise de la propriété de la chose, rentrée dans le patrimoine du revendiquant par une résolution tacite de la vente, mais dans une reprise de la possession et une sorte de constitution de gage.

La revendication de l'art. 576 s'exerce, au contraire, en vertu du droit de propriété qu'a recouvré le vendeur, par suite de la résiliation du contrat, et ce qui le prouve, c'est que le vendeur est tenu de restituer les à-compte reçus sur le prix, qui lui seraient définitivement acquis, si la vente était maintenue.

Aucune exception n'est donc en réalité apportée à l'art. 550, car la revendication autorisée, lorsque la tradition des marchandises n'a pas eu lieu, est un droit tout différent de celui que prohibe cet article.

Dans quels cas et à quelles conditions existe le droit de revendication?

Contre qui peut-il être exercé?

Dans quels cas devient-il impossible?

Autant de divisions, dans lesquelles nous allons essayer de résumer la théorie de l'art. 576, C. com.

ART. I.

DANS QUELS CAS ET A QUELLES CONDITIONS EXISTE LA REVENDICATION.

L'art. 576, C. com. est ainsi conçu :

« Pourront être revendiquées les marchandises expédiées « au failli, tant que la tradition n'en aura point été effectuée « dans ses magasins, ni dans ceux du commissionnaire chargé « de les vendre pour le compte du failli. »

Que la marchandise ne soit pas entrée dans les magasins de l'acheteur, telle est, d'après cet article, la condition indispensable, à laquelle est subordonné l'exercice du droit de revendication. Et il faut reconnaître qu'au point de vue de l'équité, elle offre une grande importance, puisque si les marchandises n'ont pas figuré dans les magasins de l'acheteur, leur présence n'a pu faire illusion aux créanciers sur la solvabilité véritable de leur débiteur. Peu importe par suite qu'il ait été fait ou non tradition, que cette tradition ait été réelle ou fictive, dès que la marchandise n'est point entrée dans les magasins de l'acheteur, la revendication est possible.

C'est conformément à ces idées qu'ont été rendues les décisions suivantes :

1° Les marchandises en cours de voyage non encore arrivées à destination, sont susceptibles de revendication, bien qu'elles aient été mises dans un bateau appartenant à l'acheteur, pour être transportées au lieu de leur destination, ou même bien qu'il y ait eu livraison en gare de départ ou au domicile du vendeur (13 avril 1869 Riom, et sur pourv. Civ. rej. 17 août 1871, Gir. et Clar. 1872, 2, 87, D. P. 1871, 1, 287.)

2° La revendication de la marchandise arrivée en gare de destination est admissible de la part du vendeur non payé, cette gare ne pouvant être considérée comme le magasin du destinataire (Cour d'Aix, 4 mai 1869, Gir. et Clar, 69, 1,285).

Mais nous devons signaler, en sens inverse, un arrêt de la Cour de Lyon du 15 juillet 1871 (le *Droit* du 23 sept. 1871), qui, à tort selon nous, a proscrit la revendication dans une hypothèse où la marchandise se trouvait dans les magasins d'un précédent vendeur, sous le prétexte qu'elle y était à la disposition du failli,

L'expression de *magasin* dont se sert la loi ne doit point d'ailleurs être prise dans un sens trop rigoureux.

Ainsi, quand la marchandise a été livrée sur le quai, elle est réputée entrée dans les magasins de l'acheteur. (Marseille, 10 septembre 1869, et sur appel, Cour d'Aix, 12 février 1870, Gir. et Clar. 1869, 1, 271; 1870, 1, 85).

Lorsqu'il s'agit d'achat de coupes de bois, le parterre de la coupe constitue pareillement dans le sens de l'art. 576, C. com. le magasin de l'acheteur, si celui-ci n'a pas d'ailleurs de chantiers ou entrepôt distinct pour recevoir ses marchandises.

Le vendeur se trouvant dans l'hypothèse prévue par la loi pour poursuivre la revendication, à quelles conditions sera subordonné l'exercice de son droit?

L'art. 576 est ici encore très-formel, et partant de cette idée, que l'action en revendication présente une grande utilité pour le vendeur, elle lui impose la double obligation de rembourser les à-comptes reçus et les frais de transport faits par l'acheteur. Cette exigence, dont l'injustice en ce qui concerne les frais de transport s'explique historiquement par la répugnance qu'a montrée le législateur à consacrer le droit de revendication, doit être rigoureusement renfermée dans ses limites. C'est donc vis-à-vis de la masse seulement que le vendeur sera tenu de payer, et non vis-à-vis des tiers, agents de transport ou autres, à moins que ceux-ci ne viennent exercer les droits de la masse en vertu de l'art. 1166, et n'offrent de remettre au syndic ce qu'ils obtiendront du vendeur.

ART. II.

CONTRE QUI LA REVENDICATION PEUT ÊTRE EXERCÉE.

En exerçant la revendication autorisée par l'art. 576, le vendeur se trouvera nécessairement en présence, soit de l'acheteur et de ses créanciers chirographaires seulement, soit de créanciers qui auraient acquis un privilége sur la marchandise vendue.

Que son droit soit entier vis-à-vis de la masse, cela est d'évidence, car c'est précisément pour cette hypothèse qu'il lui a été accordé.

Il est, au contraire, assez délicat de régler le concours du vendeur et d'un créancier privilégié, par exemple, d'un commissionnaire qui aurait fait des avances sur la marchandise vendue, (art. 93, C. com.). La question de savoir auquel d'entre eux appartient la préférence, soumise fréquemment à la jurisprudence, a reçu des solutions très-diverses, quoique aujourd'hui une tendance à peu près générale porte à faire prévaloir le droit du vendeur.

Elle nous paraît comporter une distinction :

La marchandise est-elle arrivée dans les magasins du commissionnaire, le privilége de celui-ci l'emportera, car l'art. 576, C. com. exclut formellement pour ce cas la possibilité de la revendication. Le commissionnaire a-t-il seulement reçu le connaissement ou la lettre de voiture, la marchandise n'étant point encore parvenue dans ses magasins, le privilége du vendeur sera, en principe, préférable et cela pour deux raisons :

1° La condition à laquelle l'art. 576, C. com. subordonne l'admissibilité de la revendication, à savoir que la tradition n'ait pas été effectuée dans les magasins de l'acheteur ou dans ceux de son commissionnaire, se trouve réalisée ; car s'il est vrai que la tradition résulte ordinairement de la remise du connaissement, il n'est tenu compte dans notre hypothèse que de la tradition réelle.

2° Il ne s'agit point à proprement parler du classement de deux priviléges, mais du concours d'un droit de revendication, avec un privilége. Or, qui dit revendication, dit résolution, et qui dit résolution, dit anéantissement de tous les droits concédés par celui dont la propriété a été résolue, *Resoluto jure dantis resolvitur jus accipientis.*

Cette règle, toutefois, comporte une exception pour le cas où le connaissement ou la lettre de voiture étant à ordre aurait été endossé au commissionnaire. L'endossement entraînant transfert de propriété, fait, en effet, du commissionnaire un véritable acheteur, et le rend, comme tel, préférable au vendeur.

Mais l'exception, va-t-on dire, détruit la règle, et il est bien évident que le commissionnaire ne manquera jamais d'exiger un endossement. Nullement à notre avis, car il sera toujours permis au vendeur de prouver que le commissionnaire n'est pas, malgré tout, véritablement propriétaire, et que l'endossement ne constitue qu'un moyen de dissimuler les avances faites pour le commettant.

ART. III.

DANS QUELS CAS LA REVENDICATION DEVIENT IMPOSSIBLE.

Aux termes de l'art. 576, C. com., quand la marchandise, sans être arrivée dans les magasins de l'acheteur, a été revendue par celui-ci sur facture et lettre de voiture ou connaissement, le tiers acheteur est préféré au vendeur primitif et la revendication est impossible.

C'est la décision inverse de celle que nous avons adoptée à propos du commissionnaire.

Mais la différence entre les deux cas s'explique par ce fait, que le tiers acheteur sera ordinairement de bonne foi et ignorera l'insolvabilité de son vendeur, tandis que le commissionnaire, connaissant la situation pécuniaire de son commettant, sera nécessairement de mauvaise foi. Et la meilleure preuve que cette distinction est entrée dans les prévisions du législateur, c'est qu'il a expressément réservé le cas de fraude de la part du tiers acheteur.

Remarquez, au reste, que pour mieux certifier l'identité de la marchandise vendue, la loi exige qu'il y ait facture, d'une part, et, de l'autre, lettre de voiture ou connaissement, d'où suit : que la revente ne peut être maintenue qu'au moyen de l'accomplissement de ces deux conditions.

Privé par l'article 550, C. com., de l'action en revendication et du privilége, le vendeur aura-t-il du moins, en matière de faillite, l'action résolutoire ?

La loi commerciale est ici muette, et son silence a quelquefois donné lieu à des dissidences dans la doctrine et dans la jurisprudence. La négative à notre sens est cependant certaine :

1° Il impliquerait contradiction, que l'acheteur, auquel on refuse le privilége et l'action en revendication, fût autorisé à exercer l'action résolutoire, car il atteindrait le même résultat qu'avec les deux autres garanties : ne rien perdre par suite de la faillite de l'acheteur.

2° La revendication de l'art. 576, ayant pour fondement une véritable résolution de la vente, le droit qu'accorde cet article et les limites dans lesquelles il en circonscrit l'exercice, seraient inutiles, si le vendeur pouvait encore demander la résolution, en se fondant sur les art. 1184 et 1654, C. civ.

N° 2. — *De l'obligation de retirer la chose.*

De même que le vendeur est tenu de livrer la chose, de même l'acheteur est obligé d'en opérer le retirement.

Tous les frais qu'occasionne le retirement sont par suite à sa charge ;

Aussi bien ceux de pesage, de comptage ou de mesurage, lorsque la chose vendue est une marchandise *in genere*, que ceux d'enlèvement et de transport ; c'est ce que la pratique commerciale exprime, en disant que les marchandises sont « quérables. »

Exceptionnellement, certaines marchandises, telles que les huiles de graines, sont portables, et les frais qu'occasionne leur transport restent pour le vendeur.

De ce que l'acheteur est obligé de prendre livraison de la chose au temps et au lieu fixé par la convention, il suit que s'il refusait de remplir cette obligation, ou s'il apportait quelque retard à son accomplissement, le vendeur serait autorisé à user des droits que confère l'art. 1184 C. civ.

Il aurait par suite le choix, ou de forcer l'acheteur à recevoir tardivement, ou de demander la résiliation du contrat avec dommages-intérêts. Et les dommages-intérêts devraient comprendre toutes les dépenses de conservation et d'entretien faites postérieurement au terme fixé pour la livraison, par exemple, les surestaries payées au capitaine, si les marchandises avaient été apportées par mer.

Ne faut-il pas encore aller plus loin, et décider que non-seulement le vendeur est autorisé à demander la résolution en justice, mais que cette résolution a lieu de plein droit? En d'autres termes, l'art. 1657 C. civ. portant : « En matière de vente de denrées et effets-mobiliers, la résolution de la vente aura lieu de plein droit et sans sommation, au profit du vendeur, après l'expiration du terme convenu pour le retirement, » est-il applicable à la vente commerciale?

Cette question divise, depuis de longues années, la doctrine et la jurisprudence; l'une voulant, en général, restreindre la portée de l'art. 1657 C. civ., l'autre appliquant ses dispositions même en matière commerciale.

Quelle est la cause de cette divergence?

Ce n'est pas assurément le texte de l'art. 1657, aussi général que possible, quoi qu'il ne corresponde pas avec l'art. 632 C. com., car le mot *marchandise* comprend, dans sa généralité, celui de *meuble, mercium nomine omnes res mobiles continentur*, et l'expression *meuble* est, d'après l'art. 535 C. civ., synonyme de celle d'*effets mobiliers*.

Est-ce l'esprit dans lequel a été conçu l'art. 1657? Pas davantage. Le législateur est parti de cette idée, que la valeur des marchandises est variable, et que si on soumettait le vendeur aux lenteurs d'une procédure, la marchandise changerait de valeur dans l'intervalle et deviendrait peut-être pour lui une cause de perte. Or, cette raison n'est-elle pas surtout vraie en matière de commerce ?

Le véritable motif, qui a fait pencher la doctrine vers l'opinion contraire, réside dans les travaux préparatoires du Code. Lorsque l'art. 1657 fut discuté au Conseil d'État, un membre demanda la suppression du mot *marchandise*, qui se trouvait dans le projet en prétendant que l'article ainsi rédigé s'appliquerait au commerce, où « cependant aucune vente n'est résiliée, sans que l'acheteur ait été mis en demeure de retirer la marchandise ». Sa proposition ne rencontra aucun contradicteur ; le retranchement proposé fut voté, et le consul Cambacérès résuma la discussion en ces termes : « Toute équivoque sera levée par le procès-verbal, qui indiquera que l'article n'est pas applicable aux affaires du commerce. »

Connaissant l'origine de l'art. 1657, peut-on, dit M. Bedarrides, sans se refuser à l'évidence, en proclamer l'applicabilité aux ventes commerciales ?

N'en déplaise au savant auteur, c'est l'opinion diamétralement opposée à la sienne qui nous paraît évidente, et nous croyons que sur cette question la jurisprudence a raison contre la doctrine.

Les procès-verbaux du Conseil d'État, et plus généralement les travaux préparatoires, n'ont de valeur que comme moyen d'interpréter la loi écrite. Mais dans quel cas un texte de loi doit-il être interprété ? Quand il est obscur, ou quand les termes employés ne rendent pas la pensée de ses auteurs d'une manière exacte. Or, notre article est aussi explicite que possible. Il traduit exactement la pensée du législateur. Dès lors quelle est l'importance de l'opinion isolée du Conseil d'État qui, ne l'oublions point, ne participait pas seul à la confection du code ?

Direz-vous que l'acheteur se trouvera ainsi livré à la merci du vendeur, qui, à la moindre hausse, s'empressera de revendre ? Je vous répondrai que la revente ne sera possible que s'il y a eu faute de l'acheteur, et, si celui-ci a commis une faute, il est bien juste qu'il en subisse les conséquences (Bourges, 10 fév. 1844, D. P., 45, 4, 521 ; Angers, 14 mai 1847, D. P., 47, 4, 492 ; Douai, 10 juill. 1847, D. P., 49, 2, 253 ; Req., 6 juin 1848, D. P., 48, 1, 219 ; Bordeaux, 18 nov. 1853,

D. P., 55, 5, 468; Dijon, 11 fév. 1870, D. P., 72, 2, 193; Req., 19 février 1873, D. P., 73, 1, 301).

Le défaut de retirement produisant au détriment de l'acheteur une conséquence aussi rigoureuse, il reste à se demander dans quels cas l'acheteur sera réputé n'avoir pas pris livraison.

Je vous ai vendu, par exemple, 2,000 balles de laine de Buenos-Ayres, livrables le 25 juillet courant. Au terme convenu, vous ne prenez livraison que de 1,000 balles. La vente sera-t-elle résolue pour le tout ou seulement pour la partie non retirée? Dans le sens de la résolution partielle, on pourrait faire remarquer que le fait du retirement n'est pas indivisible, puisqu'il n'y a d'autres obligations indivisibles, que celles qui ont pour objet une chose non susceptible de division. C'est toutefois la solution contraire qui doit l'emporter, et la vente doit être résiliée pour le tout, car il est de principe que l'obligation, qui est susceptible de division, doit être exécutée entre le créancier et le débiteur, comme si elle était indivisible.

Prenons une autre hypothèse : vous êtes obligé de faire des fournitures successives, par exemple, à un collége ou à un hospice, et votre acheteur n'a pas retiré les marchandises qui devaient être livrées à la première échéance. La vente sera-t-elle résolue même pour le tout, c'est-à-dire même pour les échéances postérieures? Oui encore, car le défaut de retirement dénote une insolvabilité complète de la part du débiteur, et autorise l'application de l'art. 1181 C. civ. (Bourges, 10 fév. 1844, D. P., 45, 4, 521).

CHAPITRE III

Des modalités de la vente.

La vente commerciale est susceptible, comme tous les autres contrats, des modalités qu'il plaît aux parties d'y ajouter, telles qu'une condition ou un terme. Et même, chose singulière, tandis que les autres contrats sont en général purs et

simples, que l'apposition d'une condition constitue pour eux
un accident relativement assez rare, l'existence de la vente
commerciale est presque toujours suspendue par une condition, ou son exécution retardée par un terme ; aussi, après
avoir exposé, dans les chapitres I et II, les conditions essentielles et les effets généraux de la vente, devons-nous exposer
maintenant les caractères particuliers qu'elle peut présenter,
et les effets spéciaux résultant des modalités diverses qu'il est
permis d'y introduire.

Ce sera l'objet de ce chapitre III, que nous diviserons en
deux sections consacrées, l'une aux ventes conditionnelles,
l'autre aux ventes à terme, ou comme la pratique commerciale les a dénommées, aux *ventes à livrer*.

SECTION I

DES VENTES CONDITIONNELLES.

Il existe, nous le savons, deux espèces principales de conditions : la première, qui suspend l'existence même du contrat,
la seconde, qui suspend la résolution du contrat déjà formé ;
ce sont les conditions suspensive et résolutoire. Chacune
d'elles, en outre, peut être expresse ou tacite, *expresse* lorsqu'elle résulte d'une clause formelle de la convention, *tacite*
lorsqu'elle résulte de la volonté présumée des parties.

De la condition résolutoire expresse, il n'en est guère
question à propos de la vente commerciale. D'une part, livrer des marchandises pour les reprendre ensuite grevées des
frais d'un double transport, n'est pas une opération de nature
à tenter beaucoup les vendeurs ; et celui qui, à l'aide de ses
marchandises, désire s'assurer des ressources momentanées,
jusqu'à la réalisation d'un événement probable et prochain,
trouve dans le contrat de gage des avantages, que ne lui offrirait certainement pas une vente sous condition résolutoire.
D'autre part, les acheteurs consentent bien rarement à conclure
un marché qui, en subordonnant leur droit de propriété à un
fait incertain, les empêcherait de profiter des hausses momentanées du cours, et les laisserait exposés sans défense à
toutes les chances de la baisse. Des opérations de cette nature
sont aussi incompatibles avec les habitudes qu'avec les inté-

rêts du commerce et, en pratique, on peut dire qu'elles sont inconnues.

Quant aux conditions résolutoires tacites, il n'en existe qu'une, à notre connaissance, usitée dans la vente commerciale : c'est celle que l'art. 1184 du C. civ. déclare sous-entendue dans tous les contrats synallagmatiques, pour le cas où l'une des parties ne remplirait pas ses engagements.

Nous en avons constaté l'existence à propos de l'obligation de délivrance ou de paiement du prix, et nous n'y reviendrons plus.

Autant la condition résolutoire est étrangère aux contrats commerciaux, autant la condition suspensive s'y rencontre fréquemment, et si l'une eût été un obstacle au développement de la vente, l'autre constitue au contraire « un des auxiliaires les plus énergiques » de la spéculation.

Il est rare, en effet, que le vendeur ait dans ses magasins, à sa disposition, la marchandise qu'il revend ; plus rare encore que cette marchandise soit individualisée de telle sorte que la propriété passe immédiatement à l'acheteur. Souvent les choses que l'on voudrait vendre se trouvent, soit sur des places éloignées, soit en cours de voyage, exposées à toutes les chances de la navigation. De là, pour celui qui désire les placer, bien des dangers et des difficultés. Qu'il vende purement et simplement, qu'il s'oblige à livrer, soit immédiatement, soit à terme, et si le navire n'arrive pas, si ses employés apportent dans l'expédition quelque retard, commettent dans le chargement quelque faute, qui rendent la délivrance impossible ou tardive, le voilà obligé de manquer à sa parole et exposé à des dommages-intérêts. Qu'il attende, au contraire, l'arrivée de la marchandise, et voilà, par son défaut de hardiesse, bien des occasions favorables de vendre évanouies, une hausse manquée, peut-être une perte irréparable encourue, si la valeur de l'objet vendu a diminué sans retour. Placés dans cette alternative, la plupart des négociants s'abstiendront, et de là pour le commerce, qui consiste dans une succession rapide et incessante de transactions toujours nouvelles, une cause de paralysie et de langueur.

Pour éviter ces résultats, pour rendre possibles, ou du moins sûres, une foule de ventes analogues, l'apposition d'une condition suspensive suffira. Vous craignez de ne pas avoir

au jour indiqué pour la livraison, ou même de ne jamais recevoir les 100 hectolitres de blé, que je vous prie de me vendre,
et que vous avez achetés vous-même à Odessa, d'où on doit
vous les expédier sur le navire le *Georgios*. Introduisez
dans le marché une clause portant que vous me vendez : « Si
le navire *le Georgios* arrive à bon port à Marseille avant le
1er août. » Et ce contrat (qui diffère essentiellement de celui
que nous étudierons bientôt sous le nom de vente par navire désigné) ne pourra, en aucun cas, vous être nuisible ;
car si le navire parvient à destination, vous aurez profité de
l'occasion qui se présentait de réaliser une bonne affaire, et,
si vos vendeurs, par exemple, ne vous livrent pas, ou vous
livrent tardivement, que le *Georgios*, par suite, n'entre pas
dans le port de Marseille avant le 1er août, la revente sera
réputée n'avoir jamais existé, et vous n'aurez pour inexécution
encouru aucuns dommages-intérêts.

L'utilité de la condition suspensive ainsi établie, examinons,
suivant qu'elle est expresse ou tacite, dans quels cas elle est
réputée avoir été apposée à une vente commerciale, et quels
en sont les effets.

Dans quels cas une vente est-elle soumise à une condition
suspensive expresse ?

C'est là une question de fait à trancher par les tribunaux,
d'après les termes de l'écrit qui relate les clauses du marché,
ou les dépositions des témoins qui en attestent la formation ;
et il serait impossible de donner une énumération, même incomplète, des diverses conditions que les parties peuvent, suivant les circonstances et leur caprice, ajouter à la vente commerciale. Qu'il suffise d'indiquer que ces conditions doivent
être casuelles ou mixtes, et jamais purement potestatives.

Quant aux effets de la condition suspensive une fois intro-
duite dans la vente, la détermination en est facile. Nous les
résumerons en trois mots :

I. Tant que la condition est en suspens :

1° La propriété n'est pas transférée à l'acheteur, et par suite
la chose demeure aux risques de celui qui l'a vendue sous
condition.

2° Aucune obligation n'est créée à la charge du vendeur ou
de l'acheteur, ou, comme on dit vulgairement, avec moins

d'exactitude, l'exécution en est reculée jusqu'à l'événement de la condition.

II. La condition prévue se réalisant, la vente est censée avoir été pure et simple, et, en conséquence :

1° La propriété passe de la tête du vendeur sur celle de l'acheteur, avec effet rétroactif au jour de la conclusion du marché.

2° Les obligations réciproques des parties sont immédiatement exécutoires.

III. La condition enfin étant défaillie, la vente est réputée n'avoir jamais existé, et les contractants sont déliés de leurs engagements respectifs.

Ce sont là, au reste, autant de règles, qui n'ont rien de particulier à notre sujet, qui s'appliquent aussi bien à la vente civile qu'à la vente commerciale, et sur lesquelles par conséquent il serait superflu d'insister.

Dans quels cas maintenant la vente est-elle subordonnée à une condition suspensive tacite, et quels sont les effets des diverses conditions, qui sont ainsi censées y avoir été apposées ?

Le Code de commerce à cet égard n'a pas essayé de fournir une nomenclature toujours périlleuse. Mais la loi civile et l'usage ayant suppléé à son silence, nous dirons qu'il est trois hypothèses où la vente se trouve implicitement subordonnée à une condition :

1° Lorsqu'elle porte sur des choses fongibles;

2° Lorsqu'elle a pour objet des choses de dégustation ;

3° Lorsqu'elle est faite en disponible.

De ces trois hypothèses, les deux premières sont prévues par les articles 1585, 1586 et 1587 C. civ.; la dernière a été réglementée par l'usage commercial. Nous allons rapidement les parcourir, en consacrant à chacune d'elles, pour plus de clarté, un paragraphe distinct.

§ I.

Des ventes de choses fongibles.

L'art. 1585 C. civ. est ainsi conçu :

« Lorsque les marchandises ne sont pas vendues en bloc, « mais au poids, au compte ou à la mesure, la vente n'est

« point parfaite, en ce sens que les choses vendues sont aux
« risques du vendeur jusqu'à ce qu'elles soient pesées, comp-
« tées ou mesurées; mais l'acheteur peut en demander ou la
« délivrance ou des dommages-intérêts, s'il y a lieu, en cas
« d'inexécution de l'engagement. »

Cette disposition, commune à la vente civile et à la vente
commerciale, mais qui semble faite pour cette dernière, tant
elle reçoit une application fréquente en matière de commerce,
a un double objet :

D'abord séparer nettement les ventes en bloc des ventes
faites au poids, au compte ou à la mesure.

En second lieu, étant connues les règles applicables aux
ventes en bloc, indiquer les dérogations qui y sont apportées
en matière de ventes au poids, au compte ou à la mesure.

Nous suivrons cet ordre, nous demandant successivement
ce que c'est que la vente au poids, au compte ou à la mesure
et quels sont les principes particuliers qui la régissent.

A ne consulter que le sens littéral des mots, toutes les
ventes commerciales seraient faites soit au poids, soit au
compte, soit à la mesure, car les marchandises sont toutes, ou
presque toutes, des choses *quæ pondere, numero, mensurâve constant.* Telle n'est point cependant l'acception étendue, dans laquelle doivent être prises les expressions de l'article 1585. C. civ.

Je vous vends pour 10,000 fr. le chargement en blé d'un navire qui est de 200 hectolitres, ou un troupeau de cinq cents
têtes ; quoique je sois tenu de vous fournir la quantité ou le
nombre indiqué, que par suite vous soyez en droit de cuber
le navire, ou de compter les têtes de bétail, la vente n'est pas
faite au compte ou à la mesure, et cela par une raison bien
simple, c'est que le prix d'une part, la chose de l'autre, sont
actuellement déterminés, et que si le mesurage ou le
comptage sont nécessaires, ce n'est point pour fixer l'étendue
des engagements du vendeur, mais pour en vérifier l'exécution.

La vente n'est donc comprise dans la définition de notre article, que lorsque la détermination d'un des éléments essentiels à son existence, de la chose vendue, du prix, ou quelquefois même de la chose et du prix est subordonnée au comptage,
au pesage ou au mesurage.

Ceci se présentera dans trois cas différents :

1° On vend 100 hectolitres de vin reposés dans une cave, à raison de tant l'hectolitre. Jusqu'à ce que le vin ait été mesuré on ignore ce qui fait l'objet de la vente ; on ignore même quel est le prix dû au vendeur, car peut-être la cave ne renferme pas les 100 hectolitres promis et l'acheteur ne sera pas tenu de payer toute la somme primitivement fixée ; la vente est à la mesure.

2° Et elle est aussi à la mesure, quand, portant sur un certain nombre d'hectolitres, elle a été faite non plus à raison de tant l'hectolitre, mais pour un prix une fois déterminé. Jusqu'au mesurage, en effet, comment dire avec certitude quelle est la chose vendue, *quid venierit?*

3° Nous ne verrions pas même de motif de le décider autrement, lorsque le marché porterait sur tout le vin que renferme une cave, moyennant le prix, par exemple, de 30 fr. par hectolitre. Car si la chose vendue est déterminée, le prix du moins ne l'est pas, et si l'on connaît *quid venierit*, nul ne sait encore *quantum venierit.*

Au reste, dans aucun de ces divers cas, le caractère du contrat n'a jamais été sérieusement contesté ; et jamais la nature des ventes au poids, au compte ou à la mesure n'a fait naître de doutes, ou excité de controverses bien redoutables, parmi les auteurs anciens ou nouveaux.

Il n'en a pas été de même de leurs effets, et autant il est facile de savoir ce que c'est qu'une vente de cette nature, autant il est malaisé de reconnaître quelles conséquences elle produit.

Une double difficulté se présente :

D'après l'art. 1585 C. civ., la vente est imparfaite jusqu'au pesage, au comptage ou au mesurage, *relativement* aux risques qui sont laissés à la charge du vendeur. Faut-il en conclure qu'elle est parfaite à tous autres égards, et que par suite la propriété de la chose vendue est immédiatement transférée à l'acheteur?

L'art. 1585 C. civ. parle des ventes faites au poids, au compte ou à la mesure ; doit-on, s'attachant rigoureusement à ces termes, appliquer ses dispositions à toutes les ventes de cette catégorie, ou seulement à celles dont l'objet ne serait pas déterminé dans son individualité ?

Sur chacune de ces questions, la lutte a été pendant longtemps des plus vives, et la victoire des plus incertaines. Nous
allons les reprendre isolément, et expliquer auquel des systèmes en présence est, suivant nous, réservé le succès définitif.

I. Et d'abord l'art. 1585 ne modifie-t-il, qu'au point de vue
des risques, les effets ordinaires de la vente commerciale?

Un parti considérable dans la doctrine a défendu l'affirmative.

1° Aux termes de cet article, « la vente n'est point parfaite,
en ce sens que les choses vendues sont aux risques du vendeur,
jusqu'à ce qu'elles soient pesées, comptées ou mesurées. »

Or, dire qu'une vente est imparfaite à un certain point de
vue, c'est affirmer qu'elle produit tous ses autres effets légaux,
et par suite qu'elle fait passer la chose vendue dans le patrimoine de l'acheteur, investi, dès le jour du contrat, du droit
d'exercer sur elle tous les actes de propriété, ne se rattachant
pas à la garde de cette chose.

2° Et voilà bien, en effet, ce qui résulte aussi de la seconde
partie de l'art. 1585, qui, par ses termes, confirme le sens que
nous attribue à la première.

L'acheteur est autorisé, en cas d'inexécution de la vente, à
demander la délivrance de l'objet vendu et, s'il y a lieu, des
dommages-intérêts.

La délivrance de l'objet vendu ! C'est donc que, comme dans
les ventes pures et simples, il est investi de la propriété, et
que, jusqu'au pesage, au comptage ou au mesurage, il ne lui
manque qu'un des attributs de ce droit, la possession.

3° Et on doit d'autant moins douter que telle ait été l'intention du législateur moderne, que Pothier, dont le traité de la
vente a ici servi de modèle aux rédacteurs de notre Code, re-
connaissait la perfection du marché, sauf en ce qui concerne
la transmission des risques.

La place même que nous avons assignée à cette question,
au chapitre des ventes conditionnelles, suffirait pour indiquer
que nous ne nous rallions pas à cette doctrine.

A notre avis, la vente au poids, au compte ou à la mesure,
est imparfaite à tous égards, aussi bien en ce qui concerne la
translation de propriété qu'au point de vue des risques. En
voici, suivant nous, la preuve irrécusable:

Nous avons défini, d'accord avec la généralité des auteurs, la vente au poids ou à la mesure, celle dans laquelle la détermination d'un des éléments essentiels, — chose vendue ou prix — est subordonné au comptage, au pesage ou au mesurage.

Or, qu'est-ce, je vous le demande, qu'un contrat dont l'existence dépend d'un événement futur et incertain, si ce n'est un contrat soumis à une condition suspensive? Mais toute vente, nous le savons, ne produit ses effets, en d'autres termes ne transfère la propriété, ne fait passer les risques à la charge de l'acheteur, qu'au jour de la réalisation de la condition, c'est-à-dire, dans notre espèce, qu'au jour où se fera l'opération du comptage, du pesage ou du mesurage ; l'existence de la vente à la mesure, jusqu'à cette opération, est donc incertaine, et le contrat est aussi impuissant à opérer la transmission de la propriété, qu'à mettre la chose vendue aux risques de l'acheteur.

Dès avant le pesage ou le mesurage, des obligations réciproques naissent, il est vrai, à la charge des parties, et si, par exemple, la tradition ne lui a pas été faite dans le délai convenu, l'acheteur a contre son contractant une double action « en délivrance ou en dommages-intérêts ». Mais ceci même dans notre système s'explique très-aisément. La condition ne dépend point, en effet, d'un événement étranger aux parties; pour qu'elle se réalise, il ne suffit pas que le vendeur, comme s'il avait aliéné, par exemple, à la condition « que le thermomètre s'élèverait à Paris à 35° centigrades en été », laisse platoniquement s'écouler les jours et les nuits. Il faut qu'il fasse procéder à ce comptage, à ce pesage ou à ce mesurage, et par suite rien d'étonnant que, s'il manque à cette obligation, l'acheteur ait une action contre lui.

Cette action n'a pas alors pour base la vente, qui est encore imparfaite; elle a pour cause le refus du vendeur d'exécuter l'obligation tacite par lui prise accessoirement à la vente, de faire peser ou mesurer la marchandise vendue; elle ne dérive pas de l'art. 1603, elle découle de l'art. 1142 ; ce n'est point une demande en délivrance, au sens vrai du mot, c'est une action en indemnité, et à ce dernier titre, elle doit avoir pour résultat de mettre l'acheteur, autant que possible, dans la même situation que si l'engagement pris à son égard avait été exé-

cuté, c'est-à-dire que si le pesage ou le mesurage avait eu
lieu ; aussi la loi n'a-t-elle cru pouvoir mieux faire que de
permettre à l'acheteur de demander ce qu'il aurait obtenu
dans ce cas, c'est-à-dire la tradition de l'objet vendu, ou une
indemnité pécuniaire.

Et c'est en ce sens que l'art. 1585-2° a pu dire : « l'acheteur
« est en droit de demander la délivrance ou des dommages-
« intérêts, s'il y a lieu, en cas d'inexécution de l'engagement.»

Vainement vous expliquez cette partie de l'art. 1585,
dira-t-on peut-être ; il reste toujours contre vous le texte
de la première partie et surtout la grande autorité de Pothier.

A cela je réponds : Pothier admettait, en effet, que la vente
au poids ou à la mesure n'était imparfaite qu'au point de vue
des risques. Mais pouvait-il donc s'occuper du transfert de
propriété, et dès lors quelle conclusion tirer de sa doctrine au
point de vue de la signification de notre art. 1585, si ce
n'est que les rédacteurs du Code, qui ont répudié, pour ainsi
dire, à leur insu, le principe romain admis dans notre ancienne
jurisprudence que les conventions à elles seules ne transfèrent
pas la propriété, ont cru pouvoir sans inconvénient emprunter à Pothier le passage dans lequel celui-ci exposait les effets
des ventes de choses fongibles, si ce n'est qu'ils ne se sont
pas aperçus du changement qu'aurait nécessité, dans ce passage, le nouveau principe consacré par les articles 1138 et
1583 C. civ.

Et voilà comment l'objection même de nos adversaires nous
permet d'expliquer la présence, dans l'art. 1585, des mots « en
ce sens » qui se retrouvent à l'alinéa correspondant de Pothier.

Pour enlever d'ailleurs à ces mots toute la signification qu'on
leur prête, il suffirait d'invoquer les travaux préparatoires du
Code, si brillamment exposés par M. Troplong (1). Mais insister
serait superflu, car nous savons, à n'en pas douter, que la vente
au poids ou à la mesure est une vente conditionnelle, comme
telle soumise à toutes les règles qui gouvernent les contrats
de cette nature (Rouen, 12 janvier 1872, Lehir, 1872, 2, 310).

Venons maintenant à notre seconde question, à savoir, si

---

(1) Traité de la Vente, t. 1, n. 87 et suiv.

l'article 1585 est applicable à toutes les ventes au poids ou à la mesure.

Je vous ai vendu à raison de 50 fr. par hectolitre, ou comme on aurait pu dire autrefois par muid, tout le blé contenu dans ce navire.

Dès l'instant du contrat et avant le mesurage du blé, en êtes-vous devenu propriétaire?

Les avaries partielles ou totales, qui pourraient survenir, sont-elles pour votre compte?

Pothier admettait la négative, et il en donnait ce motif très-simple et très-juridique, que « le prix n'étant constitué que pour chaque muid qui sera mesuré, il n'y a point encore de prix déterminé avant la mesure, et par conséquent la vente avant ce temps n'est point assez parfaite pour que le risque des choses vendues puisse concerner l'acheteur. »

Cette doctrine, doit-elle être encore suivie aujourd'hui? Nous le croyons tout à fait ainsi.

Elle a été contestée pourtant.

MM. Aubry et Rau déclarent (§ 349, note 43) que la vente, dans ce cas, quoique faite au compte, au poids ou à la mesure, ne tombe pas sous l'application de l'article 1585 C. civ. et « qu'ayant pour objet une chose déterminée dans son in-« dividualité, elle doit immédiatement et par elle-même trans-« férer à l'acheteur la propriété et les risques de l'objet « vendu. »

Leur opinion a, en outre, été consacrée par un arrêt de la cour de Dijon du 13 décembre 1867 (D. P., 70, 5, 372).

Mais, pour être conséquente avec elle-même, la cour a cru devoir dire que la vente dans ce cas était en bloc, et avec grande raison suivant nous; car l'article 1585 visant les ventes au poids ou à la mesure, de deux choses l'une : ou il faut l'appliquer à notre marché, ou considérer ce marché comme fait en bloc. Placé dans cette alternative nous ne saurions hésiter. La vente est au poids ou à la mesure, nous l'avons déjà dit, toutes les fois que l'un de ses éléments n'est susceptible de détermination qu'à l'aide du comptage, du pesage ou du mesurage; or, dans notre hypothèse particulière, si la chose est connue, si l'acheteur peut, dès avant le mesurage, distinguer ce qui lui appartient, de ce qui n'a pas été compris dans la vente, le *quantum* du prix est du moins encore incertain. Une des bases du calcul qui servira à la déterminer est fixée, c'est le prix par hectolitre ; mais l'autre base est encore à établir, c'est le nombre d'hectolitres, lequel ne sera connu que par l'opération du mesurage.

La vente est donc, quant à la fixation d'un de ses éléments, subordonnée à un événement futur et incertain; elle est conditionnelle, et, pas plus qu'elle ne transfère la propriété à l'acheteur, elle ne met les risques à sa charge.

Telle est l'opinion d'ailleurs, qui a rallié les suffrages de la majorité des auteurs, et à laquelle la cour suprême a prêté naguère l'appui de son immense autorité, dans un arrêt rendu le 26 avril 1870 sous la présidence du regretté M. Bonjean (D. P., 71, 1, 11).

§ II.

Des ventes avec dégustation.

Un second exemple de vente soumise tacitement à une condition suspensive, nous est fourni en ces termes par l'article 1587 du Code civil : « A l'égard du vin, de l'huile et des autres choses que l'on est dans l'usage de goûter avant d'en faire l'achat, il n'y a point de vente tant que l'acheteur ne les a pas goûtées et agréées. »

La loi paraît ici plus rigoureuse qu'en matière de vente au poids, au compte ou à la mesure, et tandis que, dans l'article 1585 elle semblait restreindre à un effet particulier l'imperfection du contrat, l'art. 1587 emploie des termes beaucoup plus significatifs; il déclare qu'*il n'y a point de vente*. Faut-il conclure de là, que les deux hypothèses prévues sont séparées par une différence profonde, et que, si la vente au poids ou à la mesure est conditionnelle jusqu'au pesage ou au mesurage, celle de comestibles est inexistante tant que la dégustation n'a pas eu lieu.

Si nécessaire que cette déduction puisse paraître, nous ne la croyons pas exacte. La vente est subordonnée, dans un cas, au pesage ou au mesurage, dans l'autre à la dégustation et à l'agrément de l'acheteur; elle est donc toujours conditionnelle, et, si elle ne produit pas dès actuellement ses effets, si elle ne constitue encore qu'une espérance, elle crée du moins entre les parties un lien, dont ni l'une ni l'autre ne peut se dégager tant que la condition n'est pas défaillie. Mais cette condition qui, dans les ventes au poids ou à la mesure, n'est nullement potestative de la part du vendeur, tenu en vertu d'une obligation accessoire à la vente d'opérer le pesage ou le mesurage, dépend au contraire, dans les ventes avec dégustation, de la volonté de l'acheteur, astreint sans doute à goûter, mais conservant toujours le droit de ne pas agréer. C'est ce qui explique la différence signalée entre nos deux textes, et ce qui fait comprendre que l'article 1587, ne considérant que le droit illimité accordé à l'acheteur de refuser son consentement, ait pu dire qu'il n'y a pas de vente.

Cette expression d'ailleurs n'aurait pas été employée, si l'art. 1587 eût été écrit en vue de la vente commerciale. Quand on achète pour consommer, rien d'étonnant, en effet, que la chose doive satisfaire au goût personnel de l'acheteur. Vous me vendez du vin alcoolisé, mais j'aime le vin léger. Pourquoi voudriez-vous me forcer à recevoir une marchandise qui, d'une manière absolue, peut être de bonne qualité, mais que je trouve détestable. N'est-ce pas précisément pour notre hypothèse, qu'a été faite la fameuse maxime *de gustibus non disputandum?* Le commerçant, au contraire, n'a pas pour but de satisfaire son goût personnel. Il ne cherche dans tout achat qu'une seule chose, réaliser un bénéfice sur une marchandise *de recette.* C'est pourquoi, dès que la chose vendue est, d'après l'expression consacrée, *loyale et marchande,* il n'est pas admis à la refuser. Quand vous avez vendu à un consommateur, qui se retranche, pour ne pas accepter votre marchandise, derrière la disposition de l'article 1587, vous ne pourrez recourir à l'arbitrage d'un tiers, pour faire constater la qualité de l'objet vendu. Vis-à-vis d'un commerçant qui, par caprice ou mauvaise foi, essaye de retirer sa commande, vous avez un droit plus énergique. Qu'une expertise, provoquée par vos soins, établisse que la marchandise réunit toutes les conditions exigées dans le commerce, et vous pourrez contraindre votre co-contractant à la recevoir, ou tout au moins à vous en payer le prix. Dans le premier cas, la vente est soumise à une condition purement potestative de la part de l'acheteur; dans le second, elle est subordonnée à une condition indépendante de sa volonté. Là, quoique ayant le droit d'exiger la dégustation, vous êtes sans intérêt à en user, la résistance de l'acheteur permettant de prévoir, comme le remarque M. Bédarride (1), ce qu'il ferait après avoir dégusté. Ici au contraire, vous réclamerez utilement la dégustation, des experts pouvant être appelés pour remplacer l'acheteur.

La même différence, qui existe entre la vente au poids ou à la mesure et la vente de dégustation prévue par l'article 1587 du Code civil, sépare donc cette dernière de la vente commerciale portant sur des comestibles. C'est assez dire que celle-ci est soumise à une condition suspensive implicite, et qu'à ce titre elle est absolument comparable à la vente au compte, au poids ou à la mesure.

Telle est en principe la nature de notre contrat.

Hâtons-nous toutefois d'ajouter qu'il faut surtout apprécier, dans les conventions de cette espèce, la volonté des parties.

Un restaurateur en renom, par exemple, achète les provisions nécessaires pour alimenter sa table. Il ne se contentera pas, à coup sûr, de marchandises ordinaires, car enseigne oblige, et tel vin notamment, qui, dans un établissement plus modeste, serait accepté par tous les clients, soulèverait ici des réclamations générales. L'article 1587 sera donc applicable, et bien que la vente soit commerciale, la qualité de l'objet vendu devra être appréciée par le goût personnel de l'acheteur, qui, s'il ne consomme pas lui-même, doit se montrer aussi exigeant, car il a à satisfaire des consommateurs mieux choisis et plus délicats.

En sens inverse, si l'acheteur, plein de confiance dans l'honnêteté du marchand, se fait remettre les denrées vendues, et les emporte sans y goûter, ou s'il les reçoit et n'exprime pas dans un délai très-court son intention de ne pas les garder, la vente est réputée pure et simple, ou plutôt l'acheteur est censé avoir tacitement agréé la marchandise.

Enfin, et nous terminons par là nos observations, quoique la condition de dégustation soit en général suspensive, rien n'empêche les parties de convenir que la vente sera parfaite du jour du contrat, et que le marché, au lieu d'être suspendu jusqu'à l'acceptation de l'acheteur, sera résolu par son refus.

_____

(1) Achats et Ventes, n. 136.

§ III.

Des ventes en disponible.

Un usage spécial à Marseille, quoique présentant quelques analogies avec ceux des places de Nantes et de Bordeaux (1), reconnaît une troisième catégorie de ventes soumises à une condition implicite. Ce sont les *ventes en disponible*, dans lesquelles l'acheteur a ce qu'on appelle la vue en sus, c'est-à-dire le droit de vérifier la marchandise, et de l'accepter ou de la refuser dans un délai de trois jours.

Quelle est l'origine historique de cet usage? A quelle époque a-t-il pris naissance et sous l'empire de quelles nécessités? C'est ce qu'il serait aujourd'hui presque impossible de dire avec certitude. MM. Delamarre et Le Poitvin, qui, dans leur excellent traité de droit commercial, signalent ce genre de vente, lui attribuent une haute antiquité. C'est à leur avis environ 150 ans après la fondation de Rome, et surtout lorsque la destruction de Carthage eut assuré au commerce de Marseille l'empire de la Méditerranée, que l'affluence dans cette grande cité de personnes « de caractères différents, de « mœurs différentes, de religions différentes, et ne compre-« nant pas le langage les unes des autres » fit sentir la nécessité de prévenir les fraudes et les contestations, auxquelles pourraient donner lieu les transactions commerciales, et c'est alors que l'agrément de l'acheteur fut exigé dans toutes les ventes.

Nous ignorons ce qu'il y a de fondé dans ce système; toutefois, remarquons-le, les principes de la vente en disponible ne sont après tout qu'une extension de la règle consacrée par notre ancienne jurisprudence française, et plus tard par l'article 1587 du Code civil. Pourquoi, dès lors, les mêmes faits n'auraient-ils pas donné naissance à la loi générale et à la coutume locale? Pourquoi n'y aurait-il pas là une précaution universelle, prise contre la mauvaise foi des marchands, et qui, atténuée ou abandonnée successivement dans les autres

(1) A Bordeaux, les ventes dans lesquelles l'acheteur a le droit d'accepter ou de refuser la marchandise prennent le nom de ventes *gré dessus*; à Paris, où elles sont usitées pour les opérations sur les savons, façon de Marseille, on les désigne sous la qualification de ventes *avec vue dessus.*

parties de la France, aurait été conservée avec toute sa rigueur primitive par le commerce de Marseille, observateur
toujours fidèle des traditions du passé? Ce n'est là qu'une hypothèse, il est vrai, mais une hypothèse du moins qui n'a rien
d'injurieux pour les origines de Marseille, et qui ne fait pas
planer sur ses anciens habitants, je ne sais quel vague soupçon
de déloyauté, inspiré peut-être par les vieux souvenirs de
Carthage et de Rome.

Quoi qu'il en soit, c'est d'après les règles résultant de cet
usage que nous avons aujourd'hui à examiner les ventes en
disponible et à rechercher :

1° A quelles conditions la vue en sus est accordée à l'acheteur ;

2° Comment il doit exercer le droit d'option qui lui appartient;

3° Quels sont les effets du défaut de vérification des marchandises vendues dans le délai prescrit.

1° Trois conditions sont exigées pour que la vente soit réputée faite en disponible, à savoir :

a. Qu'elle porte sur des objets pouvant être immédiatement
vérifiés par l'acheteur, et lui être livrés;

b. Qu'elle ait eu lieu sans stipulation de qualité ;

c. Qu'elle n'ait pas été faite avec la clause *vu et agréé*, ou
que l'acheteur n'ait pu vérifier la marchandise vendue.

a. Il faut d'abord que la marchandise vendue soit immédiatement à la disposition de l'acheteur, c'est-à-dire que le
vendeur ne se soit pas réservé un délai pour la livraison, et
que la vérification ne soit pas actuellement impossible.

Vous me vendez une marchandise placée, au moment du
contrat, au fond de la cale du navire qui l'a apportée.

Le déchargement exigeant un certain laps de temps, je ne
pourrai, le plus souvent, exercer, dans les trois jours qui sui-
vent la conclusion du marché, le droit de vue en sus que
m'accorde l'usage.

Et alors de deux choses l'une :

Ou bien il faudra me déclarer forclos, quoique n'ayant pu
user de la faculté, qui m'appartenait eu égard à la nature du
contrat;

Ou bien, il faudra décider que le délai de l'option ne commence à courir, que du moment où la vérification a été possible ; et par suite pendant de longs jours, au détriment des intérêts en présence, le contrat sera en suspens, et le droit de propriété du vendeur se trouvera paralysé (Marseille, 23 avr. 1850, Gir. et Clar., 29, 1, 265 ; *id.*, 8 octobre 1868, Gir. et Clar., 1869, 1, 13 ; *id.*, 6 juillet 1870, Gir. et Clar., 1870, 1, 235).

Cette règle, il est vrai, a été méconnue par le tribunal de Marseille dans divers jugements assez récents (23 octobre 1863, Gir. et Clar., 1863, 1, 315 ; 12 novembre 1863, Gir. et Clar., 1863, 1, 336 ; 9 septembre 1861, Gir. et Clar., 1861, 1, 274).

Mais il serait impossible de justifier ces décisions, car, à défaut de la raison, le nom seul de la vente en disponible suffit pour indiquer dans quel cas un marché peut être ainsi qualifié.

b. Il faut en outre que la vente soit faite sans stipulation de qualité.

Le motif de cette seconde condition est d'évidence.

Si la marchandise avait été indiquée comme devant réunir certaines conditions spéciales, il n'y aurait qu'une seule chose à vérifier : l'objet livré par le vendeur est-il ou non conforme à ses engagements ? Et l'acheteur, qui aurait d'avance tacitement accepté, pour le cas de conformité, ne saurait ensuite venir exercer le droit de refus, que suppose toute vente en disponible.

Aussi doit-on tenir sévèrement à ce que cette condition soit observée.

Quelle que soit donc l'indication donnée sur la qualité de la marchandise, eût-on dit seulement qu'elle devrait être marchande, et de recette, la vente constitue un marché ferme.

(Marseille, 28 janv. 1863, Gir. et Clar., 1863, 1, 45 ; *id.*, 29 juin 1863, *eod.*, 1863, 1, 210 ; *id.*, 31 oct. 1865, *eod.* 1863, 1, 330 ; *id.*, 2 sept. 1868, *eod.*, 1868, 1, 308 ; *id.*, 17 déc. 1868, *eod.*, 1869, 1, 63 ; *id.*, 6 juill. 1870, *eod.*, 1870, 1, 235).

c. Enfin, et c'est la dernière condition exigée pour la validité de la vente en disponible, il faut que le marché n'ait pas été fait avec la clause « vu et agréé» ; que l'acheteur, par lui-même ou par un intermédiaire, n'ait pu voir la marchandise vendue avant la formation du contrat. Si donc il a reçu un échantil-

lon on visité les magasins de son contractant, la vente est ferme ;
car l'exercice de la faculté de refuser, comme la renonciation
à cette faculté, épuise le droit de l'acheteur (Marseille, 24 avril
1856, Gir. et Clar., 34, 1, 138).

2° La vente réunissant les trois conditions que nous venons
d'examiner, l'acheteur a le choix d'accepter, ou de ne pas recevoir la marchandise vendue.

Quel que soit le parti qu'il prenne, sa décision est à l'abri
de toute contestation. Vainement le vendeur prouverait-il que
la marchandise est loyale et marchande. Vainement justifierait-
il qu'en refusant, son co-contractant n'a été inspiré que par la
mauvaise foi ou par un caprice ; ses protestations ne seraient
pas écoutées.

En matière de vente avec dégustation, dès que la chose satisfait au goût général et commun, peu importe, il est vrai,
qu'elle ne soit pas conforme au goût particulier de l'acheteur. Mais quelle différence entre cette hypothèse et la nôtre !
La qualité de la marchandise vendue a été soigneusement
déterminée par la commande ; un échantillon a le plus souvent été remis ; l'acheteur connaît d'avance l'objet qu'on lui
offre, et la dégustation n'a plus d'autre but que de vérifier
si la marchandise est conforme aux engagements du vendeur.

Ici, au contraire, pas de fixation de la qualité ; aucune remise d'échantillon ; jusqu'au jour de la vérification, l'acheteur
ne connaît autre chose que l'espèce, et quelquefois la provenance de la partie qu'il a acquise. Comment dès lors lui imposer l'obligation d'accepter, si la marchandise est seulement
loyale et de recette ? Dans un but de sage précaution, se dé-
fiant des promesses qu'il recevait, il a acheté en disponible ;
est-il possible de retourner cette précaution contre lui, et là
où il cherchait plus de garanties, de lui en moins accorder ?

Le vendeur serait d'ailleurs mal venu, en raison, à se plaindre du refus non motivé qu'on lui oppose ;

Soit parce qu'il a lui-même concédé le droit qui autorise de
la part de l'acheteur ce refus ;

Soit parce que le délai de l'option étant très-court, la valeur
des marchandises ne sera pas durant les trois jours sensible-
ment modifiée, et l'acheteur, en ne pas acceptant, n'aura que

bien rarement pour but de profiter d'une baisse (Marseille, 11 mai 1866, Gir. et Clar., 1867, 1, 32).

Si, dans les ventes en disponible, l'acheteur a le droit absolu d'accepter ou de refuser, son acceptation ou son refus doit être pur et simple, et quel que soit le parti qu'il prenne, sa détermination est définitive.

Qu'il n'ait pas le droit, par exemple, d'accepter en exigeant une réduction de prix, en d'autres termes de demander une bonification, c'est ce qui est d'évidence. Le vendeur s'est obligé à livrer la marchandise, dans le cas où elle serait agréée, non pas certes pour un prix quelconque, mais pour celui qui a été fixé par le contrat. Or, il est de principe que l'accomplissement de toute condition est indivisible, qu'une réalisation partielle ne produit aucun effet, et ne fait naître d'obligation pour aucune des parties. Donc, si, au lieu de payer la somme convenue, l'acheteur n'en offre qu'une portion, l'obligation du vendeur ne naît pas, ou se trouve rétroactivement résolue, suivant que l'on considère l'acceptation dans les trois jours comme une condition suspensive, ou comme une condition résolutoire, et la vente est réputée inexistante (Marseille, 21 mars 1862, Gir. et Clar., 1862, 1, 108).

Le même motif suffit à prouver que l'acheteur ne pourrait se dédire, après avoir accepté, et élever, par exemple, des réclamations sur la qualité de la marchandise, dont il a reçu livraison, car, si son agrément dans le délai de trois jours est une condition purement potestative, c'est une condition qui, suivant la règle générale, une fois accomplie ne saurait défaillir : *conditio semel impleta non resumitur*.

Cette déduction ne paraît pas cependant avoir été toujours rigoureusement maintenue, du moins dans le dispositif de plusieurs décisions judiciaires; et quelques jugements du tribunal de Marseille ont admis la demande en résolution formée par l'acheteur, lorsque la marchandise n'est pas de la provenance indiquée (Marseille, 18 nov. 1862, Gir. et Clar., 1862, 1, 317). La contradiction toutefois est bien plus apparente que réelle. L'agrément de l'acheteur n'est autre chose, en effet, que la manifestation de son consentement au contrat, et doit être rescindable conformément à l'art. 1110 C. civ., c'est-à-dire, pour cause d'erreur sur la substance de la chose vendue. Or, en matière commerciale, la provenance peut être con-

sidérée comme la substance de la chose, c'est-à-dire comme
la qualité principale et caractéristique, qui individualise une
marchandise, qui la rend spécialement propre à tel ou tel
usage, et d'où elle tire son nom,

L'acheteur donc, qui s'est mépris sur cet élément essentiel, en réalité accepte une chose autre que celle sur laquelle
il a voulu contracter. Son agrément est dès lors entaché de
nullité, et la jurisprudence a pu, sans violer en rien les principes, prononcer dans ce cas particulier la rescision de la
vente, même devenue définitive, pourvu que l'identité de la
marchandise puisse être facilement constatée.

3° Reste maintenant à savoir quels sont les effets du défaut
d'exercice, dans les trois jours de la vente, de la faculté d'agrément réservée à l'acheteur.

Une distinction à cet égard a été faite :

L'acheteur n'est plus recevable, après ce délai, à se présenter
pour accepter et recevoir la marchandise (Marseille, 30 avril
1847, Gir. et Clar., 26, 1, 236 ; *id.*, 6 août 1856, *id.*, 34, 1, 239).

Le vendeur, au contraire, a le choix, ou de disposer de la marchandise, comme si la vente était non avenue, ou d'obliger son
co-contractant à prendre livraison et à payer le prix (Marseille,
27 février 1855, Gir. et Clar., 33, 1, 87 ; *id.*, 18 nov. 1856, *eod.*,
34, 1, 319; *id.*, 18 mai 1859, *eod.*, 37, 1, 176; *id.*, 18 mars 1862,
eod., 1862, 1, 109 ; *id.* 11 mai 1866, *eod.* 1867, 1, 32 ; *id.* 28 juin
1866, *eod.*, 1866, 1, 235; *id.*, 8 mars 1870, *eod.*, 1870, 1, 103).

Tel est aujourd'hui le système adopté par le tribunal de
commerce de Marseille.

Mais comment l'expliquer logiquement, scientifiquement,
et sur quel motif fonder cette différence établie entre le vendeur et l'acheteur ?

Deux raisons ont été données :

La première, qui semble, paraît-il, lumineuse au tribunal
de Marseille, et qu'il a grand soin de reproduire dans la plupart de ses décisions, se formule de la manière suivante: lorsque
l'acheteur demande livraison de la chose vendue « il est non
recevable à réclamer l'exécution de la vente ». Et lorsqu'on
forme contre lui l'instance en paiement du prix, il «n'est plus
recevable à refuser la marchandise. »

La seconde, que nous trouvons mentionnée dans le juge-

ment du 18 mai 1859, est tirée de l'art. 1657 C. civ. Puisque
faute par l'acheteur de retirer la chose vendue dans le terme
fixé, la résiliation est acquise de plein droit *au profit* du vendeur, pourquoi n'en serait-il de même quand l'acheteur n'a
pas usé, dans les trois jours du contrat, de la faculté d'accepter
ou de refuser que comporte la vente en disponible?

Ces arguments sont-ils concluants et de nature à justifier
la solution à laquelle ils servent de soutiens? C'est ce qu'il faut
maintenant examiner.

Du premier, d'abord nous ne dirons rien; il se réfute de
lui-même, et ne contient qu'une sorte de jeu de mots, sur
lequel il serait superflu d'insister.

Quant au second, au contraire, quoique bien plus juridique,
il ne nous paraît pas non plus très-sérieux. Nous lui ferons
deux reproches : en premier lieu, c'est de confondre l'acceptation de l'acheteur, nécessaire à la formation ou au maintien
du contrat, avec le retirement de la chose vendue qui n'en est
que l'exécution ; et en second lieu, d'assimiler l'*obligation* imposée à l'acheteur de prendre livraison, avec la *faculté*, qui
lui est réservée, de refuser la marchandise achetée; et de punir
par suite, comme l'inexécution d'un engagement, le défaut
d'exercice d'un droit.

A notre avis donc, la distinction que l'on essaie d'établir
entre la position de l'acheteur et celle du vendeur n'est nullement justifiée, et c'est à l'égard de toutes les parties que le
contrat doit être, à l'expiration des trois jours, déclaré pur et
simple ou inexistant. Que la condition de la vue en sus soit
suspensive ou résolutoire, que la vente n'existe qu'à l'état de
projet jusqu'à l'agrément de l'acheteur, ou qu'ayant reçu sa
perfection dès l'origine, elle se trouve résiliée par le défaut
d'acceptation dans le délai légal, peu importe; le résultat est
aussi absolu dans un sens que dans l'autre, et il n'y a point
place pour les distinctions. Arrière donc tous les systèmes intermédiaires, et que le combat s'engage enfin entre les deux
opinions véritablement rivales : celle qui fait de la vente en
disponible un contrat soumis à une condition suspensive, et
celle qui en fait un contrat soumis à une condition résolutoire !

Dans cette lutte nouvelle, les avantages paraissent, au premier abord, à peu près également partagés.

Se réserver, dit la première opinion, la vue en sus, c'est

de la part de l'acheteur suspendre l'expression de son consentement, jusqu'à ce qu'il ait pu vérifier la partie qu'il achète ;
c'est ne pas se lier encore, tout en conservant le droit d'accepter les offres conditionnelles faites par le vendeur ; qu'on
laisse donc expirer, sans rien dire, le laps de trois jours fixé
par l'usage, et la vente sera réputée n'avoir jamais existé,
comme manquant de l'un de ses éléments essentiels, le consentement des parties.

Erreur profonde, reprend l'autre système. La vente en disponible est, au point de vue légal, une vente sans terme ni condition suspensive ; si donc par un tempérament d'équité on
permet à l'acheteur de se dédire durant les trois jours, c'est
une faveur qui lui est faite, mais qui, s'il ne la met pas à
profit, ne saurait influer sur l'existence d'un contrat parfait
dès l'origine. A l'expiration du délai, la vente sera par suite
définitive, et de conditionnel au début, le marché deviendra
pur et simple.

Entre ces deux théories ainsi posées, l'hésitation est permise.
Quant à nous cependant notre choix est fait, et nous l'avons
déjà implicitement indiqué, en plaçant la vente en disponible
au nombre des ventes soumises à une condition suspensive.

Cette décision nous paraît tout à la fois commandée par
les textes, et par la nature de notre contrat.

Par les textes, car l'art. 1587 C. civ., qui prévoit une hypothèse absolument semblable, recule la conclusion de la vente
jusqu'à l'agrément de l'acheteur.

Par la brièveté même du délai fixé pour l'acceptation dans
les ventes en disponible, qu'explique le désir de ne pas laisser indéfiniment le vendeur dans l'incertitude sur la formation du contrat et de ne pas suspendre pendant trop longtemps
la question de propriété des objets vendus.

C'est dans ce sens, espérons-le, que se fixera la jurisprudence,
le jour où, renonçant enfin à sa distinction trop peu justifiée,
elle abandonnera le sol mouvant de l'équité, pour se placer
sur le terrain plus solide et plus ferme des principes juridiques
et de la véritable justice.

SECTION II

DES VENTES A TERME.

De même que l'existence de la vente commerciale peut être subordonnée à une condition, de même l'exécution en peut être retardée par un terme.

Le contrat prend alors, s'il a pour objet des marchandises, le nom de vente à livrer; s'il porte sur des effets publics, celui de marché à terme.

Si, dans les ventes à terme, la propriété de la marchandise aliénée appartenait toujours au vendeur, et que la livraison seule fût suspendue pendant un certain délai, nous n'en traiterions point ici, nous référant aux explications déjà données sur l'obligation de délivrance et aux principes généraux du droit. Mais il n'en est point ainsi; ordinairement la stipulation d'un terme est destinée à permettre la vente, soit de corps certains appartenant à autrui et en la possession de leur propriétaire, soit de corps incertains que le vendeur ne possède pas actuellement et dont il promet néanmoins la livraison.

Ne pouvant vous vendre, livrable immédiatement, la cargaison du navire « l'Événement » en route pour Marseille à la consignation de Paul, je m'engage à vous la faire avoir le 1er avril prochain.

Dans l'impossibilité de vous remettre sur le champ, le 1er juin, par exemple, 100 hectolitres de farine nouvelle, je promets de les faire parvenir dans vos magasins le 1er juillet suivant.

La fixation du terme n'a eu évidemment pour but que de faciliter au vendeur l'exécution de ses engagements, et de rendre possibles deux opérations qui n'auraient pu avoir lieu sans son secours.

Faite dans cette intention, cette fixation est-elle valable, et alors que l'art. 1599 C. civ. prohibe la vente de la chose d'autrui, peut-on, même à terme, vendre ce qui ne vous appartient pas?

La pratique commerciale semble avoir jugé le doute impossible, et le plus grand nombre, nous allons dire la totalité, des marchés commerciaux, porte sur des choses dont le

vendeur n'est point propriétaire. Mais comment expliquer
scientifiquement cette violation formelle des règles posées par
la loi civile, et comment mettre la rigueur des principes
d'accord avec les besoins et les nécessités du commerce?

Diverses explications ont été tentées :

La première, imaginée par M. Troplong (1), consiste à dire
que l'art. 1599 C. civ. n'est pas applicable aux matières de commerce, comme l'ont reconnu M. Berenger au conseil d'État,
et M. Grenier, orateur du tribunat, dans son discours au
Corps législatif. Nous la repoussons sans examen, parce qu'elle
n'a d'autre résultat que de reculer la difficulté, et qu'étant
admis que l'art. 1599 est étranger à notre sujet, il reste toujours à démontrer pourquoi ses dispositions ne gouvernent
pas également les ventes civiles et les ventes commerciales.

Une seconde explication a été fournie de la validité des
marchés à livrer : c'est qu'il y a là une convention préalable
à la vente, et à laquelle ne s'appliquent pas les règles de ce contrat. Mais elle n'est guère meilleure que celle présentée par
M. Troplong, car d'après l'art. 1589 C. civ. « la promesse de
« vente vaut vente, lorsqu'il y a consentement réciproque des
« deux parties sur la chose et sur le prix. »

La vraie raison, suivant nous, qui peut légitimer l'usage
des marchés à livrer, nonobstant la disposition si rigoureuse
et si précise de l'art. 1599 C. civ., c'est que ces marchés ne
sont pas *des ventes*. Se rapprochant à certains égards de la
vente, confondus le plus souvent avec elle, ils diffèrent néanmoins en un point essentiel de ce contrat: ils ne transfèrent à l'acheteur aucun droit de propriété actuel ou éventuel sur les marchandises vendues, ils lui permettent seulement, si le vendeur ne peut ou ne veut livrer à l'échéance
fixée, de se pourvoir en dommages-intérêts; en d'autres termes, ils ne donnent jamais ouverture à l'action réelle en revendication, mais seulement à une action personnelle en indemnité. Véritable vestige de la vente romaine, qui obligeait
le vendeur, non point à rendre l'acheteur propriétaire de la
chose vendue, mais à lui livrer cette chose, *ut rem emptori
habere liceat, non etiam ut ejus faciat*, ils constituent des contrats innomés, tirant leur force et leur légalité des arti-

---

(1) Traité de la Vente, t. I, n. 252.

cles 1107 et 1134 C. civ. Et, singulier résultat de la marche
du temps, tandis que jadis ils eussent été seuls compris sous
la dénomination *emptio venditio*, ils ne rentrent plus aujour-
d'hui dans la définition de la vente. Nous leur conserverons
toutefois ce nom; bien que théoriquement inexact, il a cependant un double avantage, celui d'être consacré par l'usage
et employé par la jurisprudence, et celui plus précieux encore de nous rappeler, par la similitude des termes, l'analogie
qui doit exister, quant aux règles du fond, entre la vente à
livrer et la vente commerciale ordinaire.

Si, d'une manière générale, la promesse de vendre une
chose que le vendeur ne s'engage à livrer qu'à l'expiration
d'un certain délai, et que l'acheteur ne doit payer qu'à la
même époque, est reconnue comme valable par tous, il n'en
est pas de même, dans le cas spécial où le contrat porte sur
des effets publics. La légalité des marchés à terme a fait
naître depuis longtemps une de ces controverses, sur lesquelles la doctrine et la jurisprudence ne se fixent, qu'après
de grandes incertitudes et de très-vives dissidences.

Pour comprendre l'importance et l'origine de la question,
quelques explications préliminaires sont indispensables.

Le marché à terme, appliqué aux effets publics, produit ces
deux conséquences principales : d'abord, de rendre possibles
des transactions entre personnes qui n'ont pas à leur disposition, l'une les objets qu'elle vend, l'autre le prix pour lequel
elle achète; en second lieu, par suite des variations probables dans le cours de la bourse, entre l'époque du contrat et
celle de la livraison, d'exposer les parties à subir des pertes,
ou de leur permettre de réaliser des gains importants.

Aussi ce genre d'opération était-il destiné à devenir l'instrument principal, pour ne pas dire unique, de la spéculation,
facilement séduite par les bénéfices que lui faisaient entrevoir et le délai laissé à chacun des contractants pour se mettre
en mesure de remplir ses obligations, et l'oscillation perpé-
tuelle du cours de la bourse.

Mais dans toutes les choses humaines, le mal se trouve trop
souvent à côté du bien, et les marchés à terme qui, employés
avec modération, auraient contribué puissamment au développement du crédit public, devaient, par une série d'abus,

servir d'auxiliaire à l'agiotage, et ne recouvrir fréquemment
qu'un simple jeu sur la hausse ou sur la baisse.

De là pour le législateur un double danger : celui de ruiner
la spéculation, en prohibant les marchés à terme, et celui plus
grave encore de laisser, par une tolérance trop grande, le
champ libre à toutes les manœuvres de l'agiotage le plus effréné. Comment est-il parvenu en fait à éviter ces écueils
également redoutables? Par quel système a-t-il pu concilier,
d'une manière satisfaisante, les principes et les intérêts qui se
trouvent ici en conflit, à savoir : la moralité si nécessaire à
maintenir dans les opérations de bourse, la protection due à
l'inexpérience contre les entraînements du jeu, et la nécessité
de conserver aux négociations d'effets publics la liberté réclamée par les besoins du crédit? C'est ce qui paraît difficile à
préciser, et l'incertitude à cet égard est même si grande, que
quelques auteurs, désespérant de découvrir dans les textes du
Code ou de l'ancien droit la pensée du législateur, ont eux-
mêmes formulé de véritables projets de loi, et recherché, non
plus ce qui est, mais ce qui pourrait ou ce qui devrait être,
au gré de leurs opinions personnelles.

Nous ne les imiterons certes pas, et notre ambition plus modeste consistera à dégager des obscurités, qui l'enveloppent,
la théorie de la loi sur ce point.

Cette théorie quelle est-elle ?

Deux systèmes principaux sont en présence.

Le premier enseigne que les marchés à terme sont nuls, et
que cette nullité peut être invoquée, tant par le vendeur contre l'acheteur, et réciproquement, que par chacune des parties
contre les agents de change auxquels elles ont donné mission de les conclure.

Le second décide, au contraire, que valables en eux-mêmes
lorsqu'ils ont un caractère sérieux, c'est-à-dire lorsqu'ils doivent amener et la délivrance réelle de la chose et le paiement
effectif du prix, les marchés à terme sont nuls par application
de l'art. 1965 C. civ., lorsqu'ils cachent des opérations fictives
ou des jeux de bourse.

Dans le sens de la nullité, deux sortes de considérations
ont été produites :

Les unes, empruntées à l'ordre philosophique, consistent
à mettre en lumière les exagérations auxquelles donnent lieu

les marchés à terme, et l'agiotage désordonné qui en est la suite immédiate et irrésistible.

Les autres, tirées du décret réglementaire du 27 prairial an X, tendent à prouver que la conclusion des marchés à terme est incompatible avec les obligations professionnelles des agents de change.

D'après l'art. 19 de ce décret, dit-on, tout agent de change doit garder le secret le plus inviolable aux personnes qui le chargent de négociations, c'est-à-dire il doit contracter, non pas comme mandataire ordinaire, au nom de son mandant qu'il ferait connaître et qu'il obligerait, mais en son propre nom, comme commissionnaire, et sans indiquer jamais quel est celui pour lequel il traite.

Si donc on autorise les marchés à terme, c'est l'agent de change personnellement qui, pendant le délai fixé par la convention, sera débiteur des effets vendus ou du prix, et c'est lui seul qu'à l'échéance on pourra poursuivre, lui seul qu'on pourra contraindre à l'exécution de la vente. Or, l'art. 86 C. com. déclare que les agents de change ne peuvent pas être garants des opérations dans lesquelles ils s'entremettent. Qu'en conclure? sinon que les marchés à terme sont illicites, parce qu'ils engagent, en dépit de la prohibition légale, la garantie personnelle des agents de change.

Telle est aussi, ajoute-t-on, la conséquence qui résulte de l'art. 13 du même décret ainsi conçu : « Chaque agent de « change devant avoir reçu de ses clients les effets qu'il « vend, ou les sommes nécessaires pour payer ceux qu'il « achète, est responsable, etc. » Quelle serait, en effet, l'utilité d'un marché à terme entre deux personnes ayant l'une l'argent, l'autre les valeurs?

Et de ces divers motifs on conclut à la prohibition absolue des ventes d'effets publics, qui n'auraient pas lieu au comptant ou du moins qui n'auraient pas été précédées du dépôt préalable exigé par l'art. 13 du décret du 27 prairial an X.

Que la lettre même de la loi favorise le système qui précède, nous ne croyons guère devoir le dissimuler, et nul doute, à notre avis, qu'ainsi fondée sur le texte, cette opinion n'eut triomphé, si elle n'avait pas blessé aussi profondément les intérêts de la spéculation et les mœurs publiques. Mais les usages, selon une parole célèbre, ont été ici plus forts que la loi, et la Cour de cassation, cédant elle-même au courant des idées nouvelles, après avoir dans un arrêt du 11 août 1821, condamné les marchés à terme, en a reconnu la validité, le 19 janvier 1860 (D. P., 60, 1, 40). Aujourd'hui une jurisprudence constante, et qu'il serait téméraire même de combattre, déclare, avec la seconde opinion annoncée plus haut, que les marchés à terme sont valables en eux-mêmes, lorsqu'ils ne tombent pas sous le coup de l'art. 1965 C. civ., c'est-à-dire à la condition qu'ils soient sérieux, qu'ils tendent à la délivrance réelle des titres, et ne cachent point des opérations fictives et un jeu (Voy. notamment Civ., Rej., 18 juin 1872. D., P. 72, 1, 268).

Mais, dans ce système, comment expliquer le texte si formel et si précis du décret du 27 prairial an X, et comment concilier la possibilité des marchés à terme avec les obligations professionnelles des agents de change?

Une distinction est nécessaire :

Quant au premier argument, tiré de l'art. 86 C. com., pas de difficulté. Ce que prohibe la loi, c'est l'engagement principal et direct, par lequel l'agent de change se constituerait la caution de son client dans les cas exceptionnels où ce client est connu, et non point la garantie indirecte résultant de la nature du marché. S'il en était autrement, les ventes au comptant ne seraient pas elles-mêmes à l'abri de la critique, car l'échange des valeurs et de l'argent ne se fait pas à la bourse, au moment de la formation du contrat, et l'agent de change reste toujours, ne fût-ce que pour quelques heures, ne fût-ce que pour quelques minutes, responsable de l'exécution des opérations conclues par ses soins.

Le second motif, tiré de l'art. 13 du décret du 27 prairial an X, est au contraire plus embarrassant.

Diverses réfutations ont été proposées :

Le décret du 27 prairial an X, nous dit une première opinion, mais à quelle époque a-t-il été promulgué? À une époque où il n'existait pas encore d'effets publics, où la spéculation était presque inconnue, et bien souvent passait pour un crime.

Or, de même que, depuis le commencement du siècle, l'état de notre société a changé, de même la législation appelée à la régir doit être modifiée, et ce n'est pas assez tenir compte de l'influence du temps, que d'appliquer encore un décret dont l'abrogation résulte, sinon d'un texte de loi, au moins des usages et des faits aussi puissants que le législateur.

Nous ferons à cette argumentation un double reproche : d'abord de résoudre la question par la question, et d'écarter une disposition légale, en la déclarant abrogée, sans rapporter la preuve directe de cette abrogation ; en second lieu, de partir d'une prémisse historique fort discutable, et de supposer qu'il n'y avait pas en l'an X des effets publics, alors que pendant toute la période révolutionnaire et notamment sous le Directoire, les assignats avaient donné lieu à l'agiotage le plus effréné.

Tout autres sont les moyens employés par un second système, pour repousser l'application de l'art. 13 du décret du 27 prairial an X.

A en croire cette nouvelle opinion, la validité des marchés à terme ne résulte pas seulement de l'usage, mais du texte formel des articles 421 et 422 C. pén. ainsi conçus :

421. « Les paris, qui auront été faits sur la hausse ou la « baisse des effets publics, seront punis des peines portées par « l'art. 409. »

422. « Sera réputé pari de ce genre toute convention de « vendre ou de livrer des effets publics, qui ne seront pas « prouvés par le vendeur avoir existé à sa disposition au « temps de la convention, ou avoir dû s'y trouver au temps « de la livraison. »

Le jour, en effet, où le législateur a réputé simples paris, et puni comme tels, les marchés à terme dans lesquels le vendeur n'avait pas au moment du contrat, ou ne devait pas avoir à l'époque de la livraison, les titres vendus, il a virtuellement reconnu la légalité des négociations d'effets publics, que n'aurait pas précédées le dépôt en mains de l'agent de change des valeurs à aliéner ; il a par suite rendu aux marchés à terme, le droit de cité qui leur appartenait dans la législation française, et, pour emprunter au rapporteur du fameux arrêt du 19 janvier 1860, une de ses plus heureuses expressions, « il est rentré dans la voie ouverte par l'expérience, et a « cessé de lutter contre une pratique qui avait surmonté « toutes les résistances. »

Qui ne voit combien est fragile une pareille réfutation ?

Argumenter du criminel au civil, soutenir qu'un contrat considéré en lui-même est valable, parce que ses auteurs ne tombent pas sous le coup de la loi pénale, c'est faire vraiment trop bon marché des principes les plus élémentaires de la logique, et le grand intérêt public, qui exigeait le maintien des marchés à terme, est à peine suffisant pour expliquer que de semblables considérations aient pu trouver place dans quelques décisions judiciaires.

A notre sens, la seule explication satisfaisante, qui puisse être fournie de l'art. 13, est la suivante :

Les rédacteurs de cet article ont eu en vue, en parlant de la remise des titres et de l'argent aux mains des agents de change, d'indiquer un des faits auxquels on reconnaîtrait si le marché est sérieux. Ils n'ont pas eu pour but, de faire de ce dépôt préalable une des conditions essentielles de la vente à terme. Si donc, à l'aide d'autres circonstances, dont l'appréciation souveraine appartient aux juges, on établit que le contrat n'est pas fictif, qu'il ne recouvre pas un jeu, il faut reconnaître la validité des obligations qui en dérivent; en d'autres termes, l'art. 13 est démonstratif, et non pas restrictif, en tant qu'il fait du dépôt préalable des titres un moyen de contrôler le caractère sérieux du marché.

Quoiqu'il en soit et quelque explication que l'on adopte, en fait, la spéculation a gagné sa cause, et tout en demeurant fidèle aux principes, nous ne saurions, sans témérité, ni souhaiter, ni encore moins prédire la révision de son procès.

Ainsi édifié sur la validité des ventes à terme, étudions les deux variétés les plus remarquables qu'elle présente :

La vente par navire désigné, et la vente par filière.

§ I.

De la vente par navire désigné.

On appelle vente par navire désigné, la vente d'une marchandise attendue par voie de mer, et livrable à l'heureuse arrivée d'un navire que le vendeur désigne, ou s'engage à désigner ultérieurement.

Ce qui caractérise ce marché, c'est que les risques de la na-

vigation sont à la charge de l'acheteur, bien que celui-ci n'ait
point encore reçu livraison, en d'autres termes que le prix
doit être payé, lors même que la chose vendue périt, ou reçoit
des avaries, durant la traversée.

Connu dans la plupart des ports de la France, usité surtout
à Marseille, ce genre de vente répond à un besoin sérieux
qu'il est aisé de comprendre. Les marchandises, que l'on est
obligé d'aller chercher au delà des mers, courent des dangers
sans nombre; chargées sur le navire le mieux construit, confiées au capitaine le plus intelligent et le plus habile, elles restent soumises à des éventualités toujours redoutables, et nul
ne saurait, pénétrant l'avenir, prédire avec certitude, ni
qu'elles arriveront un jour, ni même quelle sera l'époque de
leur arrivée. De là, pour le vendeur qui craint de s'exposer
plus tard à des dommages-intérêts, pour défaut de livraison,
la nécessité d'attendre l'arrivée de la marchandise, de laisser
échapper ainsi des occasions favorables de vendre, mais de
là aussi, le désir très-naturel d'ailleurs, de chercher un dé-
dommagement dans le prix de la vente, et de faire payer à
l'acheteur les avantages qu'assure à celui-ci la livraison immédiate de la marchandise. Or, un fait attesté par l'expérience, c'est que les acheteurs en général, les commerçants
surtout, préfèrent le bon marché à la certitude absolue de recevoir la chose acquise, qu'un certain imprévu ne leur déplaît
pas, quand il leur fait entrevoir un bénéfice considérable, et
que hasarder un peu pour gagner beaucoup, fut toujours la
devise du commerce. Aussi les denrées, que l'on tire des pays
lointains, trouvent-elles plus facilement des acquéreurs, quand
on les vend pour un prix relativement peu élevé, en laissant à
celui qui les achète tous les périls de la navigation, que lorsqu'on les livre comptant, mais à des conditions moins avantageuses. Ajoutez que la possibilité d'une hausse sur le prix,
ou la prévision du besoin qu'on aura de la marchandise, jointe
à la crainte de se la voir enlever si elle arrive sur la place,
constituent autant de motifs nouveaux pour généraliser les
achats de cette nature. C'est en tenant compte de ces observations, pour rendre les ventes les plus fréquentes à mesure
qu'elles offraient au vendeur moins de périls, pour agrandir
par suite le mouvement des affaires, et donner au commerce
maritime un nouvel essor, que l'usage a imaginé les ventes

par navire désigné; et, à voir le nombre de ces contrats, les
heureux effets qu'ils produisent, on ne peut qu'applaudir à
cette ingénieuse combinaison, et reconnaître une fois de plus
toute la merveilleuse fécondité de l'intelligence humaine, sti-
mulée par le puissant aiguillon de l'intérêt.

Utiles au point de vue pratique, les ventes par navire désigné sont-elles théoriquement légales, et l'acheteur peut-il
se trouver valablement substitué au vendeur pour tous les
risques de la navigation?

Quant à la légalité absolue des ventes par navire désigné,
le doute n'est pas possible, et la volonté des parties n'ayant
d'autres limites à observer, que le respect de la loi et des bon-
nes mœurs, rien de plus certain que leurs conventions à cet
égard ne doivent être maintenues.

Mais comment expliquer que les risques soient à la charge
de l'acheteur, lorsque la livraison ne lui a point encore été
faite, et qu'il reste obligé au paiement du prix, même lorsqu'il
ne reçoit pas la chose?

Deux raisons ont été données :

D'après la première, la vente serait aléatoire, et porterait,
moins sur la marchandise chargée, que sur l'espérance de
voir arriver cette marchandise : « *sine re venditio intelligitur,
veluti cum quasi alea emitur* » (*ff.* L. 18, T. 1, *fr.* 8, § 1).

D'après la seconde, l'opération serait alternative, et véritable vente, si la marchandise arrivait à destination, se résou-
drait, en cas de perte de cette marchandise, en un contrat
d'assurance, dans lequel l'acheteur jouerait le rôle d'assureur
et paierait le prix à titre d'indemnité.

Ces deux raisons sont également satisfaisantes, en ce sens
qu'elles rendent compte toutes deux du fait qu'il s'agit d'expliquer. Toutefois, comme il n'est pas sans intérêt pour la
rectitude scientifique des principes, de préciser quel est le
véritable caractère de la vente par navire désigné, nous
adopterons le premier système. Une telle opération ne peut
être, en effet, sousune alternative, soit une vente commutative, soit un contrat d'assurance, et cela parce qu'un des éléments essentiels à l'existence de ce dernier contrat, la prime,
fait défaut. Seulement l'acheteur, quand la vente est valable,
répondant à l'égal de l'assureur des risques et cas fortuits ma-

ritimes, nous lui appliquerons, par voie d'analogie, les règles que trace le Code de commerce au titre *Des Assurances.*

Avec la vente par navire désigné, ainsi définie et expliquée, il faut se garder de confondre diverses espèces de ventes qui s'en rapprochent en apparence du moins, et quelquefois même lui empruntent son nom. Nous voulons parler des ventes faites *pour le cas* d'heureuse arrivée d'un navire, et des ventes avec la clause *marché ferme.*

Je vous vends 200 tonneaux de graines de coton, que doit m'apporter de Smyrne le brick italien *le Costantino,* si ce navire arrive à bon port à Marseille. La vente, qui, au sens littéral des mots, pourrait être appelée encore par navire désigné, diffère évidemment de celle connue sous ce nom dans le langage ordinaire. Au lieu d'être pure et simple, mais aléatoire, elle est commutative et conditionnelle, en ce sens que, si le navire chargé de graines de coton n'arrive pas à Marseille, les obligations réciproques des contractants s'évanouiront, ou mieux seront réputées n'avoir jamais existé. Pas de risques donc pour l'acheteur, qui ne paie que si on lui livre la marchandise ! Pas d'aléa pour aucune des parties, qui connaît d'avance l'équivalent exact qu'elle recevra, en échange de ce que, la condition venant à se réaliser, elle sera tenue elle-même de donner !

Il ne serait pas moins dangereux d'assimiler à la vente par navire désigné ordinaire, la vente dite *marché ferme,* car ce sont deux opérations juridiques profondément distinctes. Dans la première, comme nous l'avons déjà dit, le vendeur répond seulement du chargement de la marchandise, du départ dans le délai fixé, mais jamais des cas fortuits qui empêcheraient l'heureuse arrivée. Dans la deuxième, au contraire, le vendeur est responsable de toutes les éventualités, de tous les cas fortuits, la perte du navire exceptée. Que le navire indiqué arrive donc un jour, une heure même, après le terme convenu, et l'acheteur qui, si la vente était par navire désigné, devrait supporter le retard, sera en droit, si le marché est *ferme,* de demander la résiliation avec dommages-intérêts.

Sans doute, il peut y avoir doute quelquefois sur le point de savoir quel est en fait le vrai caractère de l'opération litigieuse, si c'est un marché ferme, ou, comme on appelle quelquefois la vente par navire désigné, un marché définitif; et cette question d'interprétation s'élèvera surtout dans le cas où les parties auront désigné la vente par une périphrase, et non par une des dénominations claires et précises que l'usage a consacrées. Mais une fois qu'il sera reconnu que l'intention des parties a été de faire, non pas une vente par navire désigné, mais un marché ferme, il faudra décider résolument en droit que tous les risques et tous les retards sont pour le vendeur (Marseille, 25 sept. 1839, Gir. et Clar., 19, 1, 157 ; *id.*, 5 juin 1839, Gir. et Clar., 19, 1, 148).

En résumé donc, autre chose est la vente par navire désigné proprement dite, autre chose la vente faite pour le cas où un navire désigné arrivera, autre chose enfin le marché ferme ; ce sont, au point de vue des risques qu'a à supporter l'acheteur, si j'osais m'exprimer ainsi, les trois degrés d'une échelle, dont la vente par navire désigné occuperait le sommet, et la vente conditionnelle, la base.

Et maintenant, ainsi fixé sur l'utilité de la vente par navire désigné, sur sa légalité et les caractères distinctifs qui la séparent des contrats analogues, étudions successivement les diverses conditions essentielles à son existence, en recherchant à propos de chacune d'elles les suites que doit entraîner sa défaillance.

Une seule condition est indispensable pour la validité de la vente par navire désigné : c'est, comme le nom du contrat l'indique, la désignation du navire, qui doit être porteur de la marchandise ; mais elle est rigoureusement exigée, car elle forme pour l'acheteur la meilleure, ou pour mieux dire, l'unique garantie de la loyale exécution du contrat.

Ce qui constitue, en effet, le danger de ce genre de vente, ce sont les fraudes dont il peut devenir l'occasion.

Je possède, par exemple, à Tunis un vaste entrepôt de gomme, que je fais transporter en France au fur et à mesure des commandes qui me sont faites. Le 1er janvier 1875, je vends à Paul trente-deux tonneaux de cette marchandise, livrables à Bordeaux à l'heureuse arrivée d'un navire. En exécution de notre marché, la partie est chargée sur le vapeur français *Mohamed-el-Sadeck*, et arrive quelques jours plus tard dans le port de Bordeaux. Là, apprenant qu'une hausse vient de se produire dans le prix de la gomme, je revends à Pierre qui me donne 100 fr. de plus par tonneau. Mais Paul, qui a su que le chargement du *Mohamed* lui était destiné, m'actionne en exécution du marché et demande à se remplacer. Comment repousser sa prétention? Le moyen est tout indiqué : je répondrai que la gomme chargée sur le *Mohamed* n'était pas dans ma pensée réservée à Paul, et que les trente-deux tonneaux achetés par lui étaient partis sur la goëlette espagnole *Liconte*, périe la semaine dernière dans le trajet de Tunis à Bordeaux ; réconventionnellement même je demanderai le paiement de la marchandise.

C'est contre les fraudes de ce genre, que l'usage a cru devoir prendre de sérieuses précautions, et il n'en a pas trouvé de meilleure, que de prescrire la désignation du navire porteur de la marchandise. Cette désignation individualise en effet la marchandise, elle circonscrit les risques et enlève au vendeur la possibilité d'annuler le marché, soit en dissimulant l'arrivée de la chose vendue, soit en ne rien chargeant ; c'est le correctif indispensable des obligations très-onéreuses que la nature du contrat met à la charge de l'acheteur.

Il est, au reste, d'autres clauses encore, qui tendent à déterminer l'identité de la marchandise vendue, et par suite à prévenir les fraudes que pourrait commettre le vendeur. De ce nombre, l'indication de l'époque du chargement ou de l'arrivée probable du navire. Mais celles-ci, n'étant pas absolument nécessaires, ne sont point légalement exigées à peine de nullité, et ne doivent être considérées comme essentielles à la vente, que lorsqu'elles ont fait l'objet d'une stipulation expresse. Nous les étudierons néanmoins, après avoir traité de la désignation, de ses conditions de validité et de ses effets.

I.

De la désignation du navire.

Nous avons sur cette première condition à résoudre les questions suivantes :

1° Quand doit-être faite la désignation?
2° En quelle forme doit-elle être faite?
3° Que doit-elle comprendre ?
4° Quelles sont les causes qui peuvent la vicier?
5° Quels sont les effets de la désignation une fois faite?
6° Quels sont les effets du défaut de désignation?

N° 1. — *Quand doit être faite la désignation ?*

Nous demandons d'abord à quel moment doit être faite la désignation du navire porteur de la marchandise.

Le principe à cet égard nous paraît devoir être ainsi posé :

Régulièrement, la désignation doit être faite au moment même de la vente ; toutefois les parties sont libres de stipuler qu'elle n'aura lieu qu'ultérieurement.

Quand la désignation a lieu immédiatement, pas de difficulté ; le vendeur a rempli la première de ses obligations, et pour être assuré du paiement du prix, il ne lui reste qu'à veiller au chargement et à l'expédition de la marchandise.

Lorsque cette désignation a été renvoyée à plus tard, deux hypothèses, au contraire, peuvent se présenter :

Ou bien on a déterminé un délai, dans lequel le vendeur devra faire connaître à son cocontractant le nom du navire, ou bien aucune limite de temps n'a été fixée.

A. Le vendeur d'abord s'est-il engagé à faire la désignation dans un laps de temps convenu, son obligation est absolue et de toute rigueur. Dès qu'il a laissé expirer le délai, la vente devient marché ferme, et eût-il, le lendemain même du jour fatal, dénoncé à son acheteur le nom du navire, qu'il serait encore trop tard. Peu importe que le dernier jour du délai soit férié, peu importe même qu'aucune sommation n'ait été signifiée au vendeur, la vente n'en est pas moins nulle en tant que faite par navire désigné, et l'acheteur peut exercer les droits qui lui appartiennent, en cas de défaut de désignation ; vainement dirait-on qu'en s'obligeant à désigner le navire, le vendeur a contracté une obligation de faire, à raison de laquelle il ne saurait encourir aucuns dommages-intérêts, tant qu'il n'a pas été mis en demeure, c'est-à-dire tant qu'il n'est pas légalement en retard de l'exécuter (art. 1146 C. civ.). La réponse serait que la désignation à faire par le vendeur, dans le délai convenu, est une condition essentielle à la validité de la vente, car elle fixe l'acheteur sur l'étendue des chances qu'il consent à courir, et que par suite sa défaillance empêche que le contrat ne puisse sortir à effet (Marseille, 19 oct. 1857, Gir. et Clar., 35, 1, 286 ; *id.*, 5 mars 1857 ; *id.*, 35, 1, 98).

Mais notre solution devrait-elle être maintenue, si le vendeur avait été empêché par force majeure de faire la désignation? Paul a consenti, le 9 juillet, une vente d'une certaine quantité de marchandises, livrables à l'heureuse arrivée d'un navire à désigner de là au 15 juillet. Et voilà que le paquebot du 12, le seul qui pût avant le terme fixé lui apporter le nom du navire, sur lequel serait chargée la marchandise, a fait naufrage. Est-ce que Paul pourra exciper, pour dégager sa responsabilité, des dispositions de l'art. 1148 C. civ., et prétendre que le naufrage du paquebot est un cas de force majeure, qui le délie de son obligation de faire la désignation? Évidemment non. Mais pourquoi? précisément parce qu'il ne s'agit point ici d'une simple obligation de faire, soumise aux modes d'extinction du droit commun, mais d'une condition essentielle à la validité de la vente, dont l'absence ruine le contrat, en tant que fait par navire désigné.

B. Je suppose maintenant, et c'est la seconde hypothèse annoncée plus haut, qu'aucun délai n'a été imposé au vendeur pour indiquer le navire chargé de la marchandise. Il s'est obligé, par exemple, à désigner, dès qu'il aurait connaissance du nom. La désignation pourra-t-elle être indéfiniment retardée, et, sous le prétexte qu'il n'a encore aucune nouvelle, le vendeur pourra-t-il attendre qu'une baisse se soit produite pour exécuter le marché? La jurisprudence s'est toujours refusé à consacrer une pareille conséquence, et très-justement selon nous, car on doit dans les conventions rechercher quelle a été la commune intention des parties contractantes, et non s'arrêter au sens littéral des termes. Or, ici il est bien évident que l'acheteur n'a pas entendu laisser la formation du contrat au bon plaisir de son vendeur, et s'exposer à la baisse sans s'être assuré la chance de profiter de la hausse. Ce qu'ont voulu les parties, en renvoyant la désignation à une époque ultérieure, mais sans détermination de délai, c'est d'une part laisser au vendeur le temps moralement nécessaire pour exécuter son engagement, et de l'autre ne pas l'exposer à des dommages-intérêts, s'il apportait le moindre retard dans la désignation; leur intention étant certaine, il faut donc s'y attacher, et lorsqu'un temps largement suffisant pour faire la désignation se sera écoulé, permettre à l'acheteur de demander la résiliation ou l'exécution immédiate du contrat.

N° 2. — *En quelle forme doit être faite la désignation?*

La désignation du navire porteur de la marchandise, ayant pour l'acheteur une importance considérable, doit être faite clairement, et de manière à être facilement comprise par celui à qui elle est adressée.

Mais en revanche, elle n'est soumise à aucune condition de forme solennelle, et nous pensons tout à fait qu'elle serait suffisante, fût-elle verbale ou donnée par simple lettre.

C'est le motif sur lequel on s'est fondé à diverses reprises, pour décider que la désignation doit avoir lieu dans le délai convenu, lors même que le dernier jour de ce délai serait férié (Marseille, 5 mars 1857, Gir. et Clar., 35, 1, 98).

N° 3. — *Que doit comprendre la désignation?*

L'acheteur courant, dans la vente par navire désigné, les mêmes périls que l'assureur ordinaire, est en droit d'exiger des garanties analogues à celles qui sont accordées à ce dernier. La désignation du navire, qui sert à individualiser la marchandise vendue, doit donc comprendre les mêmes indications que la police d'assurance, c'est-à-dire d'après l'art. 332 du Code de commerce :

Le nom du navire, le nom du capitaine, le lieu où les marchandises ont été ou doivent être chargées.

I. Le nom du navire d'abord doit être indiqué, et avec lui le numéro matricule et le tonnage, véritablement indispensables pour établir l'identité du navire, et prévenir, après l'événement de la perte, les erreurs ou les difficultés résultant des similitudes de noms.

Cet élément de la désignation est essentiel. Sans indication de nom, pas de désignation sérieuse et valable. Et notez ici qu'une erreur serait encore plus fatale qu'une omission. Ce n'est pas à dire cependant que, si le nom du navire avait été indiqué dans une autre langue, le marché dût être déclaré ferme, et l'acheteur autorisé à en poursuivre la résiliation ou l'exécution pure et simple, car il n'y aurait en réalité ni erreur ni omission. C'est ce qu'a décidé le tribunal de Marseille, dans une espèce où le navire grec Ἁία Τριάς avait été indiqué sous le nom italien de *Santa Trinita* (Marseille, 15 juin, c. d'Aix, 15 novembre 1868, Gir. et Clar., 1868, 1, 213, 1869, 1, 152).

II. Après le nom même du navire, il n'est pas d'indication qui puisse mieux faire apprécier à l'acheteur les risques dont il s'est chargé, que le nom du capitaine choisi par le vendeur pour exécuter la traversée. Aussi nul doute que la disposition de l'art. 332 C. com. ne doive sur ce point être étendue à notre hypothèse. Gardons-nous toutefois de rien exagérer, et d'annuler, par exemple, une vente, sous prétexte que le capitaine n'aurait été désigné que par son prénom, car en définitive nous procédons par voie d'analogie, et nulle part la loi, ni l'usage, n'ont puni de nullité une omission aussi légère (Voir les décisions ci-dessus).

III. Enfin, et c'est encore un des éléments les plus utiles pour la supputation des risques imposés à l'acheteur, la désignation doit comprendre le lieu où les marchandises ont été ou doivent être chargées.

Mais la désignation peut-elle porter sur un navire, qui n'est pas encore arrivé au port de charge, ou qui n'est pas en route pour s'y rendre? La négative a été jugée, et on a donné à l'appui ces deux raisons : 1° d'abord, que ce serait appliquer la vente par navire désigné à une hypothèse pour laquelle elle n'est pas faite, et se mettre en désaccord avec l'intention probable des parties; 2° en second lieu, qu'en cas de fixation d'un délai pour l'arrivée du navire, le vendeur manquerait le plus souvent en fait du temps nécessaire à la double traversée (Marseille, 15 oct. 1850, Gir. et Clar., 31, 1, 287; *id.*, 2 février 1863; *id.*, 1863, 1, 30).

Nous n'admettons pas pourtant cette solution, et à notre avis, que le navire désigné soit parvenu au port de charge, qu'il s'y rende seulement, ou qu'il se trouve encore dans un autre lieu, peu importe, la désignation n'en est pas moins valable.

A quoi en effet est obligé le vendeur, d'après la nature du contrat? à une seule chose : désigner le navire porteur de la marchandise, c'est-à-dire circonscrire la responsabilité de l'acheteur. Il n'est donc tenu, ni de faire son choix parmi les bâtiments actuellement ancrés dans le port de charge, ni de désigner l'un d'eux de préférence aux autres. Liberté complète lui est laissée, et ce serait introduire contre son gré une condition nouvelle dans la vente que de limiter son droit sur ce point.

Mais vous modifiez ainsi, nous dit-on, la nature de la vente par navire désigné, en aggravant les risques que court l'acheteur! Le reproche serait mérité, il faut l'avouer, si nous adoptions aveuglément les motifs de quelques décisions judiciaires, qui ont fait supporter à l'acheteur les retards subis ou la perte totale survenue dans le voyage d'aller (Marseille, 20 oct. 1835; Gir. et Clar., 33, 1, 321; Paris, 23 nov. 1831; *eod.* 33, 2, 146).

Nous croyons toutefois que la doctrine que nous présentons, n'entraîne pas cette conséquence, et que l'on peut, tout en y restant fidèle, laisser intacte la position des parties. L'acheteur a accepté les risques que pourrait courir la marchandise et par voie de conséquence le bâtiment sur lequel elle accomplira la traversée; il n'a point entendu devenir l'assureur du navire, qui doit un jour embarquer cette marchandise, pendant les voyages qui précèdent le chargement. Que la désignation soit faite, avant ou après l'arrivée au port de départ, la règle est donc que la responsabilité de l'acheteur commence seulement au jour où le navire a pris charge, et la liberté que nous voulons laisser au vendeur n'est en rien nuisible aux intérêts de son cocontractant (Rouen, 21 février 1835, Lebir, 1835, 2, 287).

Elle lui sera nuisible à lui-même, nous objecte-t-on encore, et lui permettre de désigner un navire qui n'est pas au port de charge, c'est, à cause des délais nécessaires pour le double voyage en sens inverse, rendre impossibles l'arrivée et la livraison de la chose vendue, avant l'expiration du délai fixé.

Permettez : est-ce que tout d'abord l'exécution de la vente ne sera pas en fait le plus souvent possible; est-ce que le vendeur ne connaîtra pas, au moment de la désignation, le terme assigné pour la livraison de la marchandise, et n'indiquera pas dès lors un navire qui puisse retourner en temps utile?

L'expérience de tous les jours en témoigne.

Si cependant, par suite d'un concours particulier de circonstances, il avait fait une désignation telle que, d'après les

chances ordinaires de la navigation, il ne restât pas un
temps suffisant pour que le navire pût recevoir son chargement et arriver à destination dans le délai convenu, eh
bien! la vente deviendrait ferme; mais la cause de sa transformation serait le défaut probable et déjà certain de livraison, non point le défaut de désignation; la défaillance de la
troisième, non point la défaillance de la première des conditions requises pour la validité du contrat (Marseille, 9 mars
1836, c. d'Aix, 11 mai 1836, Gir. et Clar., 16, 1, 239; Marseille, 21 février, et sur appel, Aix, 28 mai 1866; *eod.*,
1866, 1, 91, 1867, 1, 45).

Telles sont les énonciations nécessaires, par extension des
règles édictées à l'art. 332 C. com., à la validité de la désignation du navire porteur de la marchandise. Reste à savoir si
la liste n'en est pas incomplète, et s'il ne faut pas y ajouter,
par exemple, la nationalité du navire, de telle sorte que l'indication erronée de tel ou tel pavillon équivaudrait à l'absence de désignation. Sur ce point encore, nouvelle controverse. Le vœu de la loi, disent les uns, est que la nationalité soit indiquée, parce qu'en temps de guerre elle peut
aggraver les risques que supporte l'acheteur, et parce qu'en
temps de paix elle soumet la marchandise au payement de
droits de douane d'importance variable, ou, selon l'expression
consacrée, à des surtaxes de pavillon. Si donc le vendeur né-
glige d'indiquer cette nationalité, la désignation est incomplète, et la résiliation acquise de plein droit à l'acheteur, au
cas où ce dernier voudrait en user.

Une telle conclusion nous semble en vérité trop radicale.
Sans doute, il serait mieux de la part du vendeur, en désignant
le navire, de faire connaître la nation à laquelle il appartient,
et de fournir ainsi à son cocontractant un élément peut-être
important, pour l'exacte appréciation des cas fortuits dont
celui-ci se charge. Mais je ne crois pas néanmoins que ce soit
là pour lui un devoir, dont l'accomplissement engendre une
responsabilité.

Et ce que nous disons de la nationalité, serait vrai également de toutes autres indications, qui, utiles au point de vue
de l'équité, ne sont point rigoureusement nécessaires (Marseille, 19 juillet 1847, Gir. et Clar. 27, 1, 1).

N° 4. — *Quelles sont les causes qui peuvent vicier la désignation?*

Deux vices sont de nature à affecter la désignation du navire importateur, et à enlever à la vente son caractère aléatoire :

L'erreur et l'omission.

I. De l'erreur d'abord nous ne dirons rien, si ce n'est qu'elle doit être assez grave pour être nuisible à l'acheteur, et nous avons déjà fait, à propos du nom du navire, ou de celui du capitaine, l'application de ce principe fameux, que l'erreur sur le nom est inoffensive, quand elle ne tombe pas sur la chose ou sur la personne elle-même. *Nihil enim facit error nominis, cùm de corpore constat* (ff. liv. 18, tit. I, L. 9, § 1 ; Marseille, 9 oct. 1862, Gir. et Clar., 1862, 1, 306).

II. Quant aux omissions, elles peuvent se produire de deux manières, et la désignation peut être incomplète, soit parce qu'on n'a pas indiqué tous les navires porteurs de la marchandise, soit parce que le navire désigné n'a embarqué qu'une partie de la quantité vendue.

Pierre vend à Jacques 200 quintaux d'arachides, livrables à l'heureuse arrivée d'un ou plusieurs navires à désigner avant le 1er août. Le 29 juillet, il lui désigne le brick *Silenzio*, et, deux mois après, la marchandise arrive chargée pour partie sur ce brick, et pour partie sur un autre navire appelé le *Santo Cristo*. La désignation est-elle valable, et l'acheteur sera-t-il obligé d'accepter la livraison? Aura-t-il au contraire le droit de demander la résiliation du contrat, pour défaut de désignation, ou mieux pour désignation incomplète? La question n'est pas douteuse, et les vendeurs en pratique ont si bien compris que le marché dans ces conditions serait nul, que le plus souvent ils ont essayé de compléter leur désignation, et d'indiquer le navire dont ils n'avaient pas d'abord donné le nom.

Quelle est, en effet, l'obligation essentielle du vendeur? C'est, nous l'avons déjà rappelé bien des fois, de désigner le navire importateur, d'individualiser ainsi la marchandise vendue, et de délimiter les risques courus par l'acheteur. Or, cet engagement est-il exécuté, lorsque ne désignant qu'un des navires, il n'a individualisé qu'une *partie* de la marchandise

vendue, et déterminé qu'une *partie* des risques; son obligation est indivisible, peut-elle être réputée remplie, quand il
ne l'a pas exécutée tout entière?

Poser la question, c'est la résoudre, et dire que la désignation est incomplète, c'est dire qu'elle est nulle, et que le marché devient ferme, ou peut être résilié au choix de l'acheteur.

Modifions notre hypothèse : je vends à Paul 4,000 tonneaux de bois de campêche, livrables à l'arrivée du trois
mâts de première classe *Aurélia*, sous charge dans le port de
Fernambouc. Mais je me suis engagé sans connaître exactement la quantité que pourra charger l'*Aurélia*, et voilà que le
capitaine ne consent à embarquer que 2,000 tonneaux; le navire part et fait naufrage. Pour qui la perte des 2,000 tonneaux? Pour l'acheteur, répond une première opinion, car le
vendeur, en désignant et en chargeant l'*Aurélia*, a rempli une
partie des obligations dérivant pour lui de la vente, et ces
obligations, vu la nature des marchandises, sont essentiellement divisibles. Pour le vendeur, répond un second système,
la désignation incomplète n'étant pas conforme aux stipulations du contrat.

Cette dernière solution a été, à maintes reprises, adoptée
par le tribunal de Marseille, et elle ne nous paraît pas moins
impérieusement réclamée par la raison que par les principes
du droit.

Vous mettez, dirai-je à mes adversaires, la perte à la charge
de l'acheteur. J'y consens, puisque tel est l'effet ordinaire de
la vente. Mais que feriez-vous si le navire était heureusement
arrivé?— Vous seriez obligé de forcer l'acheteur à recevoir
une moindre quantité que celle qui a été vendue; or, à cela
deux inconvénients : d'abord, si la cargaison tout entière
était nécessaire aux besoins de son commerce, s'il l'avait par
avance revendue, vous le priveriez du bénéfice résultant de
l'exécution intégrale de la vente, et l'embarrasseriez inutilement d'une marchandise, dont il ne saurait peut-être trouver
le placement. En second lieu, il est de principe consacré par
les articles 1220 et 1244 C. civ., que toute obligation, qui est
susceptible de division, doit être exécutée entre le débiteur et
le créancier, comme si elle était indivisible, et que la chose
due doit être payée tout entière, en une seule fois, et sans que
le débiteur puisse contraindre le créancier à l'accepter en

partie. On ne saurait donc admettre que, le navire arrivantà bon port, l'acheteur pût être contraint de prendre livraison, si la quantité de marchandise offerte était moindre que celle vendue.

Notre question se trouve par cela même résolue, car, si le navire périt, la perte ne peut être que pour le vendeur, et si la perte est pour le vendeur, la cause en est imputable à l'insuffisance de désignation (Marseille, 19 juillet 1817, Gir. et Clar., 20, 1, 275; *id.*, 18 août 1817, *eod.*, 26, 1, 313; 22 mars 1855, *eod.*, 33, 1, 152; *id.*, 19 sept. 1862, *eod.*, 1862, 1, 287).

Je conclus donc que toute désignation erronée ou incomplète, quoique faite de bonne foi, équivaut au défaut de désignation, et qu'il faut entendre par désignation incomplète, celle qui ne comprend pas tous les bâtiments chargés, ou ne s'applique qu'à des navires porteurs d'une partie de la marchandise vendue.

N° 5. — *Quels sont les effets de la désignation réalisée?*

La désignation une fois faite est irrévocable, et le vendeur n'est pas plus autorisé à imposer à ses acheteurs une nouvelle désignation, qu'on ne saurait le forcer lui-même à en faire plusieurs successivement.

C'est, en effet, un principe reconnu par le Code de commerce comme par le Code civil, que toute convention légalement formée doit tenir lieu de loi aux parties qui l'ont faite, et qu'elle ne saurait être dissoute ou modifiée par la volonté unilatérale de l'une d'elles seulement. Or, la désignation, quoique survenue après le contrat, en est, nous l'avons dit, une des clauses essentielles; rien d'étonnant dès lors que la jurisprudence lui ait fait l'application de l'art. 1134 C. civ.

Cette application est d'autant plus nécessaire ici, que la désignation ayant pour effet de déterminer les risques à la charge de l'acheteur, en les concentrant sur un ou plusieurs navires en particulier, ce serait transformer le contrat, par une modification des chances aléatoires auquel il est soumis, que de revenir sur la désignation une fois faite.

Ceci a pourtant été contesté et on a voulu, par exemple, permettre au vendeur de modifier son choix, lorsqu'il se trouvait encore dans le délai prescrit pour faire sa désignation. J'ai jusqu'au 1er août pour indiquer le navire, qui apportera au Havre les marchandises que j'ai vendues à Paul; tant que le 31 juillet n'est pas écoulé, je puis donc, a-t-on dit, faire la désignation, et peu importe que j'en aie déjà fait une autre, car j'étais libre de ne rien dire, et la désignation précédente constituait pour mon acheteur, non point un droit acquis, mais une faveur révocable.

Quelque spécieuse que soit une telle argumentation, elle n'a point été admise, et la jurisprudence a toujours maintenu, avec une grande fermeté de principes, que la désignation est définitive, à quelque époque qu'elle intervienne. Tant que le délai n'est pas expiré, il est, en effet, loisible au vendeur de ne pas désigner, comme, jusqu'à l'acceptation de l'acheteur, il lui est permis de ne pas maintenir sa proposition de vendre. Mais la désignation réalisée, comme le consentement donné à la vente, est définitive, et il ne suffit pas de dire qu'on aurait pu ne pas s'obliger, pour se délier de ses engagements. Il y a ici quelque chose d'analogue à la situation du tiré d'une lettre de change, qui, après avoir accepté immédiatement, n'est plus recevable à retirer son acceptation dans le délai de vingt-quatre heures.

La désignation du navire étant une des clauses du contrat de vente, semble devoir, comme toute convention librement formée par la volonté des parties contractantes, être rescindable pour cause d'erreur; le vendeur, par exemple, trompé par la rédaction vicieuse d'une lettre de son correspondant, a désigné le vapeur *Valencia*, comme devant apporter les marchandises vendues, tandis que c'est le trois mâts *Maria Mimbelli* qui doit en être chargé. Ne sera-t-il pas recevable, dans le délai convenu, à revenir sur sa désignation, parce que l'erreur dans laquelle il est tombé au sujet du navire qui apporterait la chose vendue, a été la cause de la fausse indication donnée à l'acheteur? A s'en tenir à la rigueur des principes, il serait permis de le croire, et réputant la désignation non-avenue, d'autoriser le vendeur à en faire une nouvelle. Toutefois ici encore l'irrévocabilité de la désignation a prévalu, et pour la maintenir on s'est appuyé sur cette double considération: 1° que l'erreur du vendeur lui étant personnelle ne saurait devenir une cause de nullité de la convention, qui, de la part de l'acheteur, réunit toutes les conditions requises pour sa validité ; 2° que cette erreur provenant d'une faute, doit être supportée par celui-là seul qui l'a commise (Marseille, 30 déc. 1861, Gir. et Clar., 1861, 1, 315).

De telle sorte qu'en définitive, la désignation est dans tous les cas irrévocable, et qu'à tous les points de vue la désignation incomplète ou erronée équivaut au défaut de désignation.

N° 6. — *Quels sont les effets du défaut de désignation?*

Le vendeur, en ne faisant pas dans le délai prescrit une désignation valable, a manqué à la principale des obligations que lui imposait la nature du contrat.

De là pour l'acheteur, en vertu de l'art. 1184 du Code civil, le droit : soit de demander l'exécution immédiate de la vente, et comme le vendeur n'aura pas le plus souvent des marchandises de même nature à sa disposition, de faire procéder lui-même à cette exécution aux frais de son débiteur ou de réclamer une indemnité pécuniaire, soit de demander la nullité du contrat.

C'est ce que la jurisprudence commerciale exprime, en disant que le défaut de désignation *rend le marché ferme*, ou le *résilie, au gré de l'acheteur*. Au gré de l'acheteur, disons-nous ; c'est en effet, en sa faveur seulement, selon ses convenances ou son intérêt, qu'a lieu la résiliation du contrat, ou sa conversion en marché ferme, et le vendeur, dont on cherche à punir la négligence ou la mauvaise foi, ne saurait se prévaloir d'une disposition exclusivement dirigée contre lui.

Quels sont maintenant les droits appartenant à l'acheteur dans chacune de ces hypothèses? À quel moment peut-il en user?

C'est ce qu'il faut rechercher avec soin, en ne perdant pas de vue qu'il s'agit d'un contrat synallagmatique, et que l'art. 1184 doit par suite nous servir de règle.

Si l'acheteur, d'abord, opte pour la conversion du contrat en marché ferme, qui lui paraît préférable, à cause de la hausse survenue dans le prix de la marchandise, depuis le moment de la vente, que peut-il demander?

Ici encore il a le choix :

Veut-il réclamer seulement une indemnité pécuniaire, représentant le préjudice que lui a causé l'inexécution du contrat, par exemple les dommages-intérêts qu'il a été obligé de payer lui-même à celui auquel il avait revendu par avance, il le peut, et c'est en effet ce qu'il fera toutes les fois qu'il n'aura pas un intérêt trop grand à avoir la marchandise elle-même.

Veut-il au contraire demander à se remplacer, il le peut encore, et alors il compensera, avec son prix d'achat, le coût du remplacement, et fera supporter l'excédant au vendeur. Mais, dans tous les cas, il est obligé de s'adresser aux juges, qui, s'ils ne peuvent lui imposer une des alternatives lui appartenant de droit, doivent du moins soit fixer le chiffre des dommages-intérêts, soit autoriser le remplacement et nommer le courtier qui sera chargé d'y procéder.

Tels sont les droits conférés à l'acheteur en cas de défaut de désignation. Reste à se demander maintenant sur quelle base doivent être calculés les dommages-intérêts, lorsqu'ils sont réclamés, et à quelle époque doit avoir lieu le remplacement, lorsque l'acheteur préfère recourir à ce mode d'indemnité.

En ce qui concerne les dommages-intérêts, le principe est bien connu. Il faut que l'acheteur soit mis au même état, que si le vendeur avait exécuté ses obligations, comme elles devaient l'être, c'est-à-dire que si la désignation ayant eu lieu, la marchandise fût arrivée à bon port ; d'où la conséquence, que l'indemnité doit comprendre ces deux éléments : d'une part, la perte que l'inexécution lui a causée, et d'autre part le gain dont elle l'a privé, ou, selon l'antique formule, *damnum emergens, lucrum cessans.*

Mais en quoi consistera ici la perte que l'acheteur a éprouvée et le gain dont il a été privé ? Si une revente a eu lieu, pas de doute : ce sera dans la différence du prix de revente avec le prix convenu; mais que décider, lorsque la marchandise n'ayant pas été revendue, comme il arrivera ordinairement, et ne pouvant plus l'être, on ignorera à quelles conditions la revente eût été possible ? La jurisprudence a imaginé, pour sortir d'embarras, un expédient fort habile, et elle a considéré le prix courant de la marchandise, tel qu'il est déterminé chaque jour à la Bourse, comme étant celui de la revente qu'eût probablement passée l'acheteur.

Le prix courant, mais à quel moment? à l'époque fixée pour l'arrivée prochaine du navire, ou bien à celle où aurait dû être faite la désignation?

On a enseigné que c'était à l'époque de l'arrivée probable du navire, soit parce que si le contrat eût été exécuté, l'acheteur n'aurait eu la marchandise à sa disposition qu'à ce moment, soit parce qu'en acceptant un terme pour la livraison, il a implicitement reconnu qu'il n'avait pas immédiatement besoin de la chose achetée (Marseille, 2 août 1855, Gir. et Clar., 33, 1, 231, et sur appel, Aix, 22 août 1857, *eod.*, 55, 1, 232).

La doctrine contraire paraît toutefois l'emporter, et c'est très-justement suivant nous.

1° L'acheteur, en cas d'exécution de la vente, n'aurait reçu livraison de la chose qu'à l'époque de l'arrivée du navire. — Il est vrai, mais il a pu du moins en disposer par avance, et se faire promettre un prix supérieur à celui qu'indique la cote de la Bourse, au moment fixé pour l'exécution du contrat; ce serait donc lui accorder une indemnité insuffisante, que d'apprécier les dommages-intérêts à cette époque.

2° Et de même, il est bien évident qu'en consentant à ne recevoir livraison qu'à l'heureuse arrivée du navire désigné, l'acheteur a suffisamment reconnu que jusque-là la marchandise n'était point nécessaire aux besoins de son commerce. Mais il n'en résulte pas que les dommages-intérêts à lui dus doivent être réglés au cours du jour, où le navire serait parvenu à destination. Quelle a dû être, en effet, la conclusion naturelle qu'il a tirée du défaut de désignation? C'est que la marchandise vendue ne lui serait point remise au terme fixé, et qu'il se trouverait, s'il attendait trop longtemps, dans l'impossibilité de faire face lui-même aux demandes de ses acheteurs. Et par suite, quelle a dû être la précaution la plus naturelle, que lui ait suggérée la prudence? C'est d'acheter d'autres marchandises de mêmes qualité et valeur, de les acheter immédiatement, de les acheter au prix courant, le jour où a expiré le délai prescrit pour faire la désignation. Quand il vient par suite réclamer à titre d'indemnité la différence, entre ce prix courant et celui convenu dans la vente, que pouvez-vous lui opposer, et sur quels motifs voudriez-vous le priver d'une indemnité, qui représente aussi exactement l'importance du dommage, que lui a causé le défaut d'exécution des obligations du vendeur ?

Aussi cette solution a prévalu dans la jurisprudence, et se trouve aujourd'hui consacrée par une série imposante de décisions judiciaires (Marseille, 9 sept., 14 sept., 24 nov. 1853, Gir. et Clar., 31, 1, 83 et 87; *id.*, 9 janv. 1855, *cod.*, 33, 1, 145; Marseille, 22 mars 1855, *cod.*, 33, 1, 152; Marseille, 9 octobre 1862, *eod.*, 1862, 1, 306).

Les développements que nous venons de fournir, ont par avance résolu la question de savoir à quel moment peut être demandé le remplacement, quand l'acheteur le préfère à une indemnité pécuniaire. Autorisé, dès que le défaut de désignation rend la livraison impossible, à se procurer l'équivalent de ce que lui aurait assuré l'exécution loyale et rigoureuse du contrat, et à recourir ensuite contre son vendeur pour l'excédant du prix payé sur le prix convenu, l'acheteur est par cela même en droit d'exiger le remplacement. Et le vendeur serait mal venu à lui interdire de faire, sous le contrôle de la justice, ce qu'il serait autorisé à faire sans formalités.

Ce remplacement toutefois, quoique offrant plus de garanties au vendeur, ne doit point devenir pour lui une nouvelle source d'obligations, et quelques difficultés qu'il ait présentées, quelques longueurs qu'il ait entraînées, l'acheteur doit se contenter de répéter, s'il en existe une, la différence entre le prix payé et le prix stipulé au contrat. C'est l'application de cette règle d'équité posée par l'art. 1150 C. civ., que le débiteur n'est tenu que des conséquences immédiates de l'inexécution de ses engagements.

Venons maintenant à notre seconde hypothèse, celle où l'acheteur opte pour la nullité, ou comme on dit en pratique, la résiliation du contrat.

Paul a vendu à Pierre, livrables à l'heureuse arrivée d'un navire à désigner, 100 hectolitres de blé, à raison de 30 fr. l'hectolitre. Et, lorsque le délai fixé pour la désignation vient d'expirer sans qu'elle ait été faite, le blé, par suite d'une baisse considérable, ne vaut plus que 25 fr. l'hectolitre. L'acheteur évidemment ne sera point tenté de demander l'exécution immédiate du contrat, puisqu'elle lui causerait une perte nette de 500 fr. Il en fera donc prononcer la nullité en justice, e la vente sera anéantie sans dommages-intérêts de part ni d'autre, à l'exception des frais de l'instance, qui bien entendu demeureront à la charge du vendeur, comme punition de sa témérité à prendre des engagements qu'il ne devait pas exécuter.

Demander la nullité du marché, ou en forcer l'exécution, telle est, avons-nous dit, l'alternative dans laquelle l'art. 1184 C. civ. place l'acheteur, en cas de défaut de désignation du navire porteur de la marchandise vendue.

Il est cependant un troisième parti, que l'usage du commerce lui permet encore de prendre, c'est de proroger, s'il le juge convenable, le marché, c'est-à-dire d'en reporter l'exécution à une époque ultérieure. Mais, comme celle qui consiste à demander la conversion du traité en marché ferme ou sa résiliation, cette nouvelle faculté est réservée exclusivement à l'acheteur, et quelle que puisse être pour le vendeur l'utilité de la prorogation, bien qu'elle ait fait l'objet d'une clause expresse du contrat, il ne saurait la provoquer lui-même, car elle est la sanction de ses engagements, et comme la peine de leur inexécution.

Dans quel cas pourra-t-elle être exercée et quelle en sera l'utilité pour l'acheteur? Telles sont les deux questions qu'il s'agit de résoudre sur ce point.

La faculté de proroger le marché est-elle tout d'abord inhérente à la vente par navire désigné, de telle sorte que, dans le silence des parties, elle appartienne de plein droit à l'acheteur?

Assurément, serait-on tenté de répondre, car, en définitive, en empêchant la résiliation du contrat, elle dispense momentanément le vendeur du paiement de toute indemnité, et ce serait bien mal comprendre les intérêts de celui-ci, que de contester en son nom une mesure, qui lui est aussi favorable. Cette conclusion ne sera pas toutefois la nôtre. L'art. 1184 C. civ. ne donne, en effet, à celui qui se plaint de l'inexécution des engagements pris en sa faveur, que le droit, soit de résilier le contrat, soit d'en réclamer l'exécution, avec ou sans dommages-intérêts. Or, s'il est possible aux parties de se ménager une autre espèce de droit, de laisser à l'une d'elles la faculté de modifier leurs conventions primitives, en changeant l'époque fixée pour la livraison, ce ne peut être que par un acte for-

mel de leur volonté. Vainement objecte-t-on que la prorogation est par sa nature utile aux intérêts du vendeur, et que
par suite, si l'acheteur l'accepte, bien mieux, s'il la demande,
on ne saurait l'interdire. La réponse est facile; c'est qu'il ne
s'agit pas de savoir si la prorogation convient ou non au vendeur, mais bien s'il est permis à l'acheteur d'en user. Or, l'article 1184 ne lui accordant point ce droit, il nous semble impossible de le lui conférer, quand aucune convention expresse
n'est intervenue. Sans doute, en fait, si les contractants d'un
commun accord prorogent la vente, nous n'avons rien à y reprendre, pas plus que nous n'essaierons de blâmer un changement apporté, dans les mêmes circonstances, au chiffre du
prix stipulé. Mais le marché ainsi prorogé sera un nouveau
contrat, ayant une individualité distincte, et non plus l'ancienne vente, dont l'exécution aurait été retardée, en vertu
d'une des clauses qui la constituent.

Si une stipulation expresse est nécessaire pour permettre à
l'acheteur de proroger l'exécution de la vente, comment
comprendre du moins que cette clause soit usitée? Rien de
plus facile à expliquer. La chose vendue est-elle d'une qualité
peu ordinaire, et dont la valeur ait considérablement aug-
menté depuis la conclusion du contrat, ni la résiliation ni le
remplacement n'offrent à l'acheteur des garanties suffisantes,
la résiliation, parce qu'elle lui fait perdre le bénéfice naissant
de la hausse; le remplacement, parce qu'il sera difficile et
qu'il ne procurera que des objets de qualité inférieure ou
dissemblable. Une baisse est-elle au contraire survenue depuis la formation de la vente, le remplacement est nuisible,
et la résiliation elle-même détruit tout espoir de profiter
d'une élévation ultérieure des cours.

Mais que dans ces divers cas l'acheteur se soit réservé
de proroger la vente, il pourra attendre, ici que l'exécution
devienne possible, là que le remplacement soit avantageux,

Quelque utilité que présente la prorogation pour l'acheteur,
il ne faut pas présumer sa volonté d'en user; et de même que
la résolution du marché n'a pas lieu de plein droit, de même
il est nécessaire, si l'acheteur veut exercer la faculté de prorogation, qu'il le dise. Garde-t-il trop longtemps le silence, il
est censé avoir renoncé à ce droit exorbitant des règles ordinaires. A quelque parti qu'il s'arrête, son choix d'ailleurs est

irrévocable, et de même qu'il ne peut proroger, après avoir fait prononcer la résiliation, il ne peut demander le remplacement, après avoir prorogé. *Electa una via, recluditur regressus ed alteram.*

II.

De l'indication de l'époque du chargement.

Si la désignation du navire constitue une condition essentielle à la validité de la vente par navire désigné, de telle sorte que le défaut de désignation rende le marché ferme ou en autorise la résiliation, il n'en est pas de même de l'indication de l'époque du chargement ou du départ du navire. Il ne dépend que du vendeur de garder à cet égard le silence, et pourvu que la marchandise arrive au port de destination dans le délai fixé, il est réputé avoir rempli ses engagements (Marseille, 25 juin 1868, et sur appel, Aix, 23 novembre 1868, Gir. et Clar., 1868, 1, 265; 1869, 1, 153).

Mais quand, négligeant d'user de la liberté que lui laissait l'usage, il aura déterminé l'époque à laquelle le navire doit quitter le port de charge, quels seront les effets attachés à cette indication? La jurisprudence à cet égard est formelle : le délai convenu pour le chargement du navire est aussi fatal que celui laissé au vendeur pour faire la désignation ; et dès que le bâtiment désigné a été expédié après le temps voulu, le marché devient ferme ou peut être résilié au gré de l'acheteur.

Peu importe que le navire arrive avant le terme assigné pour la livraison ; la nullité n'en est pas moins acquise, car que me fait la réalisation d'une des conditions substantielles de la vente, si les autres viennent à défaillir? peu importe même que l'époque fixée pour cette livraison soit encore éloignée; l'acheteur ne peut pas moins demander l'exécution immédiate du marché (Marseille, 7 août 1860, Gir. et Clar., 1860, 1, 276; *id.*, 10 fév. 1861, *eod.*, 1861, 1, 63).

Mais sur quels motifs fonder des décisions aussi rigoureuses, et comment expliquer que le moindre retard apporté dans l'expédition du navire soit puni de cette sorte, quand le vendeur était libre de ne point fixer de délai pour l'expédition?

La jurisprudence ne paraît pas même avoir entrepris de fournir scientifiquement cette explication, qui a toujours été en quelque sorte plutôt sous-entendue que démontrée.

Voici à notre sens comment elle aurait pu être formulée :

Quand un délai est fixé par le contrat pour le départ du navire porteur de la marchandise vendue, la fixation a ordinairement pour base le calcul du temps nécessaire à la traversée, d'après les chances ordinaires de la navigation.

Le navire part-il donc après l'époque déterminée, il n'arrivera probablement pas à temps.

Part-il avant, c'est qu'on ne se fie pas à sa rapidité, c'est qu'il est mauvais marcheur, par suite mal construit, et que la cargaison subira probablement des avaries.

Dans les deux cas, l'intérêt de l'acheteur se trouve éventuellement lésé ; dans les deux cas, la garantie spéciale résultant de la fixation d'un délai pour le départ se trouve supprimée ; dans les deux cas enfin une des conditions en considération desquelles l'acheteur avait accordé un terme pour la livraison vient à manquer, et voilà pourquoi l'acheteur peut, armé de la disposition de l'art. 1188 C. civ., retirer à son acheteur le bénéfice du terme qu'il lui avait concédé ; voilà pourquoi la vente se transforme en marché ferme, et pourquoi l'acheteur est autorisé à en poursuivre l'exécution ou la résolution immédiate.

Aussi point de distinction entre le cas où le navire est arrivé à l'époque convenue, et celui où il n'est pas parvenu à destination ; entre le cas où le délai de la livraison est expiré, et celui où il n'est pas encore accompli ; dans toutes les hypothèses, le droit de l'acheteur est le même, et la jurisprudence a très-sagement tiré les conséquences du principe, qu'elle a eu seulement le tort de laisser dans l'ombre.

Dirons-nous maintenant quels sont les droits appartenant à l'acheteur, lorsque le départ n'a point eu lieu à l'époque indiquée ? Expliquerons-nous qu'il a le choix entre la nullité et l'exécution immédiate du marché ; que, s'il opte pour l'exécution, les dommages-intérêts qui lui sont alloués doivent être réglés au cours du jour où le navire aurait dû partir (Marseille, 17 juillet 1868, et sur appel, Aix, 27 janvier 1869, Gir. et Clar., 1868, 1,278 ; 1869, 1,181)?

Mais il suffit pour cela de nous référer aux développements

fournis à propos du défaut de désignation, les règles qui y
sont exposées étant par analogie absolument applicables à
notre hypothèse.

III.

De l'indication de l'époque de l'arrivée probable du navire.

Pas plus que l'indication du moment du départ, l'indication
de l'époque probable de l'arrivée du navire ne constitue une
condition essentielle à la validité de la vente par navire désigné. Rien n'oblige le vendeur à fixer un terme pour la livraison, et quels que soient les retards qu'il éprouve, l'acheteur
est obligé d'attendre l'arrivée du bâtiment porteur de la marchandise, sans pouvoir demander la résiliation du marché ou
la fixation d'un délai après lequel cette résiliation serait acquise de plein droit (Trib. de com. de Bordeaux, 4 mars
1861, Gir. et Clar., 1862, 2,66).

Il est toutefois en fait bien rare que l'époque de la livraison
n'ait point été déterminée, et que l'acheteur ait consenti à accepter la chose acquise, quel que soit le moment où elle par-
viendrait à destination. De là la nécessité de se demander,
quels seront les effets de la fixation d'un terme probable pour
l'heureuse arrivée du navire.

Deux principes nous paraissent devoir fournir la solution
de toutes les difficultés que soulève cette question :

Le premier, c'est que le défaut de livraison, lorsqu'il est imputable au vendeur, donne ouverture contre lui aux diverses
actions naissant de l'art. 1184 C. civ.

Le second, c'est que l'acheteur est responsable des fortunes
de mer et par suite des retards, des avaries ou de la perte sur-
venus par cas fortuit ou de force majeure.

Mais dans quelle mesure chacun de ces principes sera-t-il
applicable ? Quand y aura-t-il cas fortuit ? quand faute imputable au vendeur ?

Toutes questions autant de droit que de fait, dont il nous
faut rechercher la solution dans les trois cas suivants :

1° Lorsque la marchandise arrive à l'époque fixée, mais à
bord d'un navire autre que celui désigné;

2° Lorsqu'elle arrive après l'époque fixée;

3° Lorsqu'elle a péri en route.

1° Et d'abord l'indication d'un délai pour la livraison implique-t-elle que la marchandise doive nécessairement, lorsqu'elle arrive à destination, être chargée sur le navire désigné? Je vous ai vendu, par exemple, 10,000 planches de sapin livrables à Brest du 15 au 20 septembre prochain, à l'heureuse arrivée d'un navire le *Conjuncturen*, parti du port de Wisby, île de Gothland (Suède); survient une tempête dans laquelle le *Conjuncturen* fait naufrage; mais les planches sont sauvées par un autre navire, et parviennent en rade de Brest le 12 septembre. Mon acheteur devra-t-il accepter la marchandise ainsi arrivée? sera-t-il recevable au contraire à refuser la livraison?

Pour refuser, il pourrait soutenir qu'il avait contracté sous la condition que la marchandise serait amenée à bon port sur le *Conjuncturen*, et non sur un autre navire; qu'il s'était obligé à recevoir les 10,000 planches, si elles se trouvaient sur le navire perdu et à son heureuse arrivée, et à l'appui de ce raisonnement il pourrait invoquer la grande autorité de MM. Delamarre et Lepoitvin, qui soutiennent que la condition de l'arrivée du navire doit être interprétée rigoureusement, et en conséquence, qu'une fois le navire perdu, chacune des parties est libre de se départir du contrat, *ou plus exactement qu'aucune obligation n'a existé* (En ce sens, Marseille, 10 février 1840, Gir. et Clar., 19, 1, 342; trib. de com. du Havre, 16 sept. 1845, Gir. et Clar., 25, 2,143).

Cette argumentation toutefois ne nous paraîtrait point concluante. Il est de principe, en effet, qu'il faut rechercher dans l'interprétation des conventions quelle a été la commune intention des parties contractantes, plutôt que de s'arrêter au sens littéral des termes employés. Or, en indiquant le navire, le vendeur et l'acheteur ont eu pour but d'individualiser la marchandise, afin qu'il ne soit pas possible d'offrir en livraison une chose autre, que celle que l'acheteur a entendu acquérir. Elles n'ont point voulu subordonner la validité du contrat à l'arrivée de la marchandise sur le navire désigné, et ce serait leur prêter d'étranges préoccupations, bien peu conformes aux habitudes et aux intérêts du commerce, que de supposer qu'elles ont fait de ce fait insignifiant, la condition essentielle de la vente.

Dès lors que l'acheteur n'a pas changé la marchandise, qu'il l'a livrée après l'avoir retirée du naufrage, portant encore les marques et les numéros qui en indiquent la provenance et la qualité, le marché est exécuté, et l'acheteur ne peut pas plus refuser de recevoir, que le vendeur ne serait autorisé à ne pas faire la délivrance.

Et d'ailleurs qu'importe l'intention des parties? Le transbordement a eu pour cause un naufrage, c'est-à-dire un de ces événements naturels, que nulle prudence humaine ne peut prévoir et que nulle puissance ne peut empêcher. Il constitue donc une de ces chances de la navigation, dont l'acheteur, comme l'assureur ordinaire, répond, et ce serait méconnaître le caractère de la vente par navire désigné, que de faire du transbordement une cause de résiliation pure et simple du contrat (Marseille, 23 janvier 1837, Gir. et Clar., 35, 1, 28; Rouen, 2 déc. 1840; id., 18 mars 1852; id., 6 mars 1854, Lebir, 1854, 2, 530).

Et ce que nous disons du cas de naufrage est pareillement vrai du cas où le navire a été reconnu innavigable, avant son départ du port de chargement, et où il lui en a été substitué un autre, pour faire parvenir la marchandise vendue. L'innavigabilité, comme le naufrage ou l'échouement avec bris, figure en effet au nombre des fortunes de mer, et puisque l'acheteur s'en est chargé, puisqu'il a assumé les risques ordinairement courus par l'assureur, quoi de plus naturel que de lui en faire supporter les conséquences? Il pouvait, si la marchandise eût péri, ne rien recevoir et payer le prix; on lui offre la marchandise telle qu'elle serait, si aucun accident ne se fût produit; est-il donc si malheureux et si digne de pitié (Trib. com. Bordeaux, 7 juin 1850, Gir. et Clar., 20, 2, 131; Trib. de com. Rouen, 21 oct. 1853, et sur appel, Rouen, 7 mars 1854, cod., 31, 2, 136; 33, 2, 33; Marseille, 9 oct., et sur appel, Aix, 18 déc. 1851, eod., 33, 1, 5; Marseille, 12 mars 1872, Gir. et Clar., 1872, 1, 105; Marseille, 27 février 1874, cod., 1874, 1, 123; Marseille, 21 avril 1874, cod., 1874, 1, 174)?

Telle est dans cette hypothèse la part d'application à faire à notre second principe. Voici celle que nous croyons due au premier :

Le vendeur, sans force majeure constatée, a transbordé

tout ou partie de la cargaison, et apporté ainsi une modification profonde aux conditions primitives du contrat. L'acheteur sera en droit de demander la résolution, lors même que le navire serait arrivé dans le délai prescrit, car s'il avait accepté les risques que courait tel bâtiment, c'était pour demeurer étranger aux chances de la navigation de tout autre, et son cocontractant ne pouvait, par sa volonté unilatérale, changer les bases même de leur convention (Cour d'Aix, 15 juillet 1859, Gir. et Clar., 1861, 1, 92).

Remarquez toutefois, qu'il suffit que la marchandise soit offerte à bord du navire désigné, et que si, par suite de la lenteur qu'aurait apportée l'acheteur à procéder au débarquement, la chose avait dû être transbordée sur des allèges, ou débarquée, soit sur le quai, soit dans les docks qui forment un prolongement du quai, la livraison n'en pourrait être refusée, lorsque au reste l'identité serait constante (Marseille, 16 octobre 1868, Gir. et Clar., 1869, 1, 26; Marseille, 16 oct. 1873, Gir. et Clar., 1873, 1, 20).

2° Le navire désigné est arrivé porteur de la marchandise, mais après l'époque fixée pour la livraison; quel sera le sort du contrat?

La même distinction est encore ici nécessaire :

Le retard est-il imputable aux événements de mer, le navire, par exemple, a-t-il essuyé une tempête qui l'ait forcé à relâcher, a-t-il été retenu par des vents contraires ou par un calme plat, toute réclamation est interdite à l'acheteur, qui doit prendre livraison à quelque époque que ce soit, et payer le prix convenu.

Provient-il au contraire de la faute du vendeur, le navire est-il, par exemple, parti trop tard, a-t-il dévié de sa route, le contrat n'a pas reçu son exécution, et, s'il ne veut proroger, l'acheteur a le choix de demander la résiliation ou l'exécution immédiate de la vente.

A cet égard, la distribution des rôles entre les parties est facile à faire. C'est au vendeur qu'incombe l'obligation de prouver le cas fortuit qui a occasionné le retard ; car il allègue que l'exécution de ses engagements a été rendue impossible par un événement de force majeure, il affirme qu'il est libéré. Or, celui qui se prétend libéré doit, en vertu de l'art. 1315 C. civ., justifier du fait, qui a produit l'extinction de son obligation.

3° Je suppose enfin que le navire désigné n'arrive point au terme fixé, et que rien ne fasse prévoir qu'il arrivera ultérieurement.

Deux hypothèses sont possibles :

Ou bien le fait du naufrage n'est pas connu du vendeur, qui depuis le départ n'a reçu aucune nouvelle, ou bien au contraire l'événement qui a occasionné la perte est parvenu à sa connaissance, soit que la marchandise ait été partiellement sauvée, soit que l'équipage ait pu être recueilli, soit enfin que le naufrage ait eu des témoins, ou qu'il ait été révélé par des épaves recueillies en mer ou jetées à la côte.

Examinons dans chacun de ces cas quelle sera la position des parties contractantes.

A. Le navire d'abord ne parvient point à destination, sans que cependant le vendeur puisse directement justifier de la perte et réclamer par suite le paiement du prix.

La vente restera-t-elle indéfiniment en suspens? Sera-t-elle résiliée de plein droit, sans dommages-intérêts de part ni d'autre? Nous n'admettrons ni l'une ni l'autre de ces solutions. Dans la vente par navire désigné, l'acheteur joue, nous l'avons dit au début, le rôle d'un assureur ordinaire, et tous les droits qui appartiennent à l'assuré en vertu des règles du Code, son vendeur peut, par analogie, les exercer contre lui. Or, après un délai de six mois à compter du jour du départ, ou des dernières nouvelles, si le voyage est ordinaire, après un an s'il est au long cours, l'assuré est autorisé à faire le délaissement et à demander le paiement de l'assurance, sans qu'il soit besoin de prouver la perte du bâtiment assuré. Donc, après des délais semblables, le vendeur réclamera le paiement du prix, et la vente recevra son exécution dans la mesure où cette exécution est possible. Et ne dites pas que l'art. 1315 du Code civil est ainsi violé, parceque le vendeur s'exonère de l'obligation de délivrer sans prouver le fait qui a produit sa libération, car s'il n'apporte pas une preuve directe, il se prévaut du moins d'une présomption légale, qui a pour effet de dispenser de toute preuve celui au profit duquel elle existe (art. 1352 C. civ.).

B. Nous arrivons maintenant à notre seconde hypothèse celle où le fait du naufrage est connu du vendeur, et où les parties apprennent tout à la fois et la non-arrivée du navire, et la cause qui l'a empêché de parvenir à destination.

Quelle influence cet événement exercera-t-il sur la destinée du contrat?

Point de doute en premier lieu, si le navire ou la marchandise n'ayant point fait l'objet d'un contrat d'assurance, la perte en est due à un cas fortuit ou de force majeure. L'acheteur sera obligé de payer, quoiqu'il ne reçoive pas la chose achetée. Il n'y aurait d'exception à faire, que si l'événement qui a causé la perte avait été précédé, accompagné ou suivi, de quelque faute imputable au vendeur, comme si, par exemple, il avait modifié l'itinéraire du navire, et l'avait conduit, pour prendre un supplément de cargaison, dans des mers dangereuses ou à de grandes distances.

La difficulté s'élève au contraire, si le navire était assuré, et si le vendeur, usant des dispositions des articles 369 et suiv. du Code de commerce, en avait fait le délaissement à ses assureurs. La vente est-elle alors résolue, et le vendeur qui reçoit l'indemnité d'assurance se trouve-t-il déchu de son droit au prix? Le contrat subsiste-t-il au contraire, et, pour faire face au paiement du prix, l'acheteur est-il autorisé à réclamer l'indemnité d'assurance?

La jurisprudence du tribunal de commerce de Marseille semble pencher vers le premier système, et deux jugements des 15 janvier 1822 (Gir. et Clar., 3, 1, 9) et 19 juin 1867 (*eod.* 1867, 1, 227) ont admis que le délaissement opère la résolution de la vente, au profit de l'acheteur comme au profit du vendeur.

Voici les arguments qui auraient pu être invoqués à l'appui de cette opinion :

Le bénéfice du contrat d'assurance est exclusivement personnel au vendeur, et cela par deux motifs :

1° L'indemnité payée par l'assureur ne représente point la chose assurée; elle est l'équivalent des primes acquittées et de la chance courue de payer inutilement ces primes ;

2° En outre, s'il est vrai que celui qui en stipulant pour lui-même, stipule en même temps dans l'intérêt d'un tiers, fait naître au profit de cette tierce personne, dès qu'elle a accepté, une action et un droit direct indépendants de l'action du stipulant, il faut bien reconnaître qu'il n'est pas question dans notre hypothèse de convention de cette nature. Le vendeur, qui assure son navire et la marchandise dont il est porteur, n'est point mû ordinairement par la considération de l'intérêt de son acheteur. Il ne contracte que pour se garantir d'une éventualité de perte, et non pour assurer à l'acheteur, en cas de naufrage du navire, une indemnité pécuniaire au lieu de la chose disparue.

Point d'action directe par suite qui puisse être accordée à l'acheteur, pour toucher l'indemnité d'assurance des risques de mer. Rien que l'action oblique de l'art. 1166, qui, le plaçant en concours avec les créanciers de son débiteur, le soumettrait à toutes les chances d'insolvabilité de ce dernier. Qu'on laisse donc la vente subsister nonobstant le délaissement, et voilà que le vendeur recevra d'une part le prix stipulé, de l'autre l'indemnité d'assurance, qu'il touchera deux fois le prix de sa chose, tandis que l'acheteur paiera sans rien recevoir ; voilà le principe que le contrat d'assurance ne doit jamais devenir l'occasion d'un gain pour l'assuré violé, et violé au détriment de l'acheteur. Mais que la vente au contraire soit résiliée, et le vendeur sera indemnisé de la perte de sa marchandise, sans que les intérêts de son cocontractant soient en rien lésés. Et de là on conclut que tel doit être l'effet du délaissement.

Quoique cette argumentation repose en apparence sur les principes essentiels du droit, et aussi sur ceux de l'équité, qui est l'âme des relations commerciales, nous croyons qu'il faut décider que la vente subsiste et que l'acheteur doit payer le prix. L'acheteur répond des accidents éprouvés par la marchandise en cours de voyage. Or, ce qui a déterminé le délaissement, c'est un de ces événements de mer, dont l'art. 350 du Code de commerce fait supporter les conséquences à l'assureur. Donc l'acheteur doit acquitter le prix, bien qu'il ne reçoive pas livraison de la marchandise, et la vente sortir à effet au lieu d'être résolue de part et d'autre.

Si rigoureux que notre principe puisse paraître dans cette application particulière, il importe de le maintenir, car c'est le principe même sur lequel repose la théorie des ventes par navire désigné, et qui pourrait se trouver fortement ébranlé, si l'on entrait dans la voie périlleuse où le système contraire veut nous entraîner.

Que l'on y regarde bien d'ailleurs, et l'on verra que les conséquences, qui semblent à première vue en découler nécessairement, ne sont point exactes, et qu'il n'est point vrai que l'acheteur doive payer le prix, sans avoir action *ex persona sua* sur l'indemnité d'assurance. Sans doute, l'indemnité ne représente pas la chose assurée ; sans doute, s'il a lui-même souscrit la police, le vendeur n'a stipulé qu'en son nom et point pour l'acheteur. Mais il n'en résulte pas qu'il soit le seul créancier de l'assureur, et que l'acheteur ne puisse agir contre ce dernier, qu'en exerçant les droits de son débiteur.

Toute vente comprend, en effet, non-seulement la chose vendue, mais encore les accessoires qui en dépendent, et en même temps que l'acheteur acquiert la propriété de l'une, il devient propriétaire des autres. Or, l'indemnité d'assurance a toujours été considérée comme l'accessoire de la chose, puisque l'art. 1303 C. civ. a imposé l'obligation au débiteur d'un corps certain, péri sans sa faute, de céder à son créancier les droits ou actions en indemnité, qui pourraient lui appartenir par rapport à l'objet perdu. Donc l'acheteur a un droit exclusif sur l'indemnité d'assurance, donc il peut l'exiger en son nom, et sans être appelé à la partager avec les autres créanciers du vendeur ; c'est la même solution que celle admise en matière de lettre de change, et d'après laquelle, la provision étant l'accessoire de la lettre de change, la propriété s'en transfère par la voie de l'endossement.

Repousseriez-vous d'ailleurs ce motif, qu'il nous resterait encore une raison décisive pour attribuer à l'acheteur l'indemnité d'assurance. C'est qu'en vertu d'une clause dite : « coût, frêt et assurance compris » l'acheteur fournit ordinairement la somme nécessaire au paiement de la prime, et que par suite le droit à l'indemnité naît en sa personne, comme compensation de la chance courue de payer inutilement cette prime (Rouen, 24 mai 1862, Lehir, 1863, p. 285).

La vente est par suite valable, nonobstant le délaissement fait par le vendeur, et tandis qu'il est tenu d'en acquitter le prix, l'acheteur reçoit en retour l'indemnité d'assurance.

Nous venons de parcourir les diverses questions, auxquelles

peut donner lieu le défaut d'arrivée du navire dans le délai
prescrit, et nous avons reconnu sur chacune d'elles que le
contrat est, au gré de l'acheteur, résolu ou susceptible d'être
converti en marché ferme, toutes les fois que la défaillance
de la condition est imputable au vendeur.

Quelles seront maintenant les conséquences de cette résiliation, ou de cetteconversion en marché ferme ? Au cours
de quelle époque devront être réglés les dommages-intérêts
dus à l'acheteur ? Toutes questions que nous avons implicitement tranchées d'avance, à propos du défaut de désignation,
et sur lesquelles nous ne reviendrons pas, les principes posés
alors devant recevoir ici leur application *mutatis mutandis*,

§ II.

De la vente par filière.

On appelle *filière* une série de ventes et de reventes successives de la même marchandise, s'exécutant au moyen de la
transmission d'un ordre de livraison que crée le premier
vendeur. La vente par filière n'es' donc point, comme celle
par navire désigné ou en disponible, une espèce particulière
de vente; c'est une variété de vente à livrer destinée à mul-
tiplier, en les accélérant, les transactions commerciales.

Pierre a vendu à Paul, par exemple, une certaine quantité
de blé à livrer fin courant. Paul a revendu cette partie à
Jacques, celui-ci à André. Si les règles ordinaires étaient ob-
servées, Pierre serait tenu de livrer à Paul, Paul à Jacques,
Jacques à André, et la marchandise, transmise successivement
à chacun des acheteurs, arriverait dans les magasins du dernier, grevée des frais de nombreux transports. A ce déplacement répété de l'objet vendu, correspondrait toute une succession de paiements portant sur des sommes à peu près
égales, et l'opération, dont le résultat final serait de faire
obtenir au dernier acheteur la chose vendue, et le prix au
premier vendeur, exigerait de la part de chacun des vendeurs ou acheteurs intermédiaires une tradition et un paiement souvent très-onéreux.

C'est pour éviter les frais et les lenteurs auxquelles donne-
raient lieu ces ventes et reventes de la même marchandise,

que la coutume commerciale, toujours habile à deviner et à satisfaire les besoins du négoce, a imaginé la vente par filière. Ici, plus d'exécution matérielle des divers marchés; plus de déplacements de la chose vendue; le premier vendeur remet à son acheteur un ordre de livraison sur le détenteur de la marchandise, consignataire ou autre; cet acquéreur le passe lui-même à son sous-acheteur, et ce n'est que lorsqu'est terminée la série des aliénations successives, que le dernier porteur de l'ordre ou réceptionnaire, se présentant au livreur, exige la délivrance effective.

L'ordre de livraison joue ainsi à certains égards le rôle d'une lettre de change payable en marchandise; et la transmission, qui en est faite aux acheteurs intermédiaires, remplace vis-à-vis d'eux la tradition de l'objet vendu.

Utile au point de vue pratique, usitée sur plusieurs places de commerce et notamment à Marseille pour les opérations sur les huiles et sur les blés, la vente par filière est-elle légale? On ne saurait en douter. D'une part, les ventes à livrer portant sur des marchandises sont en principe valables, nous l'avons déjà expliqué, à moins qu'elles ne cachent un jeu sur la hausse ou la baisse; de l'autre, si le réceptionnaire reçoit de celui avec qui il n'a point traité, il reçoit en qualité de mandataire du premier acheteur, et en vertu de ce principe posé par l'art. 1239 C. civ. « que le paiement doit être fait au créancier, ou à quelqu'un ayant pouvoir de lui. »

Aussi nul aujourd'hui ne conteste la validité des ventes à la filière, et la seule difficulté qu'elles soulèvent consiste dans la détermination des règles qui leur sont applicables.

Ces règles tout d'abord ne nous paraîtraient guère douteuses, si les diverses reventes étaient conclues pour le même prix. Le réceptionnaire en payant libérerait tous les acheteurs, comme le livreur, en opérant la tradition, libère tous les vendeurs, et dès que les deux parties placées aux extrémités de la chaîne auraient exécuté leurs obligations, les membres intermédiaires de la filière seraient déchargés de leurs engagements respectifs.

Cette hypothèse toutefois est purement chimérique. Les oscillations incessantes du cours de la Bourse, les efforts très-légitimes que tentera chaque acheteur pour réaliser un bénéfice sur la marchandise vendue, la nécessité où il se trouvera quelquefois de consentir la revente, même avec perte, sont autant de causes, qui introduiront des différences souvent sensibles entre les prix des diverses ventes. De là, lorsque le réceptionnaire a pris livraison, la nécessité de régler et de solder ces différences.

Ce règlement n'a pas toujours lieu de la même manière : tantôt la liquidation de la filière est faite par les parties elles-mêmes; tantôt elle est confiée à des agents spéciaux et salariés appelés *Filiéristes*.

A-t-on adopté, comme c'est l'usage à Marseille, le premier mode de procéder : le vendeur primitif remet sa facture acquittée à son acheteur, qui, au lieu de lui en payer le montant, lui donne sa facture sur son sous-acheteur, en se faisant tenir compte de la différence; en échange de la facture du premier acheteur, le second confie à son tour au livreur sa facture sur le troisième, en exigeant aussi la différence, de telle sorte qu'après avoir réglé toutes les différences dues aux divers endosseurs de l'ordre, le vendeur primitif finit par avoir en mains la facture payante sur le réceptionnaire, qui lui en acquitte le montant. Nous verrons dans un instant qu'il n'est pas même obligé de recourir à cet échange de factures, la jurisprudence lui accordant une action directe *ex persona sua* contre celui qui prend livraison. Rien n'empêcherait d'ailleurs que l'opération inverse n'eût lieu, c'est-à-dire que le dernier acheteur, passant dans les bureaux du livreur, lui payât le prix de la première vente, sauf à solder ensuite les différences dues aux vendeurs subséquents. C'est le procédé en usage sur la place de Rouen.

Les parties se sont-elles adressées à des filiéristes, ceux-ci au moment de l'échéance avertissent les membres de la filière par des lettres de *prévention* de se tenir prêts à régler les différences. Ils se rendent ensuite chez chacun d'eux, en observant l'ordre des reventes, lui payent la différence due, et se font remettre en retour sa facture acquittée; à l'aide de la dernière de ces factures, ils encaissent le prix du réceptionnaire et le versent en mains du livreur.

L'accomplissement de ces diverses opérations suppose, et que toutes les parties sont solvables, et qu'elles consentent toutes à exécuter leurs obligations. Mais voici au contraire que l'une d'elles refuse soit de payer le prix, s'il s'agit du réceptionnaire, soit de régler la différence, s'il s'agit d'un acheteur intermédiaire. Quels seront les droits du livreur? Quels seront ceux des autres vendeurs? En un mot, quelles relations juridiques la série des ventes, qui composent la filière, a-t-elle créées entre les parties?

A ne consulter que les règles du droit commun, aucune difficulté n'est possible. Que comprend en effet la filière? Une succession de ventes, qui, passées pour des prix différents, entre des personnes distinctes, n'ont d'autre lien commun que l'identité de la marchandise qui en fait l'objet. Que doit-elle par suite faire naître? Des droits ou des obligations entre ceux qui ont figuré au même contrat, mais entre ceux-là seulement, car si les conventions tiennent lieu de loi à ceux qui les ont faites, elles sont pour toute autre personne *res inter alios acta.*

Objecterez-vous que le seul fait de la transmission de l'ordre de livraison produit entre les membres de la filière ce lien de droit, que les divers marchés seraient impuissants à créer? Je vous répondrai que ce lien de droit, n'existant point originairement, ne pourrait avoir d'autre cause qu'une novation par changement de débiteur, qui, supprimant les acheteurs intermédiaires, laisserait en présence le porteur de l'ordre et le livreur, ou bien une accession de chacun des vendeurs et acheteurs aux obligations de ceux qui le précèdent, de telle sorte que le livreur aurait pour débiteurs solidaires du prix tous ceux qui ont acheté, et le réceptionnaire pour débiteurs solidaires de la chose tous ceux qui ont vendu.

Or je prétends qu'il n'y a pas plus ici novation qu'obligation solidaire des endosseurs. De solidarité d'abord, il n'en saurait être question, car s'il est vrai qu'en matière commerciale elle est quelquefois présumée, si nonobstant l'art. 1202 du Code civil, il n'est pas besoin pour la créer d'une convention expresse des parties, du moins une condition demeure toujours indispensable à son existence : c'est que les divers débiteurs, que l'on veut rendre solidaires, soient obligés vis-à-vis de la même personne. Eh bien dans la vente par filière, nous le savons déjà, chaque partie n'est liée qu'avec son vendeur et son acheteur immédiat.

Et ne parlez pas davantage d'une novation, qui substituerait le réceptionnaire aux autres acheteurs, et *vice versa.* La novation par changement de débiteur suppose le consentement, tant du créancier que de celui qui s'oblige à la place de l'ancien débiteur. Or comment le livreur, qui joue ici le rôle de créancier, serait-il réputé avoir consenti aux reventes successives de la marchandise, lorsque, jusqu'au moment de la tradition, il ignore les transmissions successives de l'ordre de livraison? Direz-vous que la clause à ordre contient ce consentement implicite? Mais la novation ne se présume point, et s'il n'est pas nécessaire qu'elle soit exprimée en termes sacramentels, du moins faut-il que la volonté de l'opérer ressorte clairement et d'une manière certaine des faits et des actes intervenus entre les parties (art. 1273 C. civ.).

Et en sens inverse, on dirait vainement que l'endossement de l'ordre libère chacun des vendeurs de l'obligation de délivrer la chose. Il n'y a là en réalité que l'indication d'une personne qui doit payer à la place du débiteur, et cette indication, l'art. 1277 C. civ. nous l'apprend, n'emporte point novation.

En résumé donc, il n'existe de relations juridiques entre deux membres de la filière, qu'autant qu'ils ont figuré au même contrat. Chacune des reventes successives n'a d'effet qu'entre ceux qui y ont donné leur consentement; et pas plus qu'elle ne peut être invoquée au préjudice des tiers contractants, elle ne saurait être invoquée à leur profit. Aussi verrons-nous plus tard, que si la jurisprudence accorde au livreur contre le réceptionnaire une action en payement du prix, elle lui assigne un tout autre fondement qu'une novation par changement de débiteur.

C'est ce que le tribunal de commerce de Marseille a reconnu et parfaitement expliqué, dans un jugement célèbre du 26 avril 1858 (Gir. et Clar., 36, 1, 153) dont nous ne savons ce qu'il faut le plus admirer, ou de la fermeté des principes, ou de la netteté de la rédaction :

« Attendu, y est-il dit, que la remise des ordres de livraison est un mode d'exécution des traités de vente et d'achat;

« Que les traités, auxquels s'applique un ordre, sont intervenus séparément entre un vendeur et un acheteur et n'ont créé de lien de droit qu'entre ces deux parties;

« Que ce n'est donc que l'ordre de livraison lui-même, qui formerait entre ceux qui se le transmettent, des relations de droit ne dérivant pas des traités.

« Attendu que l'ordre de livraison, pour celui qui le reçoit, est l'indication d'une personne qui doit lui livrer à la place de son propre vendeur la marchandise vendue;

« Que ce vendeur reste obligé, si l'ordre ne s'exécute pas, parce qu'il n'a donné qu'une indication, sans faire novation à son engagement;

« Que le détenteur du blé en devient le débiteur indiqué, mais sans contracter une obligation nouvelle et sans acquérir un droit nouveau;

« Que pour ce débiteur la personne indiquée n'est que le représentant de son créancier, et s'il est lui-même créancier éventuel d'un prix, il conserve sa créance contre celui-là seul avec qui il a traité, et à l'engagement duquel ne se joint pas un tiers, par l'effet d'une simple indication. »

Le principe sur lequel repose toute la théorie des ventes par filière ainsi défini, recherchons quelles en sont les conséquences au point de vue:

1° Des rapports du livreur avec son acheteur direct, et du réceptionnaire avec son vendeur immédiat;

2° Des rapports réciproques du livreur et du réceptionnaire;

3° Des rapports du livreur avec les acheteurs et du réceptionnaire avec les vendeurs intermédiaires;

4° Des rapports des membres intermédiaires de la filière.

1. *Des rapports du livreur avec son acheteur et du réceptionnaire avec son vendeur immédiat.*

De ce que la transmission de l'ordre de livraison n'emporte point novation, il suit que le livreur est autorisé à l'échéance à réclamer le payement du prix de son acheteur immédiat, s'il n'a pas cru devoir l'exiger du réceptionnaire, au moment de la tradition. Mais je suppose que l'acheteur lui offre sa facture acquittée sur le sous-acquéreur : — Sera-t-il tenu de l'accepter? Assurément non. En retour de la marchandise, on lui a promis une somme d'argent; c'est donc de l'argent qu'on est obligé de lui donner, et lors même que la solvabilité du sous-acquéreur rendrait le payement de la facture certain, il serait encore en droit de la refuser. Les jurisconsultes ro-

mains, dont la décision a été reproduite par l'art. 1243 C.civ.
disaient déjà : *Aliud pro alio, invito creditori solvi non potest*
(ff. Livre 12, titre I, L. 2, § 1).

Refuser la facture de l'acheteur ne constitue bien entendu
pour le livreur qu'une faculté, et il n'en usera le plus souvent
en pratique que lorsque l'état des affaires du réceptionnaire
ne laissera pas de doute sur l'inutilité des poursuites, qui seraient exercées contre ce dernier.

Même en acceptant cette facture, il reste d'ailleurs créancier de son acheteur, soit de la différence en plus, s'il en
existe une entre le prix stipulé et celui payé par le réceptionnaire, soit de la totalité de la somme due, si les débiteurs indiqués ne paient point au terme fixé. Par exception, s'il
n'avait pas fait ses diligences en temps utile pour arriver au
paiement, et s'il avait par suite compromis le recouvrement
de la facture, il serait déchu de son recours contre son acheteur direct, car constitué mandataire de celui-ci pour poursuivre les réceptionnaires, il ne saurait le rendre responsable
d'un défaut de paiement provenant de l'inaccomplissement de
son mandat (Marseille, 25 sept. 1867, Gir. et Clar., 1868, 1,14
et sur appel, Aix, 5 mai 1868, *eod.*, 1869, 1,91 ; Marseille, 2 avril
1873, Gir. et Clar., 1873, 1,179).

De même que le livreur conserve son action en paiement
du prix contre le premier acheteur, de même le réceptionnaire peut réclamer à son vendeur immédiat la livraison de
la marchandise achetée, et tout ce qui vient d'être dit sur l'é-
tendue des droits de l'un, est, par identité de motifs, applicable aux droits de l'autre. Notons cependant qu'un usage local
tend à imposer au réceptionnaire, nonobstant l'art. 1243. C. civ,
l'obligation d'accepter un ordre de livraison sur un tiers,
quoiqu'il se trouve ainsi tenu, au moment de la tradition de
payer le prix de la première vente, fût-il supérieur à celui
qu'il a promis (Marseille, 21 novembre 1861, Gir. et Clar., 61,
1,298 ; *contrà*, Marseille, 26 mars 1858, *eod.*, 36, 1,194).

Usant des droits que nous venons de lui accorder, le premier acheteur actionne son vendeur en délivrance de la chose;
mais celui-ci, qui avait acquis lui-même de cet acheteur pareille quantité de marchandise, lui oppose la compensation.
Est-il fondé dans sa prétention ?

La jurisprudence a répondu affirmativement (Marseille, 19 juin 1855, Gir. et Clar., 33, 1,333), et nous ne pouvons qu'approuver sa décision.

La compensation légale s'applique, en effet, aux créances de choses fongibles de la même espèce, comme à celles de sommes d'argent, lorsqu'elles sont également liquides et exigibles.

Les obligations réciproques de délivrer la chose et de payer le prix, qui unissaient par suite de la vente et de la revente les deux parties en cause, ont donc été éteintes, et il ne subsiste qu'une action en paiement de la différence, au profit de celui qui avait obtenu le prix le plus élevé.

Modifions légèrement notre hypothèse :

Pierre a vendu à Paul 100 hectolitres de blé dur d'Afrique. Paul a vendu à Pierre pareille quantité de blé de la même espèce et de la même provenance, et lui a remis un ordre de livraison sur Thomas.

L'échéance arrivée, Paul assigne Pierre en délivrance de la marchandise. Pierre répond qu'en vertu du second traité il lui est dû 100 hectolitres de blé absolument semblables à ceux qu'on lui réclame, et qu'il entend compenser.

Son exception doit-elle être accueillie?

Il semble, en partant du principe, qui nous a servi à résoudre la première question, que l'on doive répondre affirmativement : ici encore les deux parties sont respectivement créancières et débitrices de la même quantité de choses fongibles. Pourquoi ne pas admettre la compensation ?

Le tribunal de Marseille, qui a cru devoir adopter la négative (23 janvier 1855, Gir. et Clar., 33, 1, 43, et sur appel, Aix, 1er juin 1855, eod., 33, 1, 187 ; Marseille, 6 janv. 1862, eod., 1862, 1, 122), en a donné ce motif, que si Pierre dans notre hypothèse est débiteur d'une certaine quantité de marchandises envers Paul, celui-ci n'a que l'obligation, « s'il en est requis, de faire sortir à effet l'ordre de livraison », et que, l'une des parties étant tenue de délivrer des marchandises, l'autre de céder une créance sur un tiers, leurs obligations ont des objets distincts, et ne sont pas dès lors susceptibles de compensation.

Le principe même, sur lequel nous venons d'asseoir la théorie des ventes par filière, a par avance condamné cette

décision. En cédant à Pierre l'ordre de livraison sur Thomas,
Paul s'est-il libéré des obligations dérivant pour lui de la
vente ? Nullement ; il est resté tenu de faire livraison de la
chose pour, le cas où Thomas à l'échéance ne délivrerait
point les 100 hectolitres vendus. Or serait-ce d'un cédant que
l'on pourrait dire qu'il est obligé, à moins de clause expresse,
de garantir la solvabilité du débiteur cédé ? La vérité est que
la remise de l'ordre de livraison constitue encore ici l'indication d'une personne, qui payera pour le compte du débiteur, et que Paul est dès actuellement tenu vis-à-vis de
Pierre, au même titre que Pierre est tenu vis-à-vis de Paul.

Les deux parties sont donc créancières l'une de l'autre, et
la compensation, si elle est opposée, doit être admise.

2. *Des rapports réciproques du livreur et du réceptionnaire.*

Que le réceptionnaire soit en droit d'exiger la délivrance
du vendeur primitif, en vertu de l'ordre de livraison, cela est
d'évidence ; et puisqu'il se présente comme exerçant les droits
du premier acheteur, quel serait le motif de repousser sa
prétention ?

Le livreur peut-il en retour demander contre le réceptionnaire le payement du prix de vente ?

Une distinction est ici nécessaire :

La prétention se produit-elle au moment où on lui réclame
la tradition, c'est-à-dire où, muni de l'ordre de livraison, le
réceptionnaire se présente dans ses magasins ? Elle doit
être accueillie. L'art .1612 C. civ. autorisant le vendeur à retenir la chose vendue, aussi longtemps que l'acheteur n'a pas
soldé la totalité du prix, rien ne s'oppose à cette demande si
équitable du livreur qui vient dire :

Voulez-vous que je vous livre la marchandise que j'ai vendue à un tel ? Eh bien, payez-moi le prix, qui m'est dû par
celui que vous représentez !

Je suppose au contraire que le livreur, après avoir opéré
la délivrance, sans user du droit que lui confère l'art. 1612 du
Code civil, se ravisant plus tard, actionne le réceptionnaire
en payement du prix. Devra-t-il encore être écouté ?

Cette question peut paraître bien plus délicate.

1° Pour la négative, en effet, on peut remarquer que la vente par filière ne crée pas de relations directes entre le livreur et le réceptionnaire, qui n'ont pas été parties au même contrat; que si le livreur est fondé à refuser la tradition, tant qu'il n'a pas été payé, c'est parce que l'art. 1612 du Code civil crée un droit réel, c'est-à-dire opposable à tous, et que ce droit s'est évanoui dès l'instant que le réceptionnaire a été mis en possession.

2° L'action directe accordée au livreur serait d'ailleurs contraire à ce principe, que les meubles n'ont pas de suite par hypothèque, puisque, après avoir payé le prix à son vendeur immédiat, le réceptionnaire pourrait être tenu de payer une seconde fois au vendeur de celui-ci. Et qu'on ne dise pas qu'il n'est pas question ici de violer la règle tutélaire de l'art. 2119, car le jugement déjà indiqué du 26 avril 1858 s'exprime ainsi :

« Attendu qu'il se produit, sous l'influence de principes différents, un effet analogue à celui qui a lieu en matière de ventes successives d'immeubles, où le vendeur primitif a une double action, et contre l'acquéreur avec qui il a contracté, et contre le *tiers détenteur* de l'immeuble. »

Ces arguments sont très-sérieux.

Ils n'ont pourtant pas suffi pour convaincre la jurisprudence, et une série imposante de décisions, fortes de l'assentiment de la Cour suprême, accordent aujourd'hui au livreur contre le réceptionnaire l'action directe en payement du prix (Marseille, 29 avril 1839, Gir. et Clar., 18, 1, 215; id., 6 mai 1839, *eod.*, 19, 1, 18; id., 5 mars 1858, et sur appel, Aix, 18 déc. 1858, *eod.*, 37, 1, 49; Marseille, 26 avril 1858, *eod.*, 36, 1, 153; Aix, 29 août 1863, et sur pourvoi, Req., 30 janv. 1865, D. P., 66, 1, 13, et Gir. et Clar. 65, 2, 106; Marseille, 12 octobre 1868, Gir. et Clar., 1869, 1, 16).

Trois motifs surtout ont été invoqués à l'appui de ce système :

1° L'usage local qui impose au dernier porteur de l'ordre l'obligation de payer directement le prix au vendeur primitif;

2° Une convention tacite, en vertu de laquelle le réceptionnaire est réputé, en prenant livraison, s'engager personnellement au payement du prix;

3° L'équité enfin, qui ne permet pas de traiter le livreur, qui a consenti la tradition, avec plus de rigueur que celui qui l'a refusée, et de punir, par la perte de sa créance, la confiance dont il a fait preuve vis-à-vis du réceptionnaire.

De ces trois raisons, la seconde seule est de nature à justifier la théorie victorieuse.

L'art. 1165 C. civ., portant que les conventions ne nuisent point aux tiers, est, en effet, général. Il fait partie du droit commercial, aussi bien que du droit civil, et les coutumes locales ne sauraient prévaloir contre ses dispositions.

Et de même, qu'importe que le livreur n'ait renoncé à son droit de rétention que dans l'intérêt du réceptionnaire lui-même ? Il n'a pas moins perdu son droit réel.

La convention tacite par laquelle le réceptionnaire, en recevant livraison, se serait engagé au payement du prix, convention sanctionnée, je vous le concède, par l'usage, tel est le fondement le plus solide que nous puissions assigner à la théorie de l'action directe, si tant est qu'une semblable théorie relève des règles du droit.

Ajoutons, au reste, qu'il est toujours loisible aux parties de stipuler que la livraison est faite, sans que le réceptionnaire s'oblige personnellement à payer le prix, et que cette stipulation contraire doit être présumée, si le livreur a laissé écouler un trop long délai sans agir (Marseille, 12 octobre 1868, Gir. et Clar., 1869, 1, 16).

De ce que le livreur et le réceptionnaire sont unis par une action directe, il suit que, si à l'échéance ils se trouvent respectivement créanciers et débiteurs l'un de l'autre, leurs obligations se compensent, comme celles du livreur et de son acheteur immédiat, ou celles du réceptionnaire et de son vendeur direct.

Paul est livreur et Pierre réceptionnaire dans une filière ayant pour objet 150 hectolitres d'huile de colza. Pierre est livreur et Paul est réceptionnaire dans une autre filière qui porte également sur 150 hectolitres d'huile de colza. Leurs obligations s'annulent réciproquement, et si Paul vient à réclamer le prix à Pierre, celui-ci pourra objecter : mais je vous paye, au moyen de la créance que j'ai contre vous.

Notre solution serait, bien entendu, différente, si c'était du chef d'un des acheteurs intermédiaires, que le réceptionnaire opposât la compensation.

Simon, livreur dans une filière, assigne Joseph réceptionnaire, en payement du prix. Joseph lui répond : André, un des endosseurs de l'ordre de livraison, vous a revendu et livré une quantité de marchandises égale à celle dont vous me réclamez la valeur ; je suis moi-même créancier d'André, je vous oppose de son chef la compensation. Son système de défense est-il fondé ? Évidemment non. Simon est créancier direct de Joseph en vertu du premier contrat ; il n'est, en vertu de la vente consentie par André, que débiteur de celui-ci ; la condition exigée par l'art. 1289 C. civ. que les deux parties se trouvent personnellement débitrices l'une envers l'autre n'est pas remplie ; il n'y a point lieu à compensation.

3. Des rapports du livreur avec les acheteurs et du réceptionnaire avec les vendeurs intermédiaires.

Si le principe fondamental de notre matière subit une exception, au point de vue des rapports du livreur avec le réceptionnaire, il n'en est pas de même, en ce qui concerne les relations soit du vendeur primitif, soit du dernier acheteur, avec ceux qui ont simplement concouru à la transmission de l'ordre de livraison.

Au profit du livreur contre les acheteurs subséquents point d'action en payement du prix naissant du contrat, puisqu'ils n'ont pas traité ensemble ; point d'action directe non plus dérivant d'une convention tacite, car aucun usage local n'autorise à présumer l'existence de cette convention.

Que l'acheteur immédiat ne paye pas, que le réceptionnaire soit insolvable, il n'importe. Ni pour la totalité du prix, ni même pour la différence entre la somme qu'a payée le dernier acheteur et celle qui lui était due, le livreur ne peut s'adresser aux acheteurs intermédiaires ; l'insolvabilité du véritable débiteur n'étant pas un titre de créance contre celui qui ne doit rien.

Notre solution ne serait pas même différente, si des factures avaient été échangées entre le livreur et les sous-acheteurs pour le règlement de la filière. Ces échanges constituent en effet de simples indications de payement, qui n'opèrent pas novation, conformément à l'art. 1277 C. civ. Par suite les acheteurs intermédiaires, qui n'étaient point originairement obligés envers le détenteur de la marchandise, ne contractent pas d'engagement nouveau en remettant leurs factures, et si celui qui a livré n'est point payé, il n'a de recours que contre l'acheteur avec qui il avait contracté (Marseille, 5 déc. 1861, Gir. et Clar., 1861, 1, 317).

Et en sens inverse, au profit du réceptionnaire contre les vendeurs précédents aucune action en délivrance de la chose, puisqu'à son égard ce sont des tiers et des étrangers (Marseille, 26 avril 1858, Gir. et Clar., 36, 1, 153 ; Marseille, 8 fév. 1870, Gir. et Clar., 1870, 1, 78 ; Marseille, 31 mai 1870, *eod.*, 1870, 1, 213).

Aussi est-il à peine besoin de rappeler qu'il n'est pas question de solidarité entre les divers endosseurs de l'ordre de livraison, et que, nonobstant la similitude apparente des situations, les art. 140 et 187 du Code de commerce ne leur sont point applicables.

4. *Des rapports des membres intermédiaires de la filière entre eux.*

Les mêmes droits, que nous avons reconnus au livreur et au réceptionnaire, dans leurs rapports avec le premier acheteur ou le dernier vendeur, appartiennent, par identité de motifs, aux membres intermédiaires de la filière dans leurs relations réciproques. A chaque vendeur une action en payement du prix est donc en principe accordée contre son acheteur immédiat, de même qu'à chaque acheteur est donnée une action en délivrance contre son vendeur direct.

Ces actions toutefois n'ont pas ordinairement en pratique l'étendue qu'elles semblent théoriquement devoir comporter.

Le livreur, en effet, en faisant tradition au réceptionnaire, décharge immédiatement tous les vendeurs subséquents de leur obligation de délivrer la chose vendue, et le réceptionnaire en retour, par le payement qu'il réalise en mains du détenteur de la marchandise, libère tous les acheteurs d'une somme égale à celle qu'il a versée. D'où la conséquence qu'entre les membres de la filière, qui ne se sont point plaés aux extrémités de la chaîne, l'opération se réduit ordinairement à un simple règlement de différences.

Mais sur quelles sommes seront calculées ces différences et quelle sera la base du règlement? La jurisprudence n'a point hésité : chaque acheteur, vis-à-vis de son vendeur, est dans la situation d'un débiteur pour qui un tiers aurait payé une partie de sa dette. C'est donc le prix convenu, sous déduction de celui versé par le réceptionnaire au livreur, qu'il est tenu de payer ; et c'est la différence entre chaque prix particulier et le prix versé au vendeur primitif, qui sert de base aux divers règlements à opérer entre les membres intermédiaires de la filière (Marseille, 31 janvier 1860, Gir. et Clar., 1860, 1, 23).

Si le retour de l'ordre de livraison en mains du livreur avait éteint par confusion la créance de ce dernier, les différences dues par les acheteurs successifs se calculeraient sur le prix de chaque aliénation, comparé à celui de la première vente, car le livreur devenu réceptionnaire aurait payé, par voie de confusion, la somme totale qui lui était due, à la décharge de tous les acheteurs.

Ces diverses conséquences ont été admises par la jurisprudence (trib. de Marseille, 29 nov. 1859, Gir. et Clar., 1860, 1, 24), qui, singulière contradiction, dans le sujet le plus compliqué de notre matière, dans celui que la variété des espèces et l'absence de tout travail de doctrine rendait le plus obscur et le plus redoutable, nous a ainsi donné l'exemple de la fidélité aux principes et de la fermeté dans les déductions.

CHAPITRE IV

De la preuve de la vente commerciale.

L'article 109 C. com. est ainsi conçu :

« Les achats et les ventes se constatent,

« Par actes publics;

« Par actes sous signature privée;

« Par le bordereau ou arrêté d'un agent de change ou
« courtier dûment signé par les parties ;

« Par une facture acceptée ;

« Par la correspondance ;

« Par les livres des parties ;

« Par la preuve testimoniale, dans le cas où le tribunal
croira devoir l'admettre. »

Sur les sept modes de preuves que cette nomenclature
renferme, il y en a quatre, les actes publics, les actes sous
signature privée, les livres des parties et le témoignage,
qui sont empruntés au droit civil ; les autres sont spéciaux
au commerce, et semblent même particuliers à notre matière,
puisque la disposition qui les indique est écrite sous la rubrique « *des achats et ventes.* »

Nous allons néanmoins tous les examiner, dans l'ordre
même où le législateur les a placés.

Mais, d'abord, il est nécessaire de résoudre une double
question que soulève l'art. 109, à savoir :

1° Si l'énumération qu'il renferme est complète, ou s'il faut
ajouter d'autres modes de preuves déjà connus, à ceux qu'il
établit ;

2° Si ces modes de preuves sont uniquement applicables à
la vente commerciale, ou s'ils doivent être étendus à tous les
actes de commerce, hors les cas exceptés par la loi.

1° Sur la première question, on peut répondre que la nomenclature des modes de preuves de la vente commerciale
présentée par l'article 109 est complète, en ce sens qu'elle
comprend, en effet, tous les modes qui sont spéciaux aux
actes de commerce, ou qui, bien que communs aux contrats
civils, sont soumis cependant, en matière commerciale, à des
règles exceptionnelles.

Mais ce n'est pas à dire qu'il n'existe pas encore d'autres
moyens de preuves, par lesquels la vente commerciale puisse
s'établir ; seulement, ce sont alors des modes généraux, tels
que les présomptions de fait, l'aveu, le serment décisoire ou
supplétoire, qui s'appliquent à tous les contrats civils ou non,
et qui restent soumis, quoi qu'il arrive, aux dispositions du
Code civil. C'est ce qui peut expliquer comment ils n'ont pas
trouvé place dans l'art. 109, qui n'a entendu mentionner que
les modes de preuves spéciaux à notre contrat.

2° Et quant à la deuxième question préliminaire que nous avons posée, à savoir : si les modes de preuves de l'art. 109 sont applicables à tous les actes de commerce, quand par leur nature ils peuvent y être appliqués, elle ne saurait non plus être douteuse.

L'art. 109, il est vrai, est placé dans le Code de commerce au titre *Des achats et ventes*, et, si on se reporte au principe général de l'art. 1341 C. civ., qui repousse la preuve testimoniale au-dessus de 150 fr., dans tous les cas non exceptés par les lois relatives au commerce, il semble que cette disposition soit spéciale à la vente commerciale. Rien ne serait cependant plus inexact qu'une telle interprétation.

D'après un usage immémorial, qui se perd dans les origines même de la juridiction consulaire et dont on retrouve les traces dans l'ordonnance de 1563, par laquelle Charles IX, sous l'inspiration du chancelier de l'Hospital, créait les juges consuls de la ville de Paris, ces tribunaux sont autorisés à admettre, dans tous les cas et pour toutes les transactions commerciales, la preuve par témoins ou par présomptions. Successivement consacré par l'ordonnance de Moulin de 1566 et par celle de 1667, cet usage parut susceptible de nombreux abus au législateur de 1807; sa suppression fut résolue. Déjà un article était rédigé, le 69° du projet portant : « Les achats « et ventes s'opèrent verbalement ou par écrit : ils se constatent par actes publics et par la preuve testimoniale, s'il y a « commencement de preuve par écrit. » Mais presque tous les tribunaux et tous les conseils de commerce consultés protestèrent, et, dans l'intérêt de la bonne foi commerciale qu'allait atteindre gravement une règle aussi rigoureuse, demandèrent le rétablissement de l'ancien état de choses. Leurs vœux furent écoutés, et l'art. 109 remplaça, dans le texte définitif, l'art. 69 du projet. Qui ne voit dès lors qu'aucune dérogation n'a été apportée à la généralité des anciens usages et que, soit par inattention, soit guidé par cette considération que les achats et les ventes forment le type des opérations commerciales, le législateur a restreint en apparence à un contrat particulier les modes de preuve applicables dans sa pensée à tous les contrats commerciaux ? Aussi, bien qu'à l'origine la question ait fait difficulté, elle paraît aujourd'hui définitivement tranchée en doctrine et en jurisprudence; cela, comme on dit au palais, ne se plaide plus.

Et maintenant, ces points éclaircis, examinons successivement les sept modes de preuve de la vente commerciale, en consacrant à chacun d'eux un paragraphe distinct.

Nous disons les sept modes de preuves de la vente *commerciale*. Ce n'est en effet que lorsque l'acte à prouver est commercial, que l'art. 109 est susceptible de recevoir son application; d'où il suit que, si l'une des parties n'a pas fait acte de commerce, lors même qu'elle serait commerçante, son adversaire n'est pas admissible à établir contre elle l'existence du marché, à l'aide de ces moyens de preuve, et spécialement par témoins.

§ 1er

Des actes authentiques.

Le premier mode de preuve qu'indique l'article 109 C. Com., est la production d'un acte authentique.

Et c'est, en effet, le plus concluant, car l'acte authentique fait foi, non-seulement entre les parties, mais même à l'égard des tiers, des conventions qui y sont contenues, de sa date et généralement de tout ce que l'officier public affirme avoir accompli, vu ou entendu, dans l'exercice de ses fonctions.

Ce mode de preuve, nous l'avons déjà dit, n'est pas spécial aux actes de commerce; il a été emprunté au droit civil, et même il faut reconnaître qu'autant il est fréquent en matière ordinaire, autant il est rare en matière commerciale. Il suffit d'assister à une audience d'un de nos tribunaux civils pour entendre citer un ou plusieurs actes notariés; presque jamais le nom d'un notaire n'est prononcé devant les tribunaux de commerce.

Mais pourquoi cette différence, et comment la pratique commerciale repousse-t-elle un genre de preuve si usité en droit civil?

La raison en est simple, et tient à la nature même du commerce. Dans la vie ordinaire, si on excepte les menus achats domestiques, le nombre des opérations juridiques que chaque homme fait est assez restreint. Un contrat de mariage, quelques acquisitions de propriétés rurales, un partage du patrimoine de la famille, tels sont, pour la grande majorité des humbles cultivateurs de nos campagnes, les seuls actes connus, et plus d'un agriculteur, ouvrier ou propriétaire modeste, distingue les grandes périodes de sa vie, à l'aide des divers contrats qu'il a passés dans chacune d'elles.

Mais par cela seul qu'ils sont plus rares, ces contrats sont l'œuvre d'une volonté plus arrêtée et plus réfléchie, et celui qui, s'il faisait des transactions fréquentes, ne prendrait conseil que de lui-même, préfère par inexpérience avoir recours à un officier public, qui lui indique la portée et la légalité de ses actes.

Très-différentes sont les habitudes du commerçant : obligé chaque jour, à chaque instant, pour ainsi dire, de faire de nouvelles opérations, dans lesquelles la célérité est le véritable gage du succès, il doit se fier la plupart du temps à la bonne foi des tiers, et bien loin qu'il puisse exiger d'eux des actes authentiques, il n'en reçoit pas toujours des déclarations sous seing privé. Aussi, tandis que la plupart des ventes d'immeubles sont faites devant notaire, la forme solennelle est presque inconnue dans les ventes commerciales.

C'est au reste le même motif, qui nous permettra plus tard d'expliquer comment la preuve littérale, qui, en matière civile, forme la règle, en fait de transactions commerciales, constitue l'exception, et comment aux modes de preuve rigoureux de l'art. 1341 C. civ., ont été substitués, pour les actes de commerce, les modes très-faciles et très-larges de l'art 109 C. Com.

Cette observation faite, il serait superflu d'insister sur un point qui est presque étranger à notre étude.

§ II
Des actes sous seing privé.

Si les actes authentiques que la loi, pour l'honneur, si j'ose ainsi parler, des principes, conserve en tête des modes de preuve de l'art. 109, ne servent presque jamais en pratique à établir l'existence d'une vente commerciale, il n'en est pas de même des actes sous seing privé; et bien que le témoignage et la correspondance soient les modes de preuve de

droit commun pour les contrats commerciaux, les actes sous
seing privé n'en sont pas moins fréquemmen' usités.

Mais ces actes, lorsqu'ils constatent une vente commerciale,
sont-ils soumis aux mêmes règles que dans le cas où ils rela-
tent un contrat de droit civil, ou bien, en leur donnant droit
de cité dans l'art. 109, le législateur commercial a-t-il eu l'intention de les dispenser des conditions de forme, d'ailleurs
très-simples, imposées par le Code civil? En d'autres termes,
tout en conservant leurs effets principaux, sont-ils, dans
notre hypothèse, dispensés des formalités spéciales exigées
par la loi civile, à raison de leur nature, ou de celle des
conventions et obligations qu'ils ont pour objet de prouver?

La question se pose à trois points de vue particuliers, et
nous aurons à nous demander successivement :

I. Si l'acte sous seing privé, qui relate un achat ou une
vente commerciale, doit être rédigé en autant d'originaux
qu'il y a de parties ayant un intérêt distinct, et si chaque original doit renfermer la mention de l'observation de cette formalité.

II. Si l'acte sous seing privé, qui contient un engagement
unilatéral de payer une somme d'argent, ou une chose indé-
terminée dans son individualité, doit, à moins qu'il ne soit
en entier de la main de l'obligé, être revêtu d'un *bon pour* ou
approuvé, écrit de sa main, énonçant en toutes lettres la
somme ou la quantité promise.

III. Si tout acte sous seing privé enfin ne fait foi de sa date
qu'après avoir été soumis à la formalité de l'enregistrement.

I. Et d'abord l'art. 1325 C. civ., prescrivant la formalité du
double écrit, est-il applicable en matière de commerce?

Oui, certes, répond M. Massé (t. IV, p. 273 et suiv.), car par
cela même que l'art. 109 fait figurer sans réserve les actes sous
signature privée, comme les actes publics, parmi les modes
de preuve de la vente commerciale, il se réfère pour les uns et
pour les autres aux règles du Code civil. Et cette opinion, qui
semble ainsi s'appuyer sur la disposition formant la base du
système des preuves en matière commerciale, est aujourd'hui
consacrée par une jurisprudence constante.

Nous ne pouvons pourtant nous empêcher de croire, que si régulièrement l'acte de vente doit être rédigé à double original, quoique fait à simple, il ne perd pas sa force probante.

La preuve en résulte, suivant nous, soit des motifs qui avaient inspiré à l'ancien droit la règle d'où nous est venu l'art. 1325, soit des textes mêmes de notre code, soit enfin des principes essentiels sur lesquels est fondée la théorie de l'art. 109 C. Com.

1° C'est dans un arrêt du parlement de Paris du 30 août 1736 que se trouve l'origine historique de notre art. 1325. Jusque-là, les contrats synallagmatiques ou unilatéraux étaient suffisamment prouvés par acte sous seing privé fait à simple, et jamais le droit romain, ni l'ancienne jurisprudence française, ne s'était montré plus rigoureux pour les uns que pour les autres. Mais, à cette époque, on considéra que le contrat synallagmatique était destiné par sa nature à créer des obligations réciproques à la charge de chacune des parties, et que, si l'une d'elles se trouvait en possession du titre unique établissant la convention, elle était en réalité maîtresse de contraindre l'autre à remplir ses engagements, tout en pouvant elle-même se soustraire à l'exécution des siens; et alors, pour établir l'égalité entre les contractants, on ne crut pouvoir mieux faire que d'exiger, à peine de nullité, la rédaction de l'acte constatant les conventions de cette nature, en autant d'exemplaires distincts qu'il y avait de parties intéressées.

C'était se placer à un faux point de vue; confondre la validité de la convention, obligatoire pour les parties, dès que les consentements se sont rencontrés, et qu'il y a eu *in idem placitum consensus*, avec la validité de l'écrit qui lui sert de preuve. Mais l'intention de la jurisprudence à cette époque n'en est pas moins certaine, et nous la trouvons attestée, en termes énergiques, dans la série des arrêts qui suivirent celui de 1736.

Telles étaient les traditions antérieures. Le Code civil, appelé à les maintenir ou à les rejeter, prit un terme moyen, et subordonna à la formalité du double écrit, non plus la validité des contrats synallagmatiques, mais celle des actes sous seing privé qui les constatent. Sa décision fut toujours d'ailleurs inspirée par ce même motif, que la rédaction à simple original met, au point de vue de la preuve, les parties dans une situation trop inégale; l'une, pour obtenir ce qui lui a été promis, n'ayant qu'à montrer son titre, et l'autre réduite, puisque la preuve testimoniale est interdite, à provoquer les aveux de son adversaire.

Or ce motif, assez sérieux en droit civil, sinon pour justifier, au moins pour expliquer l'art. 1325, serait absolument insuffisant en droit commercial. Puisque celui même qui n'a aucun titre écrit, peut toujours recourir à la preuve testimoniale pour établir l'existence d'une vente commerciale, comment serait-il vrai de dire que le sort du contrat est abandonné à la bonne foi de son cocontractant ; et quel serait le motif d'annuler, dans son intérêt, un acte dont la production ne lui est point indispensable pour la preuve de la convention ?

2° La raison historique qui a donné naissance à l'art. 1325 semble donc indiquer qu'il est spécial au droit civil ; mais cette probabilité se change en certitude, si, laissant de côté les considérations générales, on recourt à ce qui constitue après tout le guide le plus sûr de l'interprète : les textes du code.

L'art. 39 C. Com., en effet, déclare : « que les sociétés en nom collectif ou en commandite doivent être constatées par des actes publics ou sous signature privée, *en se conformant dans ce dernier cas à l'art.* 1325 C. civil. »

En se conformant à l'art. 1325 C. civ. : c'est donc qu'il n'est pas nécessaire en thèse générale de s'y conformer, et puisque le législateur a cru devoir, dans une hypothèse particulière, exiger la formalité du double écrit, nul doute que cette formalité ne soit pas nécessaire dans les autres cas : *Qui dicit de uno, negat de altero.*

Et qu'on ne vienne pas nous dire, que nous fondons sur un mot qui n'est qu'une redondance, toute une théorie qui n'a pas d'autre point d'appui dans le code. La vérité est qu'il n'y a rien de banal dans les expressions dont s'est servi le texte.

Il était, en effet, une raison d'appliquer ici l'art. 1325, d'apporter une exception à la règle qui proscrit cet article en matière commerciale. C'est que, ni le témoignage, ni les présomptions ne sont suffisantes pour établir l'existence des sociétés en nom collectif ou en commandite, et que, comme en droit civil, la preuve littérale est seule admise. Et voilà comment notre second argument, qu'on a affecté de traiter avec un grand dédain, n'est lui-même qu'une déduction du premier, mais une déduction qui le confirme de plus en plus.

3° Est-il nécessaire d'ajouter que les principes essentiels, qui gouvernent la preuve des contrats commerciaux, suffiraient, à défaut de la raison historique ou du texte, pour repousser l'opinion d'après laquelle l'art. 1325 est applicable à la vente commerciale? Mais vraiment, si l'extension de cette disposition à notre matière est possible, voici dans l'art. 109 C. Com. des inconséquences inouïes et d'étranges contradictions!

Comment! quand la vente n'a été constatée par aucun acte régulier, signé des deux parties, notre code se contente soit de la correspondance, soit d'une facture acceptée, soit des livres de commerce, c'est-à-dire d'écrits faits à simple original, et quand les conditions du marché ont été détaillées dans un acte sous seing privé, notre code admettrait que cet acte n'est valable qu'autant qu'il a été fait à double exemplaire, et que, si cette formalité a été omise, il n'y a plus là une preuve régulière de la vente, mais une simple présomption?

Quel serait le motif de cette différence, et comment le législateur, toujours si favorable au commerçant, qui a contracté sans observer les règles de la plus simple prudence, se serait-il montré si rigoureux dans la seule hypothèse où des précautions sérieuses ont été prises? On ne saurait l'expliquer.

Concluons-en que la règle de l'art. 1325 est étrangère aux actes de commerce, et que l'acte rédigé en un seul original vaut, non pas comme simple présomption ou comme commencement de preuve par écrit, ce que nul ne conteste, mais fait foi par lui-même et nécessairement de la vente commerciale qu'il constate (Aix, 10 mars 1869. Recueil des arrêts de cette cour, Bremond et Contencin, 1869, 113).

II. La solution que nous venons de donner ferait déjà pressentir notre sentiment sur la deuxième question proposée, même dans le cas où la controverse serait possible. Mais le texte de la loi est ici formel. En exigeant le *bon pour* ou *approuvé* pour toute obligation de payer une somme ou des marchandises, déterminées seulement quant à leur espèce, l'art. 1326 excepte de la règle qu'il pose: « Le cas où l'acte « émane de marchands, artisans, laboureurs, vignerons, gens « de journée et de service. »

Il ne s'agit donc plus de savoir s'il existe, au point de vue

du contrat qui nous occupe, une dérogation au principe de
l'art. 1326, mais seulement de déterminer les motifs et l'étendue de cette exception.

Les motifs d'abord ne sont pas douteux. Ce sont ces habitudes commerciales, si hostiles à tout ce qui n'est que condition de pure forme, qui prisent la célérité des transactions
plus encore que leur régularité, et que la nation la plus pratique du globe a traduit par cet aphorisme fameux : *le temps
c'est de l'argent*. Vouloir, en effet, soumettre les commerçants
à la nécessité de faire précéder leur signature du *bon* ou *approuvé*, c'était interdire le commerce aux petits marchands
qui savent seulement signer, le rendre personnellement plus
pénible aux riches négociants ainsi surchargés d'écritures
inutiles, imposer à tous, en un mot, une gêne incompatible
avec les usages de leur profession.

C'est ce résultat, également fâcheux dans tous les cas, qu'a
eu en vue d'éviter le législateur, et il a dû dès lors dispenser
de la formalité du *bon* et *approuvé* les actes faits par tous ceux
qui, à un titre quelconque, sont mêlés au commerce, non-
seulement donc par les marchands au sens littéral du mot,
mais encore par les négociants, manufacturiers et banquiers;
non-seulement par les commerçants proprement dits, mais
encore par tous ceux qui figurent dans une vente commerciale. Qu'un non-commerçant donc s'engage, par une déclaration sous seing privé, à livrer, dans un certain délai, tant
de barriques de vin de Bordeaux qu'il avait achetées lui-
même avec l'intention de les revendre, il ne sera point nécessaire, si l'acte n'a pas été libellé de sa main, qu'il ajoute,
par exemple : *Bon pour dix barriques de Bordeaux ;* et on
pourra toujours, en lui opposant sa déclaration, lui demander
l'exécution de la vente qui s'y trouve relatée.

Cette conséquence toutefois n'a pas été admise, et c'est aujourd'hui un point hors de contestation dans la doctrine et la
jurisprudence, que la loi a dispensé de la formalité de l'approbation les commerçants et non pas les actes de commerce, et
que par suite le *bon* et *approuvé* est toujours indispensable, si
le souscripteur est un non-commerçant, même lorsque son
engagement serait commercial.

Tel est, dit-on, le sens littéral du texte de l'art. 1326, et
l'esprit de la loi est ici d'accord avec le texte, pour exiger qu'on

n'étende pas, hors des hypothèses prévues, l'exception faite en
faveur de certaines classes de personnes, puisque les habitudes du commerce sont inconnues de tous ceux qui ne font
des actes commerciaux que par hasard, à des intervalles
éloignés.

Nous n'en persistons pas moins dans notre sentiment, et d'a-
près nous c'est la nature commerciale de l'acte, non point la
qualité de celui qui l'a fait, qui décide s'il y a lieu d'appliquer
l'art. 1326 C. civ.

Vous dites que le texte est formel, qu'il ne protège contre
les justes exigences de la loi que les commerçants. La réponse est qu'il faut entendre ce texte d'après son esprit, qu'il
faut le rapprocher de la disposition de l'art. 109, qui forme
le siége de la théorie des preuves en matière commerciale.
Or, ce dernier article ne s'inquiète nullement de la question
de savoir quel est l'auteur de l'acte qu'il s'agit de prouver.
Sa préoccupation est bien différente : il se demande si c'est
un acte de commerce, si c'est une vente commerciale, et, cette
question affirmativement résolue, il admet toute personne à
en établir l'existence, à l'aide des modes de preuves qu'il indique. N'est-il pas dès lors naturel de croire que l'art. 1326 a
la même signification, et que, destiné comme l'art. 109 à accé-
lérer les opérations commerciales, il renferme la même pensée, quoique exprimée peut-être en des termes différents ?

D'ailleurs n'est-ce pas ce que vous reconnaissez vous-
même, en admettant que le non-commerçant, qui souscrit une
lettre de change, est affranchi de la formalité du *bon* et *approuvé ;* et puisque vous faites brèche dans un cas déterminé
au prétendu principe de l'art. 1326, quelle serait la raison de
ne pas agrandir cette brèche, et de ne pas étendre l'exception
à tous ceux qui souscrivent un engagement commercial ? Vous
me direz, sans doute, pour repousser cet argument qui ruine,
en effet, votre système « que celui qui souscrit une lettre de
« change revêt momentanément la qualité de commerçant,
« puisqu'il se soumet à la juridiction commerciale et à la con-
« trainte par corps. »

Mais je vous répondrai, avec un de vos interprètes les plus
autorisés, M. Massé, « qu'un non-commerçant n'est pas plus
« commerçant, en souscrivant une lettre de change, qu'en

« souscrivant un billet à ordre, qui aurait une cause com-
« merciale. »

Je conclus par suite que, comme l'art. 1325, l'art. 1326 C.
civ. n'est pas applicable à la vente commerciale, et que les
actes sous seing privé, qui la constatent, ne sont soumis,
pour leur validité, à aucune autre condition de forme, que la
signature des parties.

III. Telles sont les modifications apportées par le droit
commercial aux règles qui gouvernent les actes sous seing
privé, dans les rapports des contractants entre eux. Les effets
de ces actes à l'égard des tiers ont-ils été également modifiés,
c'est-à-dire leur date est-elle de plein droit certaine, ou ne
fait-elle foi que sous les conditions déterminées par l'art. 1328
du Code civil?

La question paraît aujourd'hui définitivement tranchée, et
la doctrine décide, de concert avec la jurisprudence, que la
formalité de l'enregistrement est inapplicable aux actes de
commerce, dont la date est présumée sincère, tant que la faus-
seté n'en a pas été démontrée par ceux qui l'attaquent.

Mais cette règle n'a-t-elle d'autre fondement que la concession bienveillante des interprètes du code, inspirés par l'é-
quité. On le croirait vraiment à ne lire que les arrêts sur lesquels s'appuie notre thèse, et dont la plupart se distinguent
par le laconisme des motifs. Nous estimons, au contraire,
qu'il est possible de l'asseoir sur une base juridique, et qu'il y
a là non pas une simple tolérance, ni ce que les Romains auraient appelé « *benignior juris interpretatio* », mais l'application rigoureuse des textes et de l'esprit de la loi.

1° L'art. 139 C. Com. décide qu'il est défendu d'antidater
les lettres de change et leurs endossements, à peine de faux.
Or, il n'y a faux, qu'autant que la date de l'acte falsifié est
opposable aux tiers et peut ainsi leur porter un préjudice.

Donc les lettres de change font foi de leur date, comme les
actes authentiques, tant à l'égard des tiers qu'entre les parties;
donc, il en doit être de même par analogie de l'acte sous seing
privé, qui constate une vente commerciale.

2° L'art. 109 d'ailleurs admet, comme preuve de la vente,
la correspondance, les livres, les factures, c'est-à-dire une série d'écrits qui, signés ou non par les parties, ne sont pas sus-

ceptibles d'être enregistrés. Si donc, par hypothèse, l'acte sous seing privé, qui relate les conditions d'une vente, ne fait pas foi de sa date vis-à-vis de ceux qui ne l'ont point signé, de deux choses l'une : ou il faut reconnaître que la loi a traité ce genre de preuve plus rigoureusement que les autres, et s'est montrée moins favorable pour les parties, à mesure qu'elles obéissaient davantage à ses prescriptions, ou on doit supposer que les livres de commerce, les factures, ne prouvent la vente qu'entre les parties, c'est-à-dire introduire dans l'art. 109 C. Com. une distinction, contre laquelle ne proteste pas moins le texte que la raison.

De telles conclusions également inadmissibles ne prouvent-elles pas suffisamment que le législateur a voulu attribuer date certaine à tous les actes de vente sous seing privé, et que la nature des opérations de commerce, la rapidité qu'elles exigent, ont triomphé de toutes les conditions de formes prescrites par la loi civile, enregistrement, double écrit ou approbation ?

Est-ce à dire toutefois que la date des actes de commerce s'impose, pour ainsi parler, aux juges, et qu'elle ne puisse être contestée par les tiers que par la voie de l'inscription de faux ? Nullement, et nous ne voudrions pas pour notre part pousser aussi loin la conséquence de notre principe.

Le Code de commerce, en effet, à la différence du droit civil, admet la preuve testimoniale contre et outre le contenu aux actes. Or la date apparemment est une partie du contenu de l'acte. Quoi de plus juridique dès lors que de demander à prouver qu'elle est inexacte, et de faire valoir dans ce but toutes les présomptions que fournit la cause ?

Mais ce tempérament admis, et il devait l'être, il ne reste pas moins que l'article 1328 C. civ. est applicable en matière de commerce, et que l'enregistrement régulier y est remplacé par les mentions exigées sur les livres de commerce des parties (Civ. Cass., 7 mars 1849, D. P., 49, 1, 77 ; Douai, 10 fév. 1866, D. P., 66, 5, 375 ; Civ. Cass., 21 avril 1869, D. P., 69, 1, 407 ; Grenoble, 23 nov. 1870, D. P., 71, 2, 173).

§ III

Du bordereau ou arrêté de l'agent de change ou courtier.

Il arrive assez rarement, nous l'avons déjà dit, que l'acheteur et le vendeur se connaissant mutuellement contractent sans intermédiaire ; le plus souvent ils sont réunis et rapprochés, s'il s'agit de marchandises, par des courtiers, s'il s'agit de valeurs industrielles, par des agents de change, c'est-à-dire par des officiers publics, dont la profession consiste à recueillir des commandes, solliciter des offres, et après avoir reçu une demande et une offre conformes, mettre en relation ceux dont elles émanent. Quelquefois même, lorsqu'il s'agit de négociation d'effets publics, les parties demeurent étrangères à la transaction, et la vente a lieu entre l'agent de change du vendeur et celui de l'acheteur, sans que leurs clients se connaissent. Mais, comme dans ces divers cas l'opération ne donne lieu à aucune correspondance, et qu'il eût été par suite difficile, sinon impossible aux parties, en s'en tenant aux règles du droit commun, de rapporter la preuve du contrat, l'usage s'est introduit parmi les agents de change et courtiers, de dresser et de remettre à chacun des contractants, qui le signent avec eux, un bordereau ou état sommaire, contenant l'indication des marchandises ou valeurs vendues, le prix stipulé, les noms des parties et de l'officier public qui leur a servi d'intermédiaire. L'art. 109 C. Com. a ratifié cet usage, en plaçant au nombre des modes de preuve de la vente « le bordereau ou arrêté de l'agent de change ou du courtier dûment signé par les parties ».

Quelle est maintenant la valeur de ce bordereau? Constitue-t-il un acte authentique, dont les énonciations et la date ne puissent être combattues que par l'inscription de faux? Faut-il plutôt, comme il est revêtu de la signature des parties, n'y voir qu'un acte sous seing privé, soumis aux règles du droit commun? Est-il enfin une sorte d'intermédiaire entre l'acte sous seing privé et l'acte authentique, plus favorisé que le premier, n'ayant pas la même force que le second?

Telle est la question que soulève ce nouveau mode de preuve, et comme elle est particulière à la vente commerciale, comme aussi la jurisprudence n'a pas eu l'occasion de la résoudre au point de vue des principes, les opinions qu'elle a fait naître sont assez incertaines.

On soutient d'abord que le bordereau n'est autre chose qu'un acte sous seing privé.

1° Un acte n'est authentique, dit-on, qu'à ces deux conditions : qu'il ait été reçu par un officier public compétent, et qu'il ait été revêtu de toutes les solennités requises.

Or, si le bordereau dressé par l'agent de change ou le courtier émane d'un officier public, il n'est pas soumis du moins à des conditions de formes solennelles, telles, par exemple, que celles indiquées pour les protêts.

Donc le bordereau n'est pas un acte authentique.

2° S'il en était autrement, la loi offrirait sur ce point une double imperfection infiniment grave, puisque d'une part elle aurait isolé, mal à propos, dans l'art. 109 C. Com. les bordereaux des agents de change et courtiers, des actes authentiques, et que d'autre part elle aurait exigé à tort la signature des parties, inutile dans les actes d'huissiers, de greffiers et même de notaires, lorsqu'on indique, dans ce dernier cas, que les contractants ne savent ou ne peuvent signer.

3° Les travaux préparatoires d'ailleurs témoignent que c'est à dessein que le législateur a prescrit l'apposition des signatures des parties, et qu'il a eu l'intention formelle de ne faire du bordereau qu'un acte sous seing privé. L'art. 109, conforme aux traditions de l'ancien droit, portait, en effet, dans le projet primitif, que les achats et les ventes se constateraient par le bordereau ou arrêté d'un agent de change ou courtier et par son livre authentique. Mais cette disposition souleva des réclamations très-vives, et on fit valoir, nous dit Locré, « qu'il dépendrait de la volonté d'un agent de change « ou d'un courtier de ruiner un commerçant, s'il voulait « abuser du pouvoir que la loi lui donne ; qu'il pourrait s'en- « tendre avec un prétendu acheteur, et consacrer les marchés « les plus ruineux, si son témoignage était admis comme « preuve irrécusable ». Cette protestation, dont les termes sont à noter, fut favorablement accueillie, et, se rendant aux raisons alléguées par le commerce, le conseil d'État introduisit dans la rédaction définitive la condition de la signature des parties. Cette signature est donc le principe de l'obligation du vendeur comme de l'acheteur et, bien loin de jouer le rôle d'un notaire, imprimant le caractère d'authenticité aux actes qu'il rédige, le courtier ou l'agent de change n'est ici que le rédacteur salarié d'un simple acte sous seing privé.

En conséquence, cette opinion conclut : 1° que le bordereau de l'agent de change ne fait pas foi jusqu'à inscription de faux, et qu'il n'a de force probante qu'autant que les signatures dont est il revêtu sont reconnues, ou qu'elles ont été au préalable vérifiées en justice et déclarées sincères ; 2° qu'il ne vaut que comme simple présomption de fait lorsqu'il a été seulement signé par l'agent de change ou courtier.

Une seconde opinion enseigne que la signature de l'agent de change ne rend pas le bordereau authentique, mais qu'elle légalise les signatures des contractants, et en conséquence elle distingue :

Comme l'acte sous seing privé, le bordereau ne peut valablement contenir une constitution d'hypothèque, et n'est pas susceptible d'exécution parée.

Comme l'acte authentique, il n'est pas soumis à la vérification des signatures, et fait foi jusqu'à inscription de faux de la négociation qu'il constate. Mais son efficacité, en tant que moyen de preuve, est toujours subordonnée à la signature des parties.

Enfin, d'après une troisième opinion, le courtier ou l'agent de change ne doit être considéré ni comme l'employé salarié des deux parties, ni comme un simple certificateur de signatures, mais comme un officier public dont les actes sont authentiques, et produisent tous les effets attachés aux écrits de ce genre.

Nous croyons, pour notre part, que cette doctrine est la plus vraie, la plus conforme aux textes et aux principes qui régissent les actes authentiques.

Et d'abord, pour ce qui est de l'opinion intermédiaire, acceptée, nous devons le dire, par la grande majorité des auteurs, elle est en droit inadmissible. — De deux choses l'une en effet : ou le courtier et l'agent de change conservent dans la rédaction de l'acte la même qualité que dans la négociation de la vente, celle de simple intermédiaire préparant l'écrit qui constate l'accord des contractants, comme il a préparé

les bases de cet accord, et alors la signature mise sur l'acte
n'a d'autre effet que de prouver son intervention, et de sauvegarder son action en paiement de courtage; ou bien il joue le
rôle d'un officier public, il remplit le ministère de notaire; et
alors sa signature a un tout autre effet que de légaliser celle
des parties; elle fait du bordereau un acte authentique. La
logique exige qu'on choisisse entre l'un et l'autre de ces deux
systèmes absolus; toute opinion mixte renferme sûrement
une erreur.

Quant à nous, nous l'avons déjà dit, notre choix est fait, et,
sans méconnaître toutes les difficultés de la question, nous
nous rangeons sans hésiter au parti de ceux qui considèrent
le bordereau de l'agent de change ou du courtier comme un
acte authentique.

1° Que ce bordereau remplisse d'abord la première condition exigée de tout acte authentique, à savoir, être reçu par
l'officier public ayant le droit d'instrumenter dans le lieu où
l'acte a été rédigé, c'est ce que reconnaissent eux-mêmes
nos adversaires, et nous estimons que c'est de leur part une
concession des plus précieuses. Le débat dès lors se trouve
circonscrit sur ce second point : cet acte est-il fait avec les
conditions requises? — Non, nous dit-on, car la loi ne re-
quiert aucune condition.

Mais la signature des parties ne la comptez-vous donc pour
rien? Ce n'est point cependant une partie essentielle de tout
acte authentique, comme de tout acte sous seing privé,
puisqu'en thèse générale elle n'est point exigée pour les actes
d'huissiers. Pourquoi dès lors ne pas la considérer comme
une solennité de forme? — Vous allez dans un instant prétendre que cette signature est inutile, si celle du courtier ou de
l'agent de change fait foi par elle seule des énonciations du
contrat. Mais ne voyez-vous pas qu'un tel reproche ruine votre précédente objection? Oui, la signature des contractants
est rigoureusement inutile comme preuve de la vente, mais
elle ne l'est pas comme formalité solennelle de la rédaction
du bordereau.

2° Si le bordereau du courtier ou de l'agent de change est
un acte authentique, s'ensuit-il que l'art. 109 ait eu tort de
l'indiquer dans un paragraphe distinct, et après avoir déjà
parlé des actes publics? — Nullement; l'art. 109 énumère, en

effet, non pas les modes de preuves des obligations en général, mais les modes de preuves particuliers à la vente commerciale. Or, le bordereau du courtier étant spécial à notre contrat, quoi de plus naturel que d'appeler sur lui l'attention de l'interprète, lors même que, dans la rigueur des principes, il ferait partie d'une catégorie d'actes déjà mentionnée. Remarquez d'ailleurs que le bordereau fût-il un acte sous seing privé, le § 3 de l'art. 109 n'en serait pas moins inutile, puisque le 2 est déjà consacré à cette nature d'actes.

3° Est-il maintenant besoin de réfuter l'argument tiré des travaux préparatoires? Mais cet argument est un véritable glaive à double tranchant, aussi dangereux pour celui qui s'en sert, que pour celui contre qui il est dirigé. Que prouve-t-il en effet? — Deux choses : que dans l'ancien droit le bordereau du courtier ou de l'agent de change est unanimement considéré comme acte authentique; qu'afin d'éviter des fraudes possibles, et de rassurer le commerce contre les conséquences d'une trop grande liberté laissée à ces agents intermédiaires, on a décidé que la signature des parties serait requise. Or, un pareil changement, je vous le demande, équivaut-il à une rupture avec les traditions du passé; ou ne faut-il pas dire plutôt qu'aux garanties tirées de la moralité et du caractère public des courtiers, il en a été ajouté une nouvelle, la signature du vendeur et de l'acheteur ?

La conclusion doit donc être, à notre avis, que le bordereau de l'agent de change ou du courtier est un acte authentique.

S'ensuit-il qu'il puisse contenir une stipulation d'hypothèque? — Point du tout, car, d'après l'art. 2127 C. civ., ce n'est pas dans tout acte authentique, mais « par acte passé devant « deux notaires, ou devant un notaire et deux témoins », que les hypothèques conventionnelles peuvent être consenties.

S'en suit-il même qu'il soit susceptible d'exécution parée? — Pas davantage, car autre chose est l'acte authentique, autre chose l'acte exécutoire ; et si tout acte exécutoire est authentique, tout acte authentique n'est pas exécutoire. La seule conséquence de notre principe, c'est que le bordereau de l'agent de change ou du courtier fait foi, jusqu'à inscription de faux, des conventions qu'il constate.

Mais cette conséquence nous l'admettons, vont répondre en chœur les partisans de la seconde opinion; cette conclusion est la nôtre, et ce n'était vraiment pas la peine de déclarer notre système inadmissible pour aboutir ensuite aux mêmes résultats. — Permettez : non-seulement en théorie il n'est pas indifférent de savoir si un acte est authentique, ou si les signatures des parties en sont seulement légalisées, mais encore il existe entre les deux systèmes une double différence pratique, que voici :

En premier lieu, le bordereau de l'agent de change est-il un acte sous seing privé, les signatures des parties y sont nécessairement requises, car elles ne peuvent être certifiées véritables, qu'à la condition d'avoir été apposées : *Prius est esse quam esse tale.* De telle sorte que si les contractants ne savent ou ne peuvent signer, la vente ne saurait être constatée par ce mode de preuve. Le bordereau est-il un acte authentique, ces signatures n'ajoutant rien à sa force probante, ne sont indispensables qu'autant que les parties étaient en fait capables de signer. L'art. 109 C. Com. exige, il est vrai, leurs signatures, mais au-dessus de cette règle, quelque générale qu'elle soit, il en est une plus puissante encore, c'est celle que le bon sens public a formulé en ces termes : « A l'impossible nul n'est tenu. »

En second lieu, le bordereau est-il un acte sous seing privé, dont les signatures sont réputées sincères, il est également à l'abri de la demande en inscription de faux et de la poursuite en vérification d'écriture. Est-il authentique, il peut être attaqué par la voie de l'inscription de faux.

Nous persistons par suite dans notre sentiment, et nous croyons que le bordereau de l'agent de change ou du courtier est un acte authentique, sinon exécutoire.

Nous admettons toutefois à cette règle deux tempéraments :

Le premier, c'est que, depuis la loi du 11 juillet 1866, la profession de courtier étant devenue libre, ces agents ont perdu leur qualité d'officiers publics, et ne peuvent plus désormais imprimer le caractère d'authenticité aux actes qu'ils rédigent.

Le second, c'est qu'un arrêté du 27 prairial an X, ayant prescrit aux agents de change de garder le secret le plus inviolable aux personnes, qui les chargent de négociations, les bordereaux qu'ils rédigent ne sont pas signés par les parties, et, ne satisfaisant pas aux prescriptions de l'art. 109, ne sont point authentiques.

De telle sorte qu'en dernière analyse, la difficile question
sur laquelle nous avons cru devoir insister n'a presque aujourd'hui qu'un intérêt historique.

Supposons maintenant qu'au lieu de dresser, conformément aux prescriptions de l'art. 109, un bordereau constatant la vente conclue par ses soins, le courtier ou l'agent de
change ait seulement mentionné l'opération sur le registre
que l'art. 84 C. Com. l'assujettit à tenir ; ou bien qu'il ait
donné aux deux parties, comme c'est l'usage sur la place
de Marseille, sa carte relatant brièvement les conditions de
la vente. Le contrat sera-t-il prouvé, et celui qui en réclamera l'exécution sera-t-il dispensé de justifier autrement
sa prétention ? La jurisprudence ne l'a jamais décidé ainsi,
et avec beaucoup de raison selon nous ; quelle que soit la
juste confiance que puisse inspirer au juge un registre tenu
conformément aux dispositions si rigoureuses et si sages de
l'art. 84 C. Com., quelque autorité morale que puisse présenter une carte portant, sinon la signature, au moins le
nom du courtier, ni registre, ni carte n'ont été placés par
l'art. 109 au rang des modes de preuve de la vente commerciale ; ce ne sont pas même des commencements de preuve
par écrit, puisqu'ils n'émanent pas de celui qui dénie la
conclusion du marché. Ce sont de simples présomptions de
fait, qui, rapprochées d'autres précises et concordantes, pourront prouver suffisamment la vente, mais qui prises isolément
seraient dénuées de toute efficacité (Aix, 11 nov. 1869 ; 25
mars 1870, Gir. et Clar., 70, 1, 139).
Quelques-uns même, plus rigoureux que nous, ont voulu
leur dénier toute force probante, et le tribunal de commerce
de Marseille notamment, a jugé, à différentes reprises, que le
témoignage du courtier était irrecevable pour prouver les
traités conclus par intermédiaire, lorsque aucun bordereau
régulier n'a été dressé (9 juin 1873, Gir. et Clar. 1873, 1, 233).
Deux arguments surtout ont été présentés à l'appui de ce système : le premier, déduit de la volonté présumée des parties,
qui ont entendu, en recourant au ministère du courtier, que
le contrat n'eût d'existence qu'après avoir été écrit et signé ;
le second, tiré du texte même de l'art. 109, qui exige qu'on
ne traite pas aussi favorablement un bulletin non signé

qu'un bordereau légal, et qu'à l'aide d'un supplément de preuve testimoniale insignifiant, on n'attribue pas à l'un et à l'autre la même valeur.

Cette solution toutefois nous a paru trop rigoureuse. Il est possible que les parties, nonobstant la remise de la carte du courtier à l'acheteur, n'aient eu en fait que de simples pourparlers. Mais ce serait une exagération d'en conclure qu'elles font dans tous les cas dépendre la perfection du marché de la rédaction du bordereau, et de créer ainsi une présomption *juris et de jure*, qui ne s'appuie sur aucun article du code, ni sur aucun usage constant.

Et il n'est pas exact non plus de dire qu'en suivant notre théorie, on arrivera ainsi insensiblement à assimiler le bulletin dressé par le courtier à un véritable bordereau, car il existera toujours, entre ces deux actes, la différence qui sépare une preuve complète d'une simple présomption.

Aussi, d'après nous, le courtier peut être appelé en témoignage par celui qui réclame l'exécution de la vente, toutes les fois qu'il n'a pas dressé de bordereau, sauf le droit pour l'adversaire de le récuser, comme ayant délivré des certificats sur les faits relatifs au procès, et pour les juges d'attribuer à sa déposition telle valeur qu'ils croient convenable (Aix, 27 mars 1871, Rev. Brem. et Cont., 1871, 211).

§ IV

Facture acceptée.

Lorsque la vente commerciale a lieu par intermédiaire, elle est constatée au moyen d'un bordereau du courtier, sorte de mémoire détaillé, indiquant avec les noms du vendeur et de l'acheteur, la nature, la quantité, la qualité et le prix des marchandises vendues. Lorsqu'elle a lieu directement entre les parties, c'est encore un mémoire de même nature, qui sert à établir le marché, mais un mémoire rédigé cette fois par le vendeur, et qui est connu sous le nom de facture.

Pour que la facture fasse preuve, d'après les termes de l'art. 109 C. Com., il faut qu'elle soit acceptée; c'est-à-dire que celui auquel on l'oppose ait indiqué, sur l'exemplaire remis à son cocontractant, son approbation suivie de sa signature (Cass., 19 juin 1872, D. P., 73, 1, 128).

Ce n'est pas que cette approbation doive être nécessairement formelle pour la validité de la vente, car il arrivera le
plus souvent que le silence seul de l'acheteur fera présumer la
formation du contrat, qui lui était proposé. Mais la facture n'é-
tant pas alors revenue en mains du vendeur, celui-ci ne pourra
pas exciper de ses énonciations, et s'il réclame l'exécution
du marché, il sera réduit à en prouver l'existence, non point
par la facture acceptée, mais par son livre de correspondance.

De quels faits maintenant la facture acceptée fait-elle foi?
Est-ce seulement de la vente considérée en elle-même, est-ce
aussi des conditions accessoires, qui y sont le plus souvent
insérées par le vendeur, dans des clauses imprimées?

La question a quelquefois été posée et M. Massé notamment (1)
la résout en faveur de l'acheteur, disant que: « La facture ne
prouve pas nécessairement les conditions accessoires de la
vente, quand ces conditions, exprimées par le vendeur dans
la facture, n'ont pas fait l'objet d'une acceptation spéciale et
déterminée. »

Il cite même à l'appui de son opinion un arrêt de la cour de
cassation du 21 avril 1830, intervenu à l'occasion d'une
facture, sur laquelle le vendeur avait stipulé l'obligation de
payer à son domicile.

Nous ne saurions cependant, sur la foi d'une décision, qui
n'a peut-être pas toute la signification qu'on lui prête, admettre un pareil système.

Que doit en effet prouver la facture, et par suite que doit-
elle relater? — Le contrat intervenu entre les parties, c'est-
à-dire, non pas seulement le fait pur et simple de l'aliénation
de la chose vendue, mais encore l'ensemble des conventions
auxquelles cette aliénation a donné lieu. Dès que l'acheteur
accepte cette facture, il reconnaît l'exactitude des engagements qu'on lui prête; il s'oblige à les exécuter tous, quels
qu'ils soient, principaux ou accessoires; et si, par inattention, il s'est mépris sur leur portée et leur étendue, il n'a
qu'à en accuser sa légèreté et son imprudence. Le vendeur
ne serait pas sans injustice rendu responsable d'une semblable erreur; il a dû compter sur les bénéfices que lui
procurerait le marché, tel qu'il a été contracté; ce serait
tromper ses plus légitimes espérances, que de le priver, sur je

(1) Tome IV, pag. 310, n° 2447.

ne sais quel subtil motif, des clauses qui lui sont le plus favorables, et de scinder ainsi, à son détriment, un contrat indivisible en lui-même.

Ce n'est pas seulement entre les parties, mais même vis-à-vis des tiers, que la facture acceptée fait preuve de la vente; et à leur égard, pas plus qu'entre les contractants, elle n'est soumise à aucune condition de forme.

Peu importe par suite qu'elle ne soit point enregistrée, car l'art. 1328 du C. civ., nous espérons l'avoir déjà démontré, est inapplicable en matière commerciale.

Peu importe également qu'elle ait été ou non portée sur les livres de commerce, car si c'est là un des moyens les plus efficaces d'en constater la date, en cas de contestation, il n'y faut pas voir du moins une condition essentielle de la validité de la facture.

Peu importe enfin qu'elle émane ou non d'un commerçant, car celui qui fait une vente commerciale peut, aussi bien que le négociant de profession, dresser la note détaillée des marchandises qu'il a vendues.

Mais vis-à-vis des tiers, la facture a-t-elle un effet plus étendu que de prouver la vente; sa remise équivaut-elle à une tradition de la chose vendue, dans le sens de l'art. 1141 C. civ., de telle sorte que l'acheteur qui l'a reçue soit définitivement investi de la propriété, nonobstant toutes aliénations nouvelles consenties par son vendeur? Question controversée que nous avons, pour notre part, résolue négativement, et sur laquelle nous ne reviendrons pas, nous référant aux motifs qui ont inspiré notre solution.

§ V
De la correspondance.

La correspondance, que nous avons déjà examinée comme moyen de former la vente, est indiquée, dans l'art. 109, comme moyen de prouver la vente une fois formée.

Ce mode de preuve diffère profondément de ceux que nous avons déjà parcourus. Si un acte public ou sous seing privé, un bordereau ou une facture acceptée témoigne, en effet, par lui seul du consentement des deux parties contractantes, chaque lettre, au contraire, ne contient que l'expression de la volonté de celui qui l'a écrite; aussi, tandis que, pour établir l'existence d'une vente entre présents, il suffit de produire l'acte sous seing privé signé du vendeur et de l'acheteur, celui qui réclame l'exécution d'un marché entre absents est obligé de représenter les lettres écrites de part et d'autre, et de faire sortir de leur rapprochement la preuve de la convention. C'est ce qui explique que l'art. 8 C. Com. ait prescrit à tout commerçant de transcrire s.. un registre les lettres qu'il envoie, et de mettre en liasse : ll.. qui lui sont adressées.

Mais cette comparaison de l'ensemble des lettres, que les contractants se sont mutuellement écrites, n'est pas toujours sans difficultés. De nombreuses hypothèses sont possibles.

Il peut arriver :

Ou que chacune des parties reconnaisse avoir écrit toutes les lettres que son adversaire verse au procès ;

Ou que l'une d'elles prétende avoir écrit une lettre, que l'autre ne produit pas, et dont elle dénie même la réception ;

Ou enfin qu'il n'y ait pas conformité entre la lettre, telle que l'a copiée l'expéditeur sur ses livres de commerce et telle que l'a reçue le destinataire.

Et d'abord dans le premier cas, pas de doute ; aucune contestation ne s'élevant sur l'existence des lettres, dont on prétend tirer la preuve du contrat, les juges n'auront qu'à interpréter les accords respectifs des parties et à trancher en fait, d'après les termes employés, la date des demandes et des réponses, la question de savoir si le marché a ou non été formé.

Mais que décider, au contraire, dans notre seconde hypothèse, c'est-à-dire lorsque l'une des parties prétend avoir écrit une lettre que l'autre affirme n'avoir point reçue? Paul, par exemple, de Marseille, écrit à André de Bordeaux, le 1er juin, de lui envoyer 50 hectolitres de vin. Le lendemain, il se ravise et lui écrit de nouveau pour retirer sa commande. André de son côté accepte le marché par une lettre expédiée de Bordeaux le 4, et, sur le refus de Paul d'exécuter ses engagements, l'actionne en paiement du prix et en réception de la marchandise. Paul lui oppose le retrait de l'offre effectué deux jours avant son acceptation. Mais André répond que ce retrait ne lui était pas connu, qu'il n'a jamais reçu la lettre du 2 juin, et que dès lors la volonté de l'acheteur ayant persisté à son égard jusqu'au moment de l'acceptation, le contrat a pu se former. Son exception doit-elle être admise, ou en d'autres termes ne suffit-il pas de prouver l'expédition d'une lettre, faut-il encore établir sa remise en mains du destinataire ?

Cette dernière thèse peut être soutenue, suivant nous, avec une grande force. Toute lettre écrite ne parvient pas à destination. La négligence de l'employé chargé par l'expéditeur de la mettre à la poste, une erreur des agents de l'administration suffisent souvent pour empêcher son heureuse arrivée, et prouver qu'on a eu l'intention de l'envoyer, ce n'est pas prouver qu'elle a été connue de celui à qui elle était adressée.

Prétendez-vous qu'on essaye de vous tromper, en niant la réception de la lettre, mais vous aviez un moyen bien simple de déjouer un calcul aussi déloyal. Il fallait, usant de la faculté que vous offre l'administration des postes, *recommander* votre missive, et aujourd'hui vous n'auriez qu'à consulter le registre spécial sur lequel, en remettant la lettre, on aurait exigé la signature du destinataire, pour prouver sa délivrance. Avez-vous, dans un but d'économie mal entendue, omis cette formalité, accusez votre imprudence, mais n'imputez pas à votre adversaire une fraude qu'il n'a probablement pas commise.

Quelque juridique que paraisse cette conclusion, nous ne croyons pas devoir l'adopter.

Une règle aussi ancienne que juste met, il est vrai, à la charge de tout demandeur l'obligation de justifier sa prétention. Mais de quelle nature doit être la preuve qu'il est ainsi obligé de rapporter ? Faut-il que l'existence du fait allégué s'impose, au point de vue philosophique, à la conscience du juge, comme un théorème démontré s'impose à celle du géomètre ? Nullement, il suffit qu'à l'aide des moyens indiqués par la loi, on fournisse aux tribunaux la base légale, sur laquelle s'appuiera leur décision. Or, quelle est la preuve juridique qui sert à constater l'envoi d'une lettre ? C'est la transcription qui en doit être faite sur le registre spécial tenu en conformité de l'art. 8 du Code de commerce.

Dès lors que, dans notre hypothèse proposée, Paul, par la

production de son livre de copie de lettres, démontre que tel jour, dans tels termes, il a retiré la commande faite à son correspondant de Bordeaux, il satisfait à toutes les prescriptions légales, et c'est à son adversaire à établir qu'en fait la lettre expédiée ne lui a point été remise.

Inexacte au point de vue juridique, l'opinion adverse ne serait pas moins dangereuse en pratique. Quel encouragement pour la mauvaise foi, s'il suffisait, en effet, de nier la réception d'une lettre, pour se délier des engagements qu'elle suppose, et quel coup funeste porté au commerce le jour où la preuve par correspondance aurait ainsi perdu son efficacité !

Les fraudes, dit-on, sont possibles de la part de l'expéditeur comme de la part du destinataire, je l'avoue ; mais reconnaissez du moins qu'elles sont bien plus rares ; inscrire sur son registre, longtemps avant un procès imprévu, une lettre qui ne sera pas envoyée, suppose une perspicacité ou plutôt une coupable préméditation, qui se produira rarement. Faire disparaître de la liasse, où elle est comprise, une lettre qui vous gêne dans la contestation actuellement pendante, c'est prendre, au contraire, une précaution vulgaire, Dieu nous garde de dire, naturelle.

Il vous reste, ajoute-t-on, la faculté de recommander votre lettre. Mais vous n'ignorez pas que c'est là une ressource illusoire. Il n'est pas un négociant qui consentirait à tripler ainsi ses frais de correspondance rendus, de nos jours, si onéreux pour tous.

Toutes les fois donc qu'un commerçant justifiera, par ses livres de commerce, avoir envoyé à un autre une lettre, celui-ci ne pourra repousser les obligations dérivant pour lui de la réception de cette lettre, qu'en prouvant directement en fait qu'elle ne lui a point été remise.

Toutes les fois, au contraire, que le fait de l'envoi ne sera pas régulièrement constaté, c'est-à-dire que la missive litigieuse n'aura pas été transcrite, ce sera à son auteur qu'incombera la charge de prouver qu'elle a été connue du destinataire ; sauf dans tous les cas la preuve contraire résultant du témoignage ou des simples présomptions.

Telle est notre conclusion.

Supposons maintenant que les parties étant d'accord sur

le fait de l'expédition et de la remise de leurs lettres respectives, la seule difficulté qui s'élève porte sur le défaut de conformité, entre la copie gardée par l'expéditeur, et l'original reçu par le destinataire. Point de doute. Ce sera évidemment à l'original que les juges devront se reporter, pour décider de l'existence du contrat, car l'inexactitude commise dans la transcription de la lettre, non-seulement provient de la faute de celui qui l'a écrite ou de ses agents, mais encore n'a pu être connue du destinataire et influer sur ses déterminations.

Mais la solution serait-elle la même, au cas où les parties ayant correspondu, non plus par lettres, mais par télégrammes, la différence signalée entre la dépêche reçue et la copie qu'en a gardée l'expéditeur aurait pour cause une erreur commise par l'administration du télégraphe ? En réponse à une lettre par laquelle vous me demandez le prix auquel je pourrais vous céder 60 balles de laine, je vous réponds par télégramme : à 200 fr. les 100 kilogrammes. L'employé chargé de transmettre la dépêche, ou de la recopier au bureau de destination, écrit : à 100 fr. les 100 kilogrammes ; et trouvant l'affaire excellente, vous me télégraphiez ces simples mots : J'accepte. Pour qui l'erreur ? — Pour moi, qui en m'adressant à une administration publique, ai dû compter sur une reproduction exacte du télégramme déposé ; ou pour vous, qui avez basé votre acceptation sur le prix que vous croyez de bonne foi vous avoir été offert ?

La question s'est présentée devant le tribunal de Marseille dans une situation analogue, et elle a été tranchée très-justement, à notre avis, contre l'expéditeur (11 avril 1866, Gir. et Clar., 1866, 1, 167. *Contrà*, Bordeaux, 4 février 1870. Lehir, 1870, 2, 189).

L'administration du télégraphe est, en effet, le mandataire du vendeur, au même titre que l'employé chargé de recopier la lettre ; elle le représente, et lorsqu'elle remet une dépêche indiquant le prix de 100 fr. pour les 100 kilogrammes de laine, c'est lui qui est réputé offrir sa marchandise à ce prix. S'il y a eu faute commise par ce mandataire, rien n'empêchera l'expéditeur de recourir contre lui ; mais l'acheteur, qui doit demeurer étranger à leurs contestations, sera en droit de réclamer l'exécution du marché dans les termes mêmes où il a été présenté, à moins cependant que l'erreur commise n'ait été tellement flagrante qu'il n'ait pas pu s'y méprendre, et qu'il ait été ce que les Romains auraient appelé *conscius erroris.*

En résumé donc, et pour dégager des divers exemples proposés un principe général, qui puisse servir de guide dans la solution des hypothèses semblables, nous dirons qu'en matière de preuve, par correspondance, il faut s'attacher aux termes des lettres ou des télégrammes reçus, toutes les fois qu'ils sont représentés ; aux termes de la copie qui doit être transcrite par celui qui les envoie sur ses livres de commerce, lorsque les originaux ne sont pas produits, ou que la réception en est déniée.

§ VI

Des livres de commerce.

Les parties, la vente une fois formée, ne se contentent pas d'en constater l'existence, à l'aide d'un acte sous seing privé, ou d'une facture ; elles l'inscrivent sur leurs livres de commerce. Aussi l'art. 109, § 6 C. Com., renouvelant la disposition de l'art. 12 C. Com., range ces livres au nombre des modes de preuve de la vente commerciale.

Tous les livres de commerce sont-ils suffisants pour prouver une vente ? Par qui et à quelles personnes sont-ils opposables ; et quelle est, dans les divers cas prévus par la loi, leur force probante ?

Telles sont les deux questions qu'appelle ce nouveau mode de preuve, et sur lesquelles nous allons nous expliquer successivement.

I. La loi impose aux commerçants l'obligation de tenir trois sortes de livres :

Le livre journal, relatant jour par jour les opérations du commerce, et généralement toutes les dépenses et toutes le recettes.

Le livre de copie de lettres, dont nous avons déjà démontré l'utilité.

Et enfin le livre des inventaires, indiquant la situation active et passive, à chaque fin d'année, du commerce du négociant.

Mais, à côté de ces livres indispensables, soumis à une réglementation de forme minutieuse, et dont la tenue est sanctionnée par des peines fort rigoureuses en cas de faillite, il en est d'autres non obligatoires, que les commerçants tiennent pour leur commodité personnelle, et dans la forme qui leur paraît la plus convenable. Les principaux sont appelés : Livre de caisse, grand livre, livre des achats et ventes, etc.

D'où la nécessité de se demander, si l'art. 109, en parlant des livres de commerce, a eu l'intention de comprendre, sous cette expression générale, tous les livres quels qu'ils soient, ou seulement ceux rendus nécessaires par l'art. 8 C. Com.

La majorité des auteurs enseigne que les livres auxiliaires, lorsqu'ils sont régulièrement tenus, ont la même valeur que les livres nécessaires, et cette doctrine est fondée sur deux arguments, l'un de texte, l'autre de raison :

1° L'art. 109, dit-on, pose en principe que les achats et ventes se constatent par les livres de commerce, et cela sans faire de distinction entre les livres exigés par la loi, et ceux que la pratique commerciale a appelés du nom d'auxiliaires.

Or, le livre de caisse, le grand livre et tous autres de cette nature sont apparemment des livres de commerce, et ont été reconnus comme tels par l'art. 8 de notre code.

Donc ils peuvent servir à prouver une vente commerciale, à l'égal des livres obligatoires.

2° On ajoute, que la différence que l'on voudrait établir entre les diverses catégories de livres de commerce serait inexplicable, car dès qu'ils sont tenus conformément aux prescriptions légales, leur autorité morale est la même. Bien mieux, les livres auxiliaires, renfermant l'indication d'un plus petit nombre de contrats, sont ordinairement plus complets que les livres obligatoires, et ce serait se priver d'une source précieuse d'informations que de les rejeter sans examen, ou d'en refuser la communication quand elle est demandée.

Nous n'adopterons pas cette doctrine, car il est possible de répondre avec avantage aux deux motifs qu'elle invoque.

1° L'art. 109 d'abord a-t-il eu en vue de trancher la question qui nous occupe ? La simple lecture suffit pour convaincre du contraire. Il contient l'énumération des divers modes de

preuves de la vente commerciale ; il n'indique nullement les
conditions auxquelles chacun d'eux devra satisfaire ; et de
même qu'en parlant des actes authentiques ou sous seing
privé, il se réfère tant aux lois qu'aux usages qui les régissent, de même, en parlant des livres, il se réfère aux règles
spéciales posées dans le Titre II du Code de commerce.

Or, il résulte de la succession des articles compris dans ce
Titre, que les livres indispensables ont seuls été considérés par
le législateur, comme susceptibles de faire preuve en justice.
C'est l'article 12 d'abord, qui, placé après l'article 11, parlant
des formalités auxquelles sont soumis « les livres dont la tenue
« est *ordonnée* par les art. 8 et 9 ci-dessus » déclare que « les
« livres de commerce régulièrement tenus » c'est-à-dire visés,
cotés et paraphés « peuvent être admis par le juge pour faire
« preuve entre commerçants pour faits relatifs au com-
« merce. » C'est ensuite l'art. 13, qui, suivant le même ordre
d'idées, dispose : « les livres que les individus faisant le com-
« merce sont *obligés* de tenir ne pourront être représentés, ni
« faire foi en justice, au profit de ceux qui les auront tenus. »

Et la pensée qui a inspiré ces diverses dispositions n'est
pas, il faut le reconnaître, moins opposée que leur texte à
l'assimilation que l'on essaye d'établir entre les livres indispensables et les livres auxiliaires. S'il a été permis aux commerçants, par dérogation à cette grande règle d'équité, que
nul ne peut se faire de titres à soi-même, de tirer des énonciations de leurs livres la preuve des droits qu'ils réclament,
c'est par un double motif : d'abord parce que tous les commerçants étant également obligés de tenir des livres, ceux
de l'un contrôlent ceux de l'autre, et, par leurs différences
ou leurs similitudes, permettent d'apprécier si les indications
qu'ils contiennent sont exactes ; en second lieu, parce que
lorsqu'ils sont tenus conformément aux prescriptions rigoureuses de la loi, c'est-à-dire sans blancs, lacunes, transports
en marge, surcharges ni interlignes, ils ne peuvent être que
difficilement recommencés, corrigés ou falsifiés pour les besoins d'une cause.

Eh bien, ces deux raisons font également défaut, lorsqu'il
s'agit de livres auxiliaires. Plus de contrôle, de comparaison
possible entre les livres de chacune des parties, puisque
celui auquel on les oppose peut, comme c'est son droit, ne

point en tenir lui-même. Plus de sécurité non plus contre les altérations ou falsifications, puisque la forme de ces régistres étant abandonnée au caprice de chacun, il n'en est pas de plus régulièrement tenus les uns que les autres.

Comment dès lors supposer que le législateur ait voulu attribuer la même valeur aux livres facultatifs et aux livres obligatoires, et qu'après avoir montré, comme nous le verrons, une légitime défiance pour ceux qui offrent toute garantie à la justice, il n'ait pas proscrit sévèrement ceux qui ne présentent qu'incertitudes et dangers de fraude?

Je tiens donc pour certain que les livres auxiliaires ne peuvent dans aucun cas faire seuls foi des achats et ventes qu'ils constatent, et que si, à titre de présomption de fait, ils sont quelquefois invoqués par les tribunaux, ce ne peut être que dans le cas où, en dehors d'eux, se rencontre d'autres indices suffisamment graves, précis et concordants.

II. Si les livres obligatoires sont seuls compris par l'art. 109, au nombre des modes de preuve de la vente commerciale, quelle est du moins leur force probante, dans les divers cas où la production en est autorisée?

La loi distingue à cet égard deux hypothèses :

La contestation est-elle née entre un commerçant et une personne qui ne l'est pas, les livres ne font point preuve en règle générale contre celle-ci, quoiqu'elle-même puisse s'en prévaloir.

Est-elle pendante entre deux commerçants, les livres au contraire font preuve pour et contre chacun des plaideurs.

Mais dans tous les cas, la production des livres doit être autorisée par le juge qui, s'il peut l'ordonner d'office, reste libre de la refuser, même lorsque l'une des parties a provoqué cette mesure, en offrant d'ajouter foi aux livres de son adversaire.

Reprenons ces divers cas, et examinons sur chacun d'eux de quelle exception est susceptible le principe qui le régit.

Et d'abord, lorsque le débat s'engage entre un négociant et un non négociant, quoique l'opération soit commerciale des deux côtés, les livres du marchand prouvent contre lui, sans prouver en sa faveur. Telle est la disposition de l'art.

1329 C. civ., et rien n'est plus conforme, il faut le reconnaître, aux véritables principes du droit, car autant il serait inique d'accorder au commerçant le droit de faire appel à ses livres, lorsque la profession de son adversaire ne permet pas d'en contrôler l'exactitude, autant il serait injuste, quand on trouve dans ses registres la preuve du contrat qu'il dénie, de ne pas s'emparer de cet aveu précieux, et d'obliger son adversaire à rapporter une autre preuve, impossible peut-être, et à coup sûr moins efficace.

Cette règle toutefois subit, en sens inverse, une double modification, et de même que les livres de commerce font quelquefois preuve au profit du commerçant, ils ne font pas toujours exclusivement preuve contre lui.

La première de ces exceptions est indiquée de la manière suivante par l'art. 1329 C. civ. :

« Les registres des commerçants ne font point preuve « contre les personnes non marchandes, des fournitures qui « y sont portées, *sauf ce qui sera dit* à l'égard du serment. »

Mais que signifient ces derniers mots ? Quelle est l'étendue de cette réserve que le législateur indique dans notre article, et qu'il devait oublier de développer plus tard au titre du serment ? Le doute est possible et deux interprétations se sont en effet produites.

D'après la première, l'art. 1329 a voulu simplement rappeler le droit qui appartient à tout plaideur de déférer le serment à son adversaire sur le bien-fondé de la demande qu'il dirige contre lui, et faire allusion au serment décisoire. Cette explication toutefois n'a pas fait fortune et ne devait point, selon nous, réussir. L'art. 1329 C. Com., par sa contexture grammaticale, annonce, dans son dernier alinéa, une dérogation au principe qu'il vient de poser. Or, cette dérogation serait, au contraire, la confirmation de la règle, et les livres dans tous les cas ne feraient pas preuve en faveur du commerçant, si cette disposition finale s'appliquait au serment litis décisoire, puisque ce serment peut être déféré, même en l'absence de tout commencement de preuve par écrit.

Pour donner un sens à l'article, il faut admettre qu'il confère au juge le droit d'user de la disposition de l'art. 1366 C. civ., et de déférer au demandeur, lorsque les livres de celui-ci lui paraissent régulièrement tenus, le serment supplétoire; et comme ce serment suppose que la demande, sans être pleinement justifiée, n'est pas totalement dénuée de preuves, on doit en conclure que les livres de commerce sont susceptibles, suivant les cas, de former un commencement de preuve au profit de leurs auteurs, même vis-à-vis de non-commerçants.

Est-ce à dire que ce commencement de preuve suffira pour entraîner l'admission de la preuve testimoniale? Nullement, car il n'émane point de celui à qui on l'oppose, et autre chose est le commencement de preuve autorisant la délation du serment supplétoire, autre chose un commencement de preuve, dans le sens restrictif de l'art. 1347 C. civ.

Telle est la première exception que nous avions annoncée à notre principe, sur la force probante des livres de commerce dans les rapports d'un négociant avec celui qui ne l'est pas.

Il en est une seconde, que l'art. 1330 formule en ces termes : « Celui qui en veut (des livres de commerce) tirer avan- « tage, ne peut les diviser, en ce qu'ils ont de contraire à sa « prétention. »

Voici, pour la matérialiser à l'aide d'un exemple, en quoi consiste cette nouvelle dérogation : vous réclamez contre Paul l'exécution d'une vente de blé, et comme il soutient que le contrat n'a jamais été formé, vous demandez la production de son livre journal. Le tribunal autorise cette mesure préparatoire, et Paul s'y soumet. Or, sur le registre qu'il apporte, à la date indiquée comme étant celle de la conclusion du marché, il existe la mention suivante : « Sur une facture de blé de 1,000 fr., reçu de M*** la somme de 500 fr. » La vente est par cela même prouvée; mais, en vertu de l'art. 1330, le prix stipulé et la portion restant encore due de ce prix se trouvent également déterminés, et le registre en définitive, qui ne devait faire foi que contre le commerçant, fait également foi en sa faveur. Vous ne pouvez donc pas accepter cette énonciation, dans ce qu'elle a de favorable, pour la rejeter dans ce qu'elle a de nuisible; dire, par exemple : en tant que le registre porte que j'ai payé 500 fr., il dit vrai, mais, en tant qu'il énonce que je dois encore 500 fr., il dit faux. La preuve par les livres une fois acceptée, vous vous en êtes remis à l'aveu de votre adversaire, et tout aveu est in-divisible.

Bien différentes sont les règles applicables à notre seconde hypothèse, celle où le débat s'agite entre deux commerçants. Les livres de chacun d'eux étant mutuellement contre balancés et contrôlés font alors preuve vis-à-vis de l'autre. Cette preuve toutefois, justement suspecte en ce qu'elle émane de celui même qui l'invoque, est subordonnée à ces trois conditions :

1° Que les registres soient régulièrement tenus, sauf, en cas d'irrégularité peu importante, le droit pour les magistrats d'y voir un commencement de preuve par écrit, ou tout au moins une présomption de fait;

2° Qu'ils concordent entre eux, car la foi qui leur est due étant égale, si leurs énonciations sont contradictoires, ils se neutralisent réciproquement;

3° Que la vente à prouver soit commerciale des deux côtés, pour qu'elle se trouve, ou qu'elle doive se trouver, consignée sur les registres des deux parties.

§ VII

De la preuve testimoniale.

Au dernier rang des modes de preuve de la vente commerciale, parmi ceux qui sont facultatifs pour le juge, l'art. 109 C. Com. place la preuve par témoins.

Comment la preuve testimoniale, admise jadis en toute matière, fut par l'ordonnance de 1566 interdite devant les juges royaux; comment un usage spécial au commerce la maintint, au contraire, devant la juridiction consulaire, et en fit le mode de preuve par excellence des contrats commerciaux, c'est ce que nous avons déjà expliqué. Aussi, sans rechercher davantage les motifs déjà connus de l'art. 109 C. Com., sans insister sur la rapidité des transactions commerciales qui n'admettent pas l'intervention de l'écriture, devons-nous nous demander dans quels cas et sous quelles conditions la preuve testimoniale peut être reçue.

I. Deux règles principales caractérisent le système du droit civil, au point de vue qui nous occupe :

Nécessité d'une preuve écrite, et exclusion de la preuve testimoniale, en toutes choses excédant la valeur de 150 fr.

Défense de prouver par témoins contre et outre le contenu aux actes.

De ces deux règles, la première est sans contredit étrangère au droit commercial, et l'art. 109 n'ayant apporté aucune limitation à l'admissibilité de la preuve testimoniale, pas de doute qu'il n'ait entendu déroger à la disposition si rigoureuse, et à certains égards cependant si prudente, de l'art. 1341 C. civ.

Peu importe donc que l'objet de la vente dépasse ou non 150 fr. Celui qui en réclamera l'exécution sera toujours en droit, si la preuve littérale lui fait défaut, de faire appel au témoignage de ceux qui ont connu les accords des parties.

Mais que décider, lorsqu'il existe un acte écrit prouvant la vente, et que l'un des contractants en conteste les énonciations, ou prétend que des modifications verbales ont été apportées postérieurement à la convention? En d'autres termes, la seconde règle du droit civil doit-elle être ici observée, et la preuve contre et outre le contenu aux actes est-elle encore interdite?

On a essayé de le soutenir, et, pour enlever cet effet absolu à la preuve testimoniale, on a surtout employé les trois arguments que voici :

1° L'art. 109 permet de faire entendre des témoins, pour établir l'existence des achats et ventes, mais non pour combattre et détruire les actes instrumentaires, qui servent à les constater. Il déroge à la première disposition de l'art. 1341 C. civ., tout en laissant intacte la seconde, et si sous l'empire de la nécessité il reconnaît la preuve testimoniale, ce n'est point pour lui donner le pas sur la preuve écrite.

2° Cette solution est, ajoute-t-on, conforme à l'intention vraisemblable des parties, qui doivent être présumées n'avoir pas voulu déroger à leurs conventions écrites, ou n'avoir considéré que comme un simple projet les modifications dont elles ont pu s'entretenir.

3° Quels ne sont pas d'ailleurs les dangers de la preuve testimoniale? Non-seulement la passion, l'intérêt, la séduction peuvent porter l'homme à dissimuler la vérité, mais encore il est difficile, à des intervalles souvent éloignés, de rappeler ses souvenirs. Les personnes douées d'une mémoire persistante sont souvent celles à qui l'habileté de la parole fait défaut; et tel qui, dans la vie intime, s'exprime avec facilité et élégance, se trouve impuissant à communiquer exactement ses impressions, quand l'appareil solennel de la justice trouble et paralyse ses facultés. Or, ces diverses causes, qui rendent dans tous les cas si périlleuse et si incertaine la preuve testimoniale, combien ne se présenteraient-elles pas plus redoutables, quand le fait à prouver serait non plus un marché exactement défini, mais je ne sais quelles dérogations apportées à un contrat existant !

Ces raisons toutefois ne nous ont pas convaincu.

On parle des dangers de la preuve testimoniale ; nous ne les nierons certes pas, mais le triomphe de la mauvaise foi, assuré par un système de preuve trop rigoureux, ne nous paraît guère moins effrayant, et si nous applaudissons volontiers à la disposition de l'art 1341 C. civ., nous n'en croyons pas moins utile et morale celle de l'art. 109 C. Com. La question d'ailleurs n'est pas là ; il ne s'agit point de changer, de modifier ou d'améliorer, si l'on veut, la loi existante ; il s'agit uniquement de l'interpréter, et, pour déterminer l'étendue d'une disposition, il nous paraît étrange d'attaquer tout d'abord le principe sur lequel elle repose.

On invoque aussi l'intention des parties ; mais cette intention comment pouvez-vous dès à présent la connaître? Vous prétendez que le vendeur et l'acheteur n'ont pas entendu déroger à leurs conventions. — Mais c'est précisément ce que l'enquête demandée se chargera d'établir, et c'est en préjuger les résultats que d'accorder une créance absolue à l'acte, dont le demandeur offre de prouver l'inexactitude.

La seule difficulté consiste donc à savoir, si par son texte l'art. 109 s'oppose, dans notre hypothèse, à l'admission de la preuve testimoniale. Or, la question étant ramenée à ces termes, (et ce sont bien ses véritables termes) est-ce que la solution peut être sérieusement douteuse ? L'art. 109 C. Com. autorise la preuve testimoniale, non point dans tel ou tel cas, mais d'une manière absolue et illimitée, pour prouver l'existence des achats et ventes. Or, lorsqu'on prétend à l'aide d'un acte sous seing privé que j'ai acheté, par exemple, 50 balles de farine à 55 fr. l'une, et qu'en retour je demande à établir que le marché a été en réalité de 100 balles, c'est bien un achat nouveau, celui de 50 autres balles, dont j'offre de faire la preuve. Quel serait donc le motif juridique qui permettrait de m'en empêcher, et comment pourrait-on m'opposer encore l'art. 1341 C. civ., que l'art. 109 a pour objet de remplacer, en matière commerciale?

Comme en toute matière, même excédant 150 fr., la preuve par témoins est donc admissible contre et outre le contenu aux actes. Il en résulte que les divers modes de preuve ci-dessus énumérés peuvent être combattus à l'aide de la preuve par témoins, et que tous, sauf les actes authentiques, contre lesquels l'inscription de faux est seule admise, n'ont en droit commercial qu'une valeur plutôt nominale que réelle. C'est ce qui explique l'importance de la question soulevée, à propos du bordereau de l'agent de change ou du courtier, et ce qui servira d'excuse aux développements peut-être trop longs que nous avons cru devoir lui consacrer.

II. Sous quelles conditions maintenant la preuve testimoniale est-elle reçue? La loi n'en indique qu'une seule, mais celle-là vraiment essentielle, c'est que le tribunal l'autorise. Un droit souverain d'appréciation est laissé ici aux juges, dans le but de corriger ce que pourrait avoir de trop dangereux l'admission illimitée de la preuve testimoniale. Que les faits cotés par le demandeur soient donc ou non pertinents et concluants, il n'importe ; les juges consulaires, pour ordonner ou repousser l'enquête, n'ont à prendre conseil que de leur conscience. Leur décision peut constituer un mal jugé ; elle ne donne jamais ouverture à cassation.

Ce pouvoir illimité leur appartient-il encore, lorsque l'objet de la vente est d'une valeur inférieure à 150 fr., et que par suite la preuve testimoniale serait de droit, si le contrat était purement civil?

M. Duranton soutient la négative, se fondant sur ce que le droit commercial ayant pour but de rendre plus fréquente la preuve testimoniale, ne saurait en permettre l'interdiction, dans le cas où elle est obligatoire d'après le droit commun.

Mais son opinion isolée n'a pas prévalu, et nous croyons, en effet, avec la majorité des auteurs, que dans tous les cas il appartient au tribunal de rejeter la preuve demandée, si elle lui paraît suspecte ou impossible à rapporter, eu égard aux circonstances de la cause.

La raison en est d'abord dans les termes de l'art. . ', dont la généralité ne permet aucune distinction, et elle ne essort pas moins de l'art. 253 C. proc. civ., qui, bien loin d'imposer aux tribunaux civils la prétendue obligation, dont M. Duranton fait la base de son système, leur accorde en réalité la même latitude que l'art. 109, et fait du droit d'appréciation laissé aux juges le correctif nécessaire des dangers de la preuve testimoniale.

La conséquence logique de la doctrine proposée serait d'ailleurs que, lorsque les parties ont, dans un procès d'une valeur supérieure à 150 fr., un commencement de preuve par écrit, la preuve par témoins qu'elles offrent de rapporter serait obligatoire pour les tribunaux. Or, qui voudrait soutenir pareille doctrine, en présence des termes si explicites de l'art. 109? (Req. 22 juillet 1872, D. P., 73, 1, 110.)

Concluons-en que, si la preuve testimoniale peut être reçue dans tous les cas, dans tous les cas aussi son admission est abandonnée à l'arbitraire du juge.

Comment maintenant s'administrera cette preuve; quelle foi sera due à la déposition des témoins; sur quels motifs les parties auront le droit de les reprocher; toutes questions qui sortent du cadre restreint de notre sujet, et pour la solution desquelles il nous suffira de renvoyer aux ouvrages de procédure civile.

CONCLUSION.

Arrivé au terme de cette longue étude, après en avoir apprécié, et quoique bien imparfaitement résolu les difficultés, il nous reste une dernière tâche à remplir, celle d'examiner les améliorations législatives dont est susceptible la vente commerciale; et de même qu'au début nous recherchions quelle fut dans les siècles passés l'histoire de ce contrat, de nous demander quels seront dans l'avenir son importance et son rôle probables.

Les modifications législatives que semble réclamer la situation faite par nos lois à la vente commerciale, peuvent se réduire à trois :

La codification des usages et des lois qui régissent ce contrat;

Le changement partiel de la juridiction chargée de trancher les différends auxquels il donne lieu;

Le complet rétablissement de la liberté du commerce.

Sont-elles toutes également désirables, également destinées à une réalisation prochaine?

Il nous semble possible d'en douter.

Et d'abord la réunion en un seul corps, qui se suffirait à lui-même, de toutes les lois relatives à la vente commerciale, a été indiquée par certains auteurs comme la première et la plus utile des réformes à accomplir; faire cesser toutes les controverses auxquelles donne naissance notre contrat, en tranchant par des textes positifs les questions dont il faut rechercher aujourd'hui la solution dans le droit civil et les usages; rassurer les commerçants, en fixant rigoureusement la limite des droits qui lui appartiennent; mettre ainsi un terme aux désordres et aux perturbations naissant des variations de la jurisprudence; tels seraient, nous dit-on, les résultats à espérer, et leur importance ne saurait échapper à personne.

Eh bien, qu'on nous permette d'expliquer notre pensée. Cette innovation, à notre sens, renferme de nombreux dangers, et, quels qu'en soient les avantages, nous ne pouvons nous en dissimuler les inconvénients.

Vous prétendez, en rapprochant et en complétant les diverses dispositions applicables à la vente commerciale, mettre fin aux discussions et aux controverses; mais ces discussions sont-elles donc spéciales à notre sujet? La vente civile, elle aussi, en soulève de semblables, et il n'est pas dans notre Code de principe qui n'ait été mis en question, de règle qui n'ait été méconnue, ou tout au moins dont on n'ait contesté l'étendue et les limites. Le silence du législateur laisse aujourd'hui indécises un grand nombre de difficultés. Les dispositions qu'il pourrait édicter en feraient naître de nouvelles, sans peut-être supprimer celles actuellement existantes. Et d'ailleurs, quel serait dans un travail de codification le sort réservé aux coutumes du commerce? Que deviendraient et cette vente en disponible, et ces ventes par navire désigné ou par filière, qui, usitées sur une place, appropriées à la nature d'un certain commerce, ne conviendraient ni à tous les pays ni à tous les négoces ? Seraient-elles supprimées, au risque de briser les traditions les plus anciennes, les habitudes les plus respectables? Seraient-elles simplement réglementées, adaptées aux convenances du plus grand nombre? Mais alors voilà leur originalité perdue, leur utilité compromise, et peut-être leur suppression rendue inévitable.

Pour qu'il prospère et qu'il grandisse, il faut laisser au commerce toute liberté, et ce n'est pas sans raison que le législateur de 1807 a donné, par son laconisme, tant d'influence aux usages et tant de liberté aux conventions. Qu'on nous accuse, si l'on veut, de routine ; à nos yeux, la loi actuelle est suffisante, et si les principes de la vente commerciale aujourd'hui encore sont si incertains, la faute en est à la doctrine, qui a délaissé, pour des sujets plus attrayants, une étude dont l'importance pratique aurait dû attirer son attention.

La seconde innovation proposée en matière de vente, ou plus généralement de contrats commerciaux quelconques, consisterait à réduire les attributions des tribunaux consulaires. Elle se trouvait naguère formulée dans une proposition soumise à l'Assemblée nationale, et qui tendait à accorder aux juges de paix la connaissance des actions commerciales, dans les limites de valeur et de ressort établies pour les actions civiles par la loi du 15 mai 1838.

Pas plus que la précédente, elle ne nous semble nécessaire.

Qu'on soutînt, par exemple, l'inutilité des tribunaux de commerce : que, d'une part, on nous montrât combien est vicieux le mode de recrutement des magistrats consulaires, et combien est grande trop souvent leur ignorance des règles les plus élémentaires du droit ; que, de l'autre, on fît valoir la possibilité de rendre devant les tribunaux civils la procédure expéditive et peu coûteuse, et, à l'aide d'écoles supérieures, de donner aux juges l'expérience des transactions commerciales, comme des opérations ordinaires de la vie civile, nous le comprendrions encore, et disons mieux, nous ne serions pas loin de nous rendre à cette argumentation.

Mais un projet, qui confie à un magistrat unique, ordinairement aussi inexpérimenté des règles du droit civil que des usages du commerce, la connaissance des contestations com-

merciales, qui prive les parties des avantages attachés à la
juridiction consulaire, sans leur offrir en compensation ceux
attachés à la juridiction civile, qui multiplierait l'incertitude
des décisions, en augmentant le nombre des tribunaux, ne
nous semble guère digne d'obtenir l'assentiment du législateur, et nous ne pouvons qu'applaudir au vote qui a écarté
cette proposition.

Qu'on supprime un jour, si c'est possible, toutes les juri-
dictions exceptionnelles; qu'on ne laisse subsister en France
qu'une catégorie de magistrats, dont la science égale le dé-
vouement, nous n'y voyons point d'obstacles. Mais que jusque-là, sous un vain prétexte d'économie de frais, on ne bou-
leverse pas toutes les attributions, au détriment de ceux-là
mêmes qu'on s'efforce de protéger.

La seule conquête que doive faire la vente commerciale,
ou mieux le commerce, c'est donc en définitive la liberté,
c'est-à-dire la suppression de tous les droits, qui empêchent
ou qui facilitent l'importation et l'exportation. Réclamée déjà
par des voix éloquentes durant le cours du dix-huitième siècle, la liberté commerciale a été enfin consacrée par le traité
du 23 janvier 1860, et par la loi de 1866 abolissant les surtaxes de pavillon. Menacée un instant de périr dans l'effroya-
ble naufrage, qui a manqué engloutir toutes les gloires et
toutes les libertés de notre pays, elle est aujourd'hui sur le
point de reparaître, et nous la saluons avec d'autant plus de
bonheur, après ce court obscurcissement, qu'elle nous apporte comme le présage d'une ère nouvelle, dans laquelle les
nations, incessamment rapprochées les unes des autres, rendues solidaires au point de vue des intérêts matériels, fuiront
de plus en plus les causes de discorde et de conflit, et où la
France, oubliant dans le travail ses dissensions intérieures,
recouvrera son inépuisable richesse, avec sa richesse sa puissance, avec sa puissance son ancien territoire et son antique
splendeur.

TABLE DES MATIÈRES

TABLE ANALYTIQUE DES MATIÈRES

W

www.ingramcontent.com/pod-product-compliance
Lightning Source LLC
Chambersburg PA
CBHW071615210326
41519CB00049B/2139